罪犯危险性评估探微

ZUIFANWEIXIANXING PINGGUTANWEI

张朋军 / 著

陕西新华出版传媒集团
陕 西 人 民 出 版 社

图书在版编目（CIP）数据

罪犯危险性评估探微 / 张朋军著 . —西安 : 陕西人民出版社，2022. 2
ISBN 978-7-224-14401-7

I. ①罪… II. ①张… II. ①犯罪分子—研究—中国 IV. ① D926. 74

中国版本图书馆 CIP 数据核字（2022）第 028304 号

责任编辑：管中洑　杨舒雯
封面设计：赵文君

罪犯危险性评估探微

作　　者　张朋军
出版发行　陕西新华出版传媒集团　陕西人民出版社
（西安市北大街 147 号　邮编：710003）
印　　刷　陕西天地印刷有限公司
开　　本　787mm × 1092mm　16 开
印　　张　24.5
字　　数　258 千字
版　　次　2022 年 2 月第 1 版　2022 年 2 月第 1 次印刷
书　　号　ISBN 978-7-224-14401-7
定　　价　89.00 元

前言

罪犯危险性评估是国家刑罚执行机关监狱运用专门的技术和方法，对罪犯发生危及监狱及社会安全与秩序的脱逃、行凶、自杀等行为，以及再犯罪可能性进行系统科学的预测和判断，依据犯罪性需要对罪犯通过实施矫正项目进行科学的矫正与改造。其包括罪犯危险性评估、罪犯危险性干预与管控、犯罪性需要评估、犯罪性需要矫正四个部分。

罪犯危险性评估的研究对象是犯罪人的危险性因素，也就是犯罪个体为什么会犯罪。危险性因素包括静态因素与动态因素，而动态因素也就是犯罪性需要，以及由此基础上延伸的对罪犯的管控与矫正。

罪犯危险性评估的特性可以从三方面分析：一是逻辑起点，以承认罪犯的危险性是可以预测、把握与降低为逻辑起点和基础。

二是价值基础，价值基础从宏观上说，在于认识犯罪人危险性的特征和规律，指导监管场所运用刑罚和有关措施的政策，促进监狱法的立法和理论发展。价值基础从微观上讲，就是发现危险、管控危险、矫正危险。它的内容包含危险性因子、犯罪性需要、管控与矫正。三是研究方法，也就是思辨方法和实证方法。从宏观上讲，它包括犯罪理论研究方法、危险性因子筛选方法、危险性评估方法及危险性评估工作开展方法等。

罪犯危险性评估的内在逻辑关系是以危险的管控与矫正为出发点建立体系，首先是为什么要进行危险性评估？评估的内容是什么？用什么方法进行评估？评估结果出来后，怎样管控危险？进而如何发现矫正需要，如何规范满足矫正需要？最后实施矫正项目。

本书的价值在于勾勒和建构了罪犯危险性评估一套完整的框架和体系，对罪犯危险性评估知识进行了尽可能的全面梳理，规范了罪犯危险性评估的内容，达到了罪犯危险性评估知识的条理化和系统化。系统反映了有关罪犯危险性评估政策的研究成果与操作实践，明确回答了罪犯危险性评估理论和实践上存在的问题和对策。

本书的内容既体系完整，层次递进，环环相扣，又各自独立，独立成篇，力求将每个问题讲得清清楚楚，明明白白。本书分为八章：

第一章描述了人类对犯罪原因的探索和成果，这是危险性评估的源泉，如果说人类对犯罪原因及对策的研究成果是大海，那么危险性评估就是用一张大网在这片大海里捕捞筛选出的精华。

第二章阐释了罪犯危险性评估的兴起与发展历史，简述了中国本土罪犯危险性评估即危险罪犯摸排的相关内容，进一步对两者的区别与联系做一比较。

第三章说明了罪犯危险性评估的研究对象即危险因子的筛选方法和具体内容，简述了量表的研制方法，简述了欧美的部分危险性评估工具。

第四章介绍了罪犯危险性评估的方法、阶段和周期，以及评估结果的运用，特别是对再犯罪可能性评估结果的时效性与可能性做了探索和研究。

第五章总结了分级分类是管控危险的基础和方法，叙述了分级分类历史，分析了存在的问题，提出了破解思路，简述了欧美罪犯危险适度管控的思路与方法。

第六章讨论了矫正需要的内容、评估矫正需要的方法，重点介绍了矫正有效性原则，进一步对欧美矫正需要评估工具进行了综述。

第七章解释了实施有效矫正的方法，即矫正项目的概念、发展、组成要素、研制方法和认证程序，介绍了矫正项目的分类与当前欧美矫正项目的综述和效果评估。

第八章指出了当前罪犯危险性评估在实践中出现的疑惑和问题，并对此讨论分析，就如何解决和破题提出对策和思路。

罪犯危险性评估是犯罪学理论发展的结果，因而危险性评估的研究不能脱离于犯罪学理论范畴。必须紧跟犯罪学研究的前沿，才能保证危险性评估始终保持科学与进步。

罪犯危险性评估是国际司法行刑活动中，经过实践检验成熟有效的通行做法，具有较长的发展应用历史和广阔前景。对于当下中国监狱工作而言，罪犯危险性评估是一项具有革命性、颠覆性的、前瞻性、广阔性的工作，它将引领中国监狱走向实现监狱原本的功能和价值的方向。它是中国监狱走向现代化的核心要素和重要标志，缺少罪犯危险性评估而标榜为现代化监狱，都是在吆喝贩卖概念。一个现代化监狱应该是用罪犯危险性评估统领狱内侦查工作，实现预防工作精准化；用罪犯危险性评估统领监狱管教工作，实现管教工作科学化；用罪犯危险性评估统领监狱工作，确保监狱行刑的低成本与高效化。

希望《罪犯危险性评估探微》能为中国监狱罪犯危险性评估做出微薄贡献，这是本书写作的目的，也是我的心愿。我只是一名危险性评估知识的继承者与实践者，是罪犯危险性评估发展之路上的一个行者与过客。在写作过程中，因自身学养不足，心长而力绌，加之罪犯危险性评估还在探索推进中，自感费力不少，难免有不当之处，敬请方家批评指正，以便再版时修正、充实、提高。

张朋军

庚子年春分于长安

目录

CONTENTS

第一章

异常与失衡：人类犯罪原因是罪犯危险性评估的理论基石

从起源中理解事物，就是从本质上理解事物。

——德国哲学家杜勒鲁奇

【本章提要】

从根本意义上来讲，犯罪是对既定社会秩序和伦理的背叛与反动。本章主要讨论的是人类从生物学、社会学、心理学方面对犯罪原因的探索与实证，以及如何防范与矫正治疗，也就是人为什么会犯罪或者罪犯是如何形成及如何防止犯罪。本章的内容至关重要，不能认为是老生常谈和无关紧要或可有可无，它们是罪犯危险性评估的“根和源”。不了解这些知识，就不能理解罪犯危险性评估。说到底，罪犯危险性评估是在这些探索与实证基础上产生的一种应用技术。它们不仅是我们认识和研究罪犯危险性评估的出发点，而且还为继续探究和融会贯通罪犯危险性评估提供更宽阔的视野。

犯罪的本质是对既定社会秩序的背叛和反动。秩序的原意是指有条理、不混乱的情况，是“无序”的相对面。“秩”侧重于有条理、不混乱；“序”侧重于有先后、不颠倒。按照《辞海》的解释，“秩者，常也；秩序，常度也，指人或事物所在的位置，含有整齐守规则之意”。从法理学角度看，美国法学家博登海默认为，秩序意指在自然进程和社会进程中都存在着某种程序的一致性、连续性和确定性。一般而言，秩序可以分为自然秩序和社会秩序。自然秩序由自然规律所支配，如日出日落、月亏月盈等；社会秩序由社会规则所构建和维系，是指人们在长期社会交往过程中形成相对稳定的关系模式、结构和状态。从理论上讲，还应该包括人的心理秩序，即心理健康，主要包括智力正常、情绪良好、人际关系和谐、有良好的社会适应能力、人格完整。

罪犯危险性评估究竟评估什么？一言以蔽之，就是从罪犯犯罪的多种原因中刻意寻求根本原因。评估就是逆向为之，用已具有的将可能产生犯罪的原因推测未来可能的犯罪或违规行为。那么，人类对犯罪的原因都有什么探索呢？

第一节　犯罪原因研究的基本理论

在人类历史的长河中，存在着两种基本的犯罪理论。一种理论的依据是唯心的或超越尘世的解释论，而另一种理论的依据是唯物的或世俗的解释论，这两种犯罪理论都历久弥新。其中，随着理论的发展，科学理论作为唯物解释论中的一种，日渐成为主流，成为犯罪理论研究的基本指引。

一、唯心解释论

对犯罪的唯心解释论是唯心论的一部分，唯心论认为很多事件都是另一世界力量的运行结果。例如，原始人认为饥荒、洪水、瘟疫这些灾难，都是对他们触犯上苍力量的恶行的惩罚。他们面临这些灾难时的反应是，进行宗教仪式和典礼来平息上苍的愤怒。在中世纪的欧洲，唯心世界观与封建主义的政治和社会组织结合起来，刑事司法制度由此肇始。最初，犯罪涉及的主要是私人事务，受害者和受害者的族人享有复仇的权利，可对犯罪人和犯罪人的族人施于相等或更严重的伤害。但这种私人复仇往往会引起家族之间的血亲复仇，而且延绵多年，直至其中一个家族被彻底根除。因此，封建领主创制种种方法，由上帝来判定何人无罪、何人有罪。最初形式是决斗裁判，在决斗裁判中，由受害者或他（她）的家族成员与犯罪人或他（她）的家族成员来进行决斗。因为上帝总会将胜利赋予无罪方，所以，决斗失败的家族将不存在向获胜方复仇的依据，血亲复仇也就此终结。

决斗裁判引起的问题是，骁勇善战者将可以随心所欲地犯罪，因为他们确信，上帝总会将胜利赋予自己。因此，在稍后不久，神明裁判的方法出现了。在神明裁判的方法中，被告人将遭受困难和痛苦的验证，通过这种验证的无罪之人（受到上帝保佑之人）将不会有受伤迹象，而有罪的人将痛苦而死。例如，判断一名妇女是否是女巫的一种通常方法，就是将她捆起来扔到水中。如果她漂浮在水面，则她会被认定无罪，但如果她被淹死，则证明她有罪。神明裁判的其他形式还有夹道鞭笞和过火海。神明裁判方法在1215年遭到了教皇的谴责，从而它被免罚宣誓审判所取代。在免罚宣誓审判中，被告人可以找12个声誉好的人以宣誓的方式证明他的无罪。这种方法的理念基础是，人们因为畏惧上帝的惩罚，将不会在立誓之后撒谎。免罚宣誓审判最后发展成为宣誓作证制度和陪审团审判制度。

对犯罪的唯心解释论曾一度出现在马萨诸塞湾清教徒殖民地的新大陆社会中。在这种解释论产生后的头 60 年间，殖民地经历了三次严重的“犯罪浪潮”，这三次“犯罪浪潮”都被认为是魔鬼造成的。其中最严重的一次“犯罪浪潮”发生在 1792 年，当时人们认为有很多女巫侵入了他们的社会。

我们现代监狱体制的起源也与犯罪的唯心解释论有关联。大约在 1790 年，费城的一群贵格会教徒产生一个念头，将犯罪人隔离到单人房间中，仅提供《圣经》给他们阅读，让他们从事一些手工劳动。这些贵格会教徒认为，这些犯罪人由此就会反省他们过去的恶行并祈求忏悔。他们使用“感化院”这个词来指代他们的这项发明，感化院指的是忏悔者忏悔他们罪孽的地方。

直到今天，仍有一些信奉宗教的人士和群体将犯罪的产生归结于恶魔的诱惑，认为犯罪是人类的邪恶本性造成的。还认为皈依宗教是“治愈”犯罪的唯一方法，并花费大量的时间为囚犯传布基督教。

二、唯物解释论

唯心解释论运用另一世界的力量来解释发生的事情，而唯物解释论运用物质世界的客观事物和事件来解释同样的事情。

早期的唯物主义的或世俗的解释论来源于腓尼基人和希腊人。例如，希波克拉底认为大脑是思维的器官，提出生物学上的解释。德谟克利特提出原子的不灭物质单元的观念，作为他对周遭世界进行解释的核心。苏格拉底、柏拉图、亚里士多德发展了统一论和连续论的观念。但所有这些解释论中的基本要素依然是自然的和物质的。

在公元前1世纪，罗马人的思想完全受到了自然主义的熏陶。《罗马法》将希伯来人传统中的唯心论与希腊人传统中的自然主义结合起来，作为刑罚和权利的自然主义的基础。在《罗马法》中，希伯来人的法律法令神授学说与希腊人的自然主义相融合，以“事物之本性”为基础体现出其正当性。后来，君权神授观以“事物之本性”为其主要正当依据，成为一项自然法原则。

16、17世纪，霍布斯、斯宾诺莎、笛卡尔、莱布尼兹等思想家将人类事务当作与个人无关的、可以测量的自然科学事件来研究。现代社会科学继承了这种自然主义的研究重心。众所周知，在社会科学内部观点并不统一，尽管如此，这些观点至少还是具有共同之处的。这就是，用自然的物质世界中可被观测到的现象去解释事情。这就产生了古典犯罪学和实证犯罪学以及刑法的行为理论等。

三、科学理论

科学理论是唯物解释论中的一种。大体上，科学理论描述的是可被观测的现象之间的关系。例如，某些犯罪学科学理论描述的是刑罚确定性或严厉性与社会中的犯罪行为数量之间的关系。另一些犯罪学科学理论描述的是个人的生物特征、心理特征或社会特征与他们实施犯罪行为的可能性之间的关系。还有一些犯罪学科学理论描述的是个人所处的社会特征与他们被刑事司法体制界定为或判定为犯罪人的可能性之间的关系。这些理论中描述的所有特征都可被观测，因此所有这些理论都是科学理论。

（一）科学理论的可被证伪特征

因为科学理论描述的是可被观测的现象之间的关系，所以科学理论的一个关键特征是它们可被证伪。证伪一种科学理论的过程是，系统地考核该理论描述的关系的实际情况，然后将考察结果与这种理论本身对该关系的解释进行对比。这个证伪过程被称为调查研究，即用已知世界中的事实来验证理论的推断。如果考察结果与这种理论的推断不一致，则这种理论被证明是错误的。如果考察结果与这种理论的推断一致，则这种理论被认为更具可信性，但并没有被最终证实。对于观察到的同样的关系，通常还有其他理论也可进行解释。

对于同样的关系，如果其他所有可用于解释的理论都被证明与观测到的所有事实不符，则唯一可以解释这种关系的理论将获得极高的可信性。在某种程度上，这种理论有可能被人们完全作为真理接受。但是，完全有可能在未来发现与这种理论不符的新的事实，到那时一种新的理论将会出现。例如，牛顿的物理学定律作为真理已存在了200年，但在20世纪由于新的事实的出现，它被爱因斯坦的相对论所取代。

（二）科学理论中因果关系的4个条件

在了解并探索犯罪原因之前，我们必须了解掌握一个逻辑概念——因果关系。因果关系是可观测变量之间存在的关系中的一种，所有犯罪学科学理论都有关于此种或彼种因果关系的论述。大体上说，科学理论中的因果关系应当符合四个条件：关联性、理论原理、时间顺序、未被证实为虚假。

关联性指的是事物之间往往存在相互系统变动的关系。例如，身高和体重就具有关联性：较高的人通常较重，较矮的人通常较轻。当然这种关联性不是绝对的——某些较矮的人会较重，而某些较高的人会较轻。但是，人越高就越重，越矮就越轻，这种总体趋势仍然存在，像这样的关系被称为正相关。

负相关关联性指的是一种事物越大越多，与之相关的另一种事物就越小越少。例如，你的汽车行驶里程数越多，汽车通常就越贬值。与身高和体重之间的关系一样，汽车里程数与汽车价值之间的关系也不是绝对的，因为一些旧车很值钱，而一些新车不值钱。但是大体上，汽车里程数与汽车价值之间是一种负相关关系。

关联性，无论是正相关还是负相关，对于因果关系来说都是必要条件。如果两种事物之间，例如身高和智商之间，不存在互相间的系统变化，那么此种事物就不能导致彼种事物。但仅有关联性还不足以成立因果关系，还需要另一项理由才能使人们相信因果关系的存在。这就是理论原理，它是科学因果关系的第二项因素。

例如，一些犯罪学家认为父母苛刻的、变化无常的管教手段增加了他们的孩子实施犯罪的可能性。这两者之间要存在因果关系，必须具有关联性：那些使用苛刻的、变化无常的管教手段的父母，比起那些使用温和的、始终如一的管教手段的父母，前者的孩子比后者的孩子实施犯罪的可能性要高。但是两者之间还必须存在一种理论原理——用于阐明父母苛刻的、变化无常的管教手段为什么会导致孩子犯罪。

对此事的理论原理的一个例子可能是，苛刻的管教手段向孩子传达的不是父母的关爱而是愤怒，这增长了孩子反叛父母和参与犯罪以报复父母的机会。此外，变化无常的管教手段意味着多数时间里父母对于孩子的过错行为都没有进行惩罚。因而，在这个例子中，如果条理分明的理论原理与证明存在关联性的证据一起出现，则可以支持“苛刻的变化无常的管教手段导致了青少年的犯罪”这个结论。

但是假设一个很不相同的场景。想象一下仁爱的父母有一个犯罪的孩子的情形。该父母用温和的、始终如一的管教手段来对待他们的孩子，可是这起不到作用，最后他们变得愤怒和失望。当孩子惹是生非之时，他们要么听之任之（因为做什么都起不了作用），要么使用苛刻的管教手段（因为他们变得愤怒和失望）。在这种场景之下，是孩子的犯罪行为导致了父母使用苛刻的、变化无常的管教手段。

这个例子中的问题是，关联性并没有指明因果关系的方向：是父母使用苛刻的、变化无常的管教手段导致了孩子的犯罪行为呢？还是孩子的犯罪行为导致了父母使用苛刻的、变化无常的管教手段？解决这个问题的办法是判断的时间顺序，这是科学因果关系的第三个要素。如果父母管教在先、孩子犯罪在后，则我们可以认定是父母的管教手段导致了孩子犯罪。但是如果孩子犯罪在先、父母管教在后，则我们可以认定是孩子的犯罪导致了父母的管教手段。

科学因果关系第四个也是最后一个要素，被称为未被证实为虚假。假设低收入家庭中的父母，无论出于何种原因，都较可能会对他们的孩子使用苛刻的、变化无常的管教手段，即便他们的孩子并没有犯罪。假设低收入家庭中的孩子，无论出于何种原因，都较可能会参与犯罪，无论他的父母的管教手段是苛刻还是温和。

如果这些假设都是事实，那么，看起来好像是苛刻的管教手段导致了青少年犯罪。但事实上，苛刻的管教手段和青少年犯罪都是由于较低的家庭收入而导致的。

在这个例子中，青少年犯罪行为与父母的管教方式之间的关系是虚假的。但是假设研究人员对家庭收入这个变量做了一些控制——假设研究人员比较了使用苛刻的、反复无常的管教手段的低收入家庭的父母，和使用温和的、始终如一的管教手段的低收入家庭的父母。如果他们发现青少年犯罪与苛刻的、反复无常的管教手段有关联,则青少年犯罪就不是低的家庭收入造成的。于是，这个发现可以合理地推断青少年犯罪行为与父母的管教方式之间存在的因果关系。

（三）因果关系的判断是一种可能性判断

要特别强调的是，对于因果关系的判断，往往是一种可能性的判断，而不是一种确定性的判断。说苛刻的、反复无常的管教手段导致了青少年犯罪，这与说吸烟致癌很相似——多数吸烟者并没有癌症。这只是说，吸烟者比不吸烟者患癌症的可能性更大。同样地，如果我们的理论是正确的，那么这也只是说，在父母苛刻的、反复无常的管教手段下成长起来的孩子，比在父母温和的、始终如一的管教手段下成长起来的孩子，成为青少年犯罪人的可能性更大。

（四）因果关系理论的价值

因果关系理论的整个意义在于，它使我们获得了征服我们生存的世界的能力。当人们期望得到像减少吸烟之类的结果（例如减少犯罪和青少年犯罪），或期望得到像增长善举之类的结果（例如增加守法行为），就会去尽力找出造成人们期望的结果的原因。然后，人们尽力去影响这些原因，以求得所期望的结果。

即使社会科学中的因果关系理论讨论的仅仅只是可能性问题，但知道这种可能性对于政策的目标是相当有好处的。例如，如果苛刻的、反复无常的管教手段确实提高了青少年犯罪的可能性，即使这种影响力非常小，它对影响父母的教养方式可能还是有用的。人们可以采用特别培训班向父母传授有效的管教手段，特别是教导那些自己的小孩很可能成为青少年犯罪人的父母。如果这些特别培训班能够改变他们所使用的不好的管教手段，那么在未来将会减少青少年犯罪。实际上，这些特别培训班似乎具有在长远时期显著减少青少年犯罪的效果。

当然，也要认识到，所有犯罪学科学理论都论述了因果关系，但是基于它们思考犯罪的方法不同，这些论述非常不同，甚至在某些方面，它们的理论参照系是相互矛盾的。简要地说，第一种理论参照系认为犯罪行为是自由选择行为，而第二种理论参照系认为犯罪是由个人不能控制的力量造成的。第三种理论参照系认为犯罪主要是刑法制定和实施中体现出一种功能。因而，第三种理论参照系关注的是刑法运作行为，而不是犯罪行为。这一点在人们分析危险性因子时必须引起高度警觉。

第二节　犯罪的生物学理论

犯罪的生物学理论，继承了犯罪人类学派的衣钵。该理论认为，人之所以犯罪，主要是生物学的作用，由人天生的本能或者遗传因素导致。

一、身体缺陷原因

弗洛伊德的本能论认为暴力或者攻击行为是人类的一种天性，不可避免。早期的犯罪人理论强调体貌特征是犯罪人的区别性标志，把犯罪人看作有点不同、不正常、有缺陷的人，认为其在生物学意义上是劣等的，生物学上的劣等造就了某些身体特征，这些特征使犯罪人区别于非犯罪人。意大利犯罪学家龙勃罗梭提出了天生犯罪人理论，在他早期的著作中，主要研究遗传等先天因素对犯罪的影响。作为意大利军队的一名医生，他对几千名犯人做了人类学方面的调查，并进行了大量的尸体解剖，通过对比活着的犯罪人和非犯罪人以及精神病人，他发现已经去世的犯罪人中有显著数量的具有与原始野蛮人相似的特征。龙勃罗梭研究的与犯罪行为相关的身体特征包括：头部大小和形状的异常特征，面部的不对称，下颚与颊骨过大，不常见的大耳朵、小耳朵或者耳部在头部特别突出，嘴唇多肉、牙齿畸形下巴后斜，毛发茂盛或者多肉多褶皱，上肢过长，多指或多趾症，或者大脑不对称。以上诸多特征多与灵长类动物，比如猴子或人猿相似。龙勃罗梭最终得出结论：犯罪人在出生时就已经成为一个特殊的类型。

龙勃罗梭到晚年时，开始逐渐重视环境因素对犯罪的影响，如生活环境、教育环境、气温的变化等。这一思想在他去世两年后出版的《犯罪及其原因和矫治》一书中得以体现。在此书中，他将犯罪人分为五类。第一类是天生犯罪人，即犯罪人是前代祖先未完全进化的人群，龙勃罗梭估计这些人占所有犯罪人的

1/3。第二类是准天生犯罪人，这类犯罪人含有犯罪因子，却不会表现出生来犯罪人的生理特征，即无心智上的错乱现象。但这种人在情感和心智上的特殊结构会使其在某种特殊情况下做出犯罪行为。第三类是心神丧失类犯罪人，这类人常常由于偏执、低能、白痴、精神分裂症以及酗酒等缺陷而犯罪，做出冲动性以及残忍性的犯罪行为。第四类是激情性犯罪人，相对于生来犯罪人，他们通常表现出较为高贵的情操、廉洁以及利他主义。但是他们会伤害任何对他们不忠或者使他们颜面丧失的人，而且常在伤害他人后选择自杀。第五类是机会犯罪人，也称偶发性犯罪人和假性犯罪人。

虽然龙勃罗梭的发现对犯罪原因的解释做出了巨大的贡献，但是也受到一定的质疑。他的研究中只有犯罪人的样本，没有与之对照的正常人的生理特征，因此，比较犯罪人和正常人的生理特征是否具有显著差异，只能凭借研究者的想象。当然，任何一种理论存在争议都是正常的。还有大部分学者的意见是反对龙勃罗梭的观点——认为犯罪人在体貌特征上与非犯罪人存在差异的观点。英国犯罪学家查尔斯·戈林经过 12 年的工作，根据 37 种具体的体貌特征考察了 3000 名以上罪犯，在科学验证的事实之上，戈林断言，他的结论在任何方面都没有确认存在（生物犯罪人类型）的证据，也没有论证犯罪人类学家主张的合理。他的结论在几乎每一点上都对他们的证据提出了质疑。事实上，无论是关于犯罪人体貌异常的测量，还是异常的存在，对犯罪人的统计数据与对守法阶层的类似统计，两者都呈现出了令人吃惊的一致性。必然得出的结论就是：绝不存在所谓的生物犯罪人类型。

二、体型原因

对犯罪行为与体貌特征的联系进行研究，还有过一些更有趣的尝试，即所谓的体型研究。体型理论学家认为，身体的体貌特征和精神气质之间存在高度的相关。这种研究可以回溯到龙勃罗梭的相关研究上，龙勃罗梭曾经试图在精神错乱和体貌特征之间建立联系。还有许多早于龙勃罗梭以及晚于龙勃罗梭的人，都曾进行过类似的尝试。

美国哈佛大学威廉·谢尔登的关于青少年犯罪的著作，就是体型理论的一个良好范例。他关于体型的基础观点和术语，都来自人类的发育起源于（本质上为一种胚层的）胚胎的理论。胚层包括三层组织，即内胚层（或内皮层）、中胚层（或中皮层）和外胚层（或外皮层）。从而谢尔登建立了与胚胎学已知知识和发展心理学保持一致的身体与精神类型学。内胚层产生有助于消化的内脏；中胚层形成骨骼、肌肉以及运动器官之间的肌腱；外胚层则产生神经系统、皮肤和相关附属肢体。谢尔登的体型特征与气质特征的基本类型特性可以简要概括为下表所示：

体型特征	气质特征
1. 内胚层体型 内脏中的消化器官相当发达；有发胖的趋势；身体的各部分柔软而丰满；四肢短而呈锥形；骨骼小，皮肤光滑、柔软。	1. 内脏优势型 身体普遍比较舒张；属于舒适的人；喜欢温柔的享受；是“柔弱的人”，但在实际上仍然是外倾型的人。

续表

体型特征	气质特征
2. 中胚层体型 身体的肌肉、骨骼和运动器官相对占优势；身躯高大；胸腔厚重；胸部和手较大；如果“瘦弱”，就呈现出一个明显的矩形轮廓；如果“营养充足”，就会成为一个肥胖的人。	2. 身体优势型 积极、精力充沛的人；步行、谈话、姿势果断有力；行为具有攻击性。
3. 外胚层体型 皮肤、感觉器官、神经系统相对占优势；身体瘦削、纤弱；骨骼细巧；小脸尖鼻、毛发稀疏；躯干较小而表皮相对发达。	3. 头脑优势型 性格内向；充满功能性疾病、变态反应、皮肤问题、慢性疲劳、失眠较多的困扰；对噪音和使人分心的事情反应敏感；对拥挤的人群退避三舍。

谢尔登认为，每个人都或多或少地拥有三种类型的特征。因此谢尔登使用三位数字来表示这三种类型，每位数字又分为 1 ~ 7 个级别，用来描述在每一个确定个体中这三种类型特征的不同情况。例如，某个人的体型分类为 7 － 1 － 4，那么，他就拥有比较多的内胚层特征、很少的中胚层特征和平均数量的外胚层特征。

在 1939 年至 1949 年的 10 年间，谢尔登在波士顿的一个名为海登慈善之家的小型特殊感化院里，对 200 名犯罪男青少年进行了观察，并严格按照统一的个案大纲，撰写了他们的个案研究史。他发现，这些年轻人中胚层体型的人极多，而外胚层体型的人极少，他们的平均体型是 3.5 － 4.6 － 2.7。在这之前，谢尔登研究过 200 名显然没有犯罪行为的青少年大学生，发现这些大学生的平均体型是 3.9 - 3.8 - 3.4。这两组人在中胚层体型和外胚层体型方面的差异是显著的。

美国哈佛大学教授格卢克夫妇的研究也发现中胚层体型与青少年犯罪之间的联系。格卢克夫妇对 500 名持续性青少年犯罪人和 500 名非犯罪青少年进行了比较。这两组研究对象在年龄、一般智力、宗教和种族来源等方面都相互匹配，他们也都是来自相对贫困地区的住户。格卢克夫妇将这两组少年的相片混在一起，然后以目测的方式来评估其占优势的体型。通过这种方法得出的结论表明，60.1%的青少年犯罪人是中胚层体型，而只有 30.7%的非犯罪青少年是中胚层体型。这项研究还包括了对 67 种人格特质和 42 种社会文化因素的分析，以确定这些因素对青少年犯罪所起的作用。格卢克夫妇发现，中胚层体型一般“更有可能拥有特别适合于实施攻击性行为的人格特质（身体力量、精力、感觉迟钝、以行动表达压力和挫折的倾向），这种体型也很难抑制诸如不满足感、显而易见地对权威的服从、情绪不稳定等反社会的冒险性”。他们还发现，那些变成了犯罪人的中胚层体型的青少年身上，还具有许多在其他中胚层体型的人不具有的人格特质，包括在童年时期易受传染病的感染、有破坏力、不满足感、情绪不稳定、抵触情绪。另外，三种社会文化因素，包括家庭日常生活的淡漠，家庭成员之间娱乐的缺乏，以及家里休闲设备的不足，与中胚层体型的人实施少年犯罪有极大的联系。

遗传犯罪学解释论是生物犯罪学理论的重要内容，也是犯罪生物学理论的后续发展。这一理论承认了遗传因素在犯罪心理形成过程中所发挥的作用。具体的阐述包括犯罪家族或退化家族、智力的遗传性、亲子相似性、双胞胎论、基因、内分泌失调、体型、中枢神经系统等。

三、家族遗传原因

依据遗传因素来解释人类的行为可以一直追溯到古代，源于人们对孩童总是在容貌、癖好和性情上肖似其父母的常识性观察。犯罪学家发现，那些频繁入狱而且坐牢很久的人，比其他人在体格上更弱小、智力上更加低劣，而且认为，这两者主要是由遗传决定的。进而提出，犯罪性（也就是，监禁的次数或者时间长短）与遗传特征而非环境特征存在联系，并提出建议，要想减少犯罪，就要禁止那些具有犯罪遗传特征的人生育。这一发现后来升华为，如果家庭成员在其实施犯罪的倾向上彼此相似，这可能不是由于他们享有同样的遗传。相反，有可能是因为他们都生活在同样的环境之下，是同样的环境造成了他们同样的犯罪倾向。

四、神经传递素原因

神经传递素是大脑中用以传递电脉冲的化学物质，是大脑处理外部信息的起点。同样，它们也是各种行为的基础，包括反社会行为。研究发现，三类神经传递素可能与反社会行为存在关联：血液中的5-羟色胺（又名血清素，是一种抑制性神经递质）、多巴胺以及去甲肾上腺素。平均起来有28项研究发现具有反社会行为的人身体含有的5-羟色胺明显低于正常人。进而发现，从神经传递素的研究得知节制酗酒很重要，因为酒精中毒本身就与神经传递素含量的差异存在关联。还有，生活在十分局促的环境（诸如市中心贫民区），会大量减少 5- 羟色胺的含量，增大从事暴力行为或者反社会行为的可能性和倾向性。与此同时，研究者提出，虽然神经传递素的含量最初由基因决定，但是运用药物来调整它也是有可能的。

现代研究表明，人大脑里的多巴胺，在人被外界刺激而产生愉悦时，就会大量爆发出来。多巴胺直接和人的情欲、妄想以及各种上瘾行为有关。刺激如果够强烈，人的身体就会进入到一种如痴如醉、如梦如幻的感官体验中，即涌起一阵阵快感。浅层次的刺激有笑话、美食、挑逗、赞美、看热闹，甚至惊恐（有人喜欢看恐怖片就是这个原因）；中等层次的刺激有抽烟、游戏、整容等；深层次的有性爱、鸦片、豪赌、毒品等。对比这三者，性爱能让多巴胺含量提升 100%，可卡因能让多巴胺上升 350%，毒品带来的是接近 1200%，所以毒品的致瘾是很难戒掉的。

而人产生快感的阈值，是会不断升高的。也就是说人是会对快感脱敏的，当一个人习惯了反复被刺激和满足的时候，要想一直获得快感，就得不断加强刺激的程度，需要被更持续、更强烈、更深入的刺激，才能继续获得快感。比如有的人从刚开始是两天一包烟，到一天一包，再到后来要一天两包，最后甚至要两根烟一起抽才有感觉。鸦片、吸毒、色情、偷窥、赌博都遵循这个原则。

有一个名为“多巴胺实验室”的公司，对外宣称能运用神经科学理论，结合人工智能机器学习，利用多巴胺让人上瘾。他们为各种 App 定制这样的服务：在一些关键的地方和时间设计“奖赏”，比如不断地提供或物质或精神上的惊喜和奖励，从而提高用户的留存度、打开率和停留时间。这会让 App 更值钱，赚更多钱。因为在资本的眼中，用户数量、日活跃量、月活跃量和平均在线长度等等数据决定了一个 App 的价值。这些算法会根据你的浏览、搜索、停留时间，计算出你最感兴趣的东西，然后不断地为你匹配相应的内容，让你在最沉迷的领域里高潮不断。但可怕的是，当一个人的欲望可以被无限满足之后，离灭亡就不远了。

五、激素原因

科学家对于激素的兴趣可以追溯到 19 世纪中叶，当时的生物学家首次得以分离和识别出内分泌腺上的分泌物（激素）对人生理和心理的某些影响。当前研究的重点是，攻击性行为或犯罪行为与睾丸激素或女性经期前的激素含量之间的关系。睾丸激素在许多动物物种的攻击性中所起的作用，已有充分的文献记载。但是悬而未决的问题是，睾丸激素是否也在人类的攻击行为和暴力行为方面起到了显著作用。一般来说，研究者想确定睾丸激素含量的增加是否造成了攻击性行为的增加，但是也有可能存在反方向的因果关系——某些种类的攻击性行为可能导致体内睾丸激素的增加等。还有，社会因素也会影响到睾丸激素与反社会之间的关系，导致区分不清是社会因素还是激素因素导致攻击行为发生。由此，也可以看出，激素原因与犯罪之间的关系仍然存在一定的争议。

尽管大多数关于激素与犯罪之间关系的研究集中于男性，但也有一些研究者考察了激素与月经周期在女性犯罪方面所起的作用，证明至少有较小比例的妇女对周期性的激素变化相当敏感，因此，造成了可预期的恶意行为的增多。

为预防激素原因引发的犯罪，近年来，一些国家用“化学阉割”法打击性犯罪者。所谓化学阉割法，又称化学去势治疗法。它属于内分泌治疗，将雌性激素（女性荷尔蒙）、抗雄性激素（睾丸抑制剂）或性腺刺激激素抑制剂注入罪犯体内，令他失去性冲动，同时不再勃起，令男性独有的人体反应消失。

六、中枢神经系统原因

中枢神经系统包含存在脑部及脊髓的神经元和神经系统。大脑的外部对于攻击性和暴力行为的发生来说特别重要，即大脑皮层。其中大脑皮层的额叶和颞叶部分支配着有意图的行为、冲动以及情感。额叶的紊乱和不规则通常会影响到神经心理行为，而颞叶总的来说似乎支配的是更加情绪性的行为。大多数研究者都认为暴力犯罪再犯者有脑电波异常的特征。令人鼓舞的是，通过脑部成像技术研究得出的结论是额叶大脑皮层功能紊乱可能是暴力犯罪人的原因，而颞叶大脑皮层功能紊乱可能是性犯罪人的原因，而既有暴力行为又有性犯罪倾向的犯罪人则很有可能存在额叶大脑皮层和颞叶大脑皮层两方面的功能紊乱。

中枢神经性系统原因的发现对断除毒瘾的应用就是一个典型例证。医学界一致认为，吸毒成瘾实际上是一种反复发作的脑病，所谓药物滥用（吸毒）成瘾者是名副其实的特殊脑病患者。近年来，DTI 引导立体定向微创手术（即第五代脑立体定向技术）的应用很好地帮助了众多戒毒者戒断毒瘾。大量研究表明，通过手术治疗后的患者，比强制性戒毒的患者复吸率小，基本可以戒断毒瘾。

当然，从医学和社会的角度来讲，药物滥用（吸毒）者是社会中的一类特殊群体，他们既是违法者，又是受害者，具有双重的身份。既把药物滥用（吸毒）者当作患者对待，不歧视他们，但又要区别于一般的患者，要严格管理，依法科学戒毒。

七、自主神经系统的原因

自主神经系统（ANS）支配着人体的许多无意识的功能，诸如血压、心跳、肠道蠕动以及激素的水平。自主神经系统在处于"或争斗或逃避"的情境时特别活跃，它可以通过心跳加速、让血液从胃流回肌肉、张大瞳孔、加大呼吸频率以及刺激汗腺的方式，来让人体机能达到巅峰状态。测谎仪就是通过测量这些机能来确定被测主体是否说了真话。其理论是，在孩提时期，大多数人都已经适应了一旦说谎就可以预料到惩罚的条件反射。对于惩罚的预期产生了无意识的或争斗或逃避的反应，如果或争斗或逃避的反应在可能受到惩罚的情形中活动缓慢，或者程度很低，或者如果这一反应在可能受到惩罚的情形发生变化的情况下，不能很快使身体机能解除焦虑，那么儿童将很难社会化。

在自主神经系统理论中，还有与测谎仪类似的应用。例如，利用皮肤导电反应率（SCR）回复的速度（即皮肤导电性最强的时刻到皮肤导电性恢复正常花费的时间），测量自主神经系统功能恢复的速度。研究发现，反社会的个人皮肤导电性能较低，处于静止状态时的心率也比较低。这表明反社会人群自主神经官能比较低。同时，反社会的人可能比其他人更难产生条件反射。

八、生理与环境相互影响的原因

还应注意到有可能影响犯罪行为的生理上的但是又明显是来

自环境的因素，因为在某种意义上这些因素与遗传或者基因的组合毫无关系。这些因素包括吸毒与酗酒、食物及毒素的摄入、脑部损伤以及怀孕和分娩并发症。

现在已经成为常识的是，吸毒、酗酒和暴力行为存在着许多（生物的、心理的、社会的、文化的、经济的）可能的关联。少量酒精能提高攻击性行为是因为酒精具有“解除抑制”的效果。还有，对于男性来说，酒精和暴力之间的关系极有可能比任何麻醉品更强有力。与暴力存在生物联系的麻醉品还有鸦片、安非他明、可卡因、迷幻剂、类固醇。例如，迷幻药和类固醇会使已经有暴力倾向的人们更加频繁地实施暴力行为。

多项研究都已经发现了营养和毒素的摄入是反社会的或者攻击性的行为发生的原因。在这方面，最常见的研究是糖和胆固醇的消耗，以及导致毒性的研究。典型结论有，低血糖症（血压含糖量低）在有习惯性暴力行为的犯罪人中间很普遍。糖分与儿童的多动症存在因果关系。多动症引起的注意力缺失性思维混乱，有提高儿童反社会行为的危险。研究还发现，血液胆固醇与暴力行为之间存在关联。

在生理与环境相互影响的原因中，脑部损伤也与暴力行为、犯罪行为和反社会行为存在因果关系。研究发现脑部损伤为什么会造成犯罪行为的深层次原因，由以下四个方面决定的：1. 增加了对酒精效力的感受性；2. 削弱了认知和社交技能；3. 导致头痛和易被激怒性，这两种状态又会增加暴力行为发作的可能性；4. 会损害大脑的额叶和颞叶，从而增加焦虑、愤怒和敌意。

对犯罪原因进行生物学解释，毫无疑问是一种不能绕过的方法，它对犯罪原因的理论解释多种多样，并从不同角度对犯罪的生物性因素做出了有理有据的探索，这为预防犯罪和研究罪犯处遇提供了有价值的理论依据。有些理论研究有科学的佐证，影响深远；而且随着科技不断发展，对当下预防犯罪的价值日益凸显出来。

当然，在过去，生物学本位和社会学本位的犯罪学家经常互相争执。双方都过分强调了自己的立场而拒绝承认对方观点的部分正确性。现在，这种情况已经得到改变，认为个体的某些生物学因素对其心理和行为的确具有一定影响，把犯罪行为的生物性因素作为犯罪的社会原因的补充是必要的。当生物因素与某些心理或社会因素相结合时，就会导致犯罪行为。比如，如果反社会的个体的社会经历并不特别反社会，那么就应当考察生物因素。生物因素的价值更多体现在，对个体在成长过程中经历了犯罪遗传性社会环境而产生的反社会行为的预测上。当然，我们在面对犯罪，进行生物学方面原因的解释时，不能孤立地看，因为极端的生物学观点经常会唤起一些听众的宿命论思想，其结果是他们会消极地对待这一研究的深入开展，也会对立足于该研究之上的任何预防犯罪政策持否定态度。虽然我们对宿命论不做结论性评介。

第三节 犯罪的心理学理论

犯罪的心理学理论，是从个体的心理方面去寻找犯罪的原因，运用心理学的理论研究犯罪者的心理和行为。奥地利犯罪学家格洛斯于1897年出版了《犯罪心理学》一书，他在书中论述了犯罪人、法官、司法鉴定人、证人等刑事司法程序参与者的心理状态及其对刑事司法所起的作用，被誉为“现代犯罪心理学的创始人”。他认为犯罪心理学并非仅仅探讨犯罪人的心理病理学或其他心理方面的因素，而是一门将心理学观点应用在处理犯罪问题中的学问。

现代犯罪心理学研究包括精神分析学理论、精神病理学理论两个方面。

一、弗洛伊德的精神分析学理论

精神分析学理论的创始人是奥地利精神病学家弗洛伊德。他通过对精神病患者异常行为的研究，创立了精神分析学说。他认为性本能冲动是犯罪的根本原因。人的心理由意识、前意识、潜意识三个部分构成，人格的结构也有三种状态：本我、自我和超我。人生来就有一种“潜意识罪恶感”，即性本能冲动，这种冲动很容易形成反社会倾向，由于反社会行为会给自己带来痛苦和灾祸，于是人们就压抑自我的本能冲动，遵循“超我”的道德规范，表现出合法的正常行为。

弗洛伊德的理论贡献在于创立了精神分析理论，但他并没有系统地研究犯罪行为。1915 年，他在《由于罪恶感而犯罪的人》一文中，初次应用精神分析学的观点解释犯罪问题，为犯罪学中精神分析学流派的形成奠定了基础。以下将从潜意识与犯罪、本能与犯罪、人格与犯罪以及人格的发展与犯罪几个方面来阐述精神分析学派对犯罪原因的解释。

1. 潜意识与犯罪。“无意识罪恶感”是弗洛伊德精神分析理论中一个重要的概念。在人格发展过程中，由于力比多的固着与倒退，个体对母亲（父亲）产生了恋母（恋父）情结，这种情结使其在超我的作用下产生了很深的无意识罪恶感，这种罪恶感可能引起犯罪或其他不良行为的发生。对于这些人来说，当犯罪发生，行为人得到应有的惩罚后，他们倒会感到欣慰和满足。

亚历山大和希利在对一名8岁开始盗窃的习惯性盗窃犯男孩的精神分析中发现，这个惯犯的盗窃活动主要是由非理性、情绪性和无意识的动机决定的，而不是由理性的牟利动机决定的。在其结论中有如下的分析：①对母亲有强烈的寄生性依恋；对他强壮的哥哥有强烈的羡慕和依赖，在潜意识中，他对哥哥形成了一种独特的被动的女性态度。②他的盗窃行为也是为了摆脱他对哥哥产生的罪恶感的一种手段。他帮助哥哥，为了哥哥而甘受风险，甚至为哥哥进入看守所，以消除内心的罪恶感。③他的盗窃行为也是对母亲怨恨的一种反映，具有潜意识的意义："如果你只是对哥哥感兴趣和表达爱，而不对我感兴趣和表达爱，那么，我就当一个犯罪人，让你丢脸，对你进行报复。同时，如果你不把你的爱给我，也不在我需要支持的时候支持我，那么，我就通过武力和抢劫来获得我所需要的东西。"这个案例，充分体现了潜意识（包括潜意识的"恋母情节"和无意识的罪恶感）在犯罪人进行违法活动时的支配力量。

精神分析学家埃蒙德·伯格勒在其《赌博心理学》一书中，深入探讨了赌徒的无意识心理，并用三种精神分析学的概念来解释赌徒的心理动机：①儿童无所不能的感觉在赌徒心理上的复苏；②对超我的抗拒；③自我惩罚的欲望。

从以上案例中我们可以看出，许多犯罪人，特别是青少年犯罪人，在其实施犯罪行为以前就存在非常大的罪恶感。所以，罪恶感不是犯罪的结果，而是他的动机。由此足见弗洛伊德对罪恶感与犯罪关系看法的独特性。

2. 本能与犯罪。在论及人类的本能时，弗洛伊德涉及了犯罪的问题。他认为，人类社会中犯罪的根源在于人与生俱来的本能，因为犯罪就是违反了为了文明的存在而确定的各种禁律，而这种禁律是违反人类本能的。人类自从有了阶级社会以后就持续存在违法犯罪活动等极端的越轨现象。而各种违法犯罪现象从本质上说，都与人类的攻击行为有直接密切的联系，往往以攻击本能和破坏本能的面目出现。人类本能中这种攻击性和破坏性的满足就会导致犯罪的产生。此外，性本能也与犯罪有关。按照弗洛伊德的看法，儿童是作为犯罪者出生的，只是由于他们没有行为能力和责任能力，所以他们的暴力破坏、攻击行为才不被认为是犯罪。一旦他们长大成人，他们的行为就会被社会视为犯罪行为。在我们的现实社会中，常会发生一些自杀、自残或自伤等事件，用弗洛伊德的理论解释，即当这种本能的冲动由于种种社会所不能容许的道德、宗教或法律等的约束而不能向外发泄的时候，行为人在寻求发泄的渠道时就会选择通过自身来发泄冲动，因为人生来就具有死的本能。

例如，在一女性偷窃狂的案例中，在行为人被抓获后，得知其偷窃并不是因为家里贫穷或其他困难。据她所述，偷窃成功并不是她的目的，她之所以进行偷窃，是因为在偷窃那些物品的时候，她会有一种快感。在这里，支配其进行偷窃行为的就是本能，而本能既具有建设性也具有破坏性。“本能”一词在精神分析中被定义为一种与生俱来的，且存在于体内的动力心理特征。从心理角度来看，这个需求被表达成对事物的愿望或渴求。此外，精神分析师发现药物成瘾者的本能驱力，使他们对外在的刺激和诱因极端敏感（如看到令其沉醉的药品、闻到火柴燃烧的味道、见到香烟和酒精广告等），这些刺激不仅会引发其渴望，也会使他们逐渐走向复吸毒品的道路。

3. 人格与犯罪。弗洛伊德认为，虽然本我中的原始本能是犯罪的根源，但在一般情况下，人们并不会去犯罪。人格中的自我和超我是人行为中两个重要的控制系统，人们会根据现实社会的道德、法律的要求来约束、控制自己。如果自我和超我不完善，存在缺陷，已有的道德观念无法抵制本能的诱惑，或自我的力量过于强大，压倒了现实原则所带来的抑制力量，就可能导致犯罪的发生。并且本我、自我、超我三者对人类的行为也有着各自不同的影响。本我是影响人类行为的生物驱力，自我代表着行为的心理根源，超我则反映出社会道德力量的影响力。

在成瘾行为中，就精神分析的观点而言，成瘾患者的自我被认为属于比较脆弱的或受损的。在处理本我的内在驱动力上，成瘾患者的自我未能发挥出适当的内在控制力，这使得成瘾患者必须依赖外在的环境（如酒精及药物）才能满足心理上的需求。随着时间的推移，成瘾患者对这些外在控制的依赖会越来越强，同时他们的自我会因此而逐渐失去功能。

4. 人格的发展与犯罪。弗洛伊德认为，儿童在其心理性欲发展的各个阶段所获得的各种经验决定了他们成年后的人格特征。在发展过程中，弗洛伊德认为很少有人能够达到真正的生殖期这个理想阶段。在这个过程中,力比多会遇到固着和倒退这两种现象。如在小说《沉默的羔羊》中，若以精神分析的客体心理学来分析，变态杀人犯“野牛比尔”的杀人和剥取女性人皮以完成女性服装的行为的最大可能性就是源自其幼年时的冲动，也就是说“野牛比尔”的母亲在养育上存在很大问题,她甚至可能是精神分裂患者。“野牛比尔”在被关怀和性别分化上存在严重的问题，这导致他的心理发育从根本上说还处在幼稚期，他试图通过一种幼稚的行为来达到对其内心冲动的满足。他在被害者嘴里所放的蛹，充分说明了他对变成女性的一种渴望。其实变成女性是他自己希望获得母爱的象征，他通过自己变成女性来满足其自体意象的需要。这种假设自己是女性的自体意象则来自更早期的心理发育。他的冲动以一种非正常的方式出现。如果童年期能获得一种罗杰斯式的非条件关怀,他就不可能出现那种病态的后果。从这里可以看出，“野牛比尔”出现了固着和倒退两种现象，这样就导致了其杀人和剥取女性人皮等变态行为的出现。在现实生活中，一些酒精或毒品成瘾者其实也是出现了心理性欲的固着现象，这种现象可能是其在口唇期人格没有发展好。

影片《爱德华大夫》所涉及的弗洛伊德精神分析理论，最根本的观点是：如果一个人拥有一个比较幸福的童年和随之形成的健康人格的话，从心理学意义上讲，他将是“幸运的”，他的生活将会在健康人格的决定下，在一个比较健康的轨道上运行。这种人就是我们通常所说的健康人。如果一个人的童年经历比较悲惨、成长环境比较恶劣的话，他的心理发育必不可少的阶段就会中断，或导致心理发育不足，从而导致其必要的精神养料的匮乏，形成各种人格缺陷和复杂的情结，为其将来的各种心理障碍留下祸根。

总之，用弗洛伊德的精神分析观点分析犯罪人的心理，可以揭示引发犯罪行为的许多深层次的心理原因，这是其他任何理论无法比拟的。它的主要贡献有三个方面：第一，使人们充分认识到生物学因素在犯罪行为中的巨大作用。尽管现有的研究已经揭示出犯罪行为是由行为人的生理、心理以及社会环境等诸多因素相互作用导致的，但生物遗传的主要作用是不容忽视的。弗洛伊德及其后继者的许多精辟论述为人们提供了翔实的资料。第二，大大扩展了犯罪心理学的研究范围。精神分析理论家对犯罪人无意识犯罪动机的深入剖析是独到的、有创见的。大多数犯罪行为是犯罪人有意识、有目的、有计划地发动的，但是，有些奇特的、动机不明的案件用常规思维及方法很难搞清楚。精神分析理论为我们分析这些奇特的犯罪案件提供了方法，使人们能够从犯罪行为的表层深入犯罪人的内心，揭露引发其犯罪行为的深层原因。这不仅对刑事侦查、审判等司法实践活动有所帮助，而且对于犯罪人的矫正和预防犯罪也有重要的价值。第三，引起人们对犯罪人早期经历的关注。弗洛伊德精神分析理论特别强调儿童早期经验在其人格形成和发展中的作用，这一点对于分析犯罪人犯罪心理的形成过程有直接的帮助。通过对犯罪人过去经历（尤其是创伤性经历）的分析，了解犯罪人潜意识的心理冲突，有助于对其犯罪心理进行更有效的矫正，防止其重新犯罪。

尽管弗洛伊德的精神分析原理对犯罪原因的解释具有重要的贡献，但其仍具有一定的局限性。第一，精神分析理论强调人的本能与犯罪的密切关系，基本上持一种“性恶论”的倾向，弗洛伊德本人还主张“孩子是作为犯罪者出生的”，后来的精神分析学家如亚历山大也继承了这一观点，这显然与历史唯物主义的观点背道而驰。第二，精神分析理论能较好地解释一些非理性的犯罪行为，如一部分暴力犯罪和性犯罪等，对与本能冲动联系密切的自然犯罪有较强的说服力。但是，该理论对政治性犯罪、智能犯罪、高科技犯罪等犯罪类型难以做出详细而严密的分析。尽管精神分析理论在理论上提出了所有人生来就是犯罪人的假设，但其在实践中却举步维艰。第三，精神分析犯罪理论的研究方法缺乏严密的科学性，他们过分强调主观的理性思辨，带有唯心主义的精神色彩，无法经实证分析进行客观检验，这一点使其研究结论的科学性受到质疑。

二、霍妮的精神病理学

精神医学也称为精神病理学，是研究心理疾病以及引发心理疾病行为的学科，研究范围包括各种心理疾病的起因、发展、症状以及治疗等方面。其并不是仅仅研究精神病性心理障碍（如精神分裂症）等不同类型精神病的一门学科，而是涵盖所有类型的心理疾病的学科，如人们所熟知的焦虑症、抑郁症、强迫症等都在精神病理学的研究范围内。精神病理学在司法鉴定领域具有重要作用，且近年来精神病人犯罪的案件也逐渐增多。精神病理学理论认为，犯罪是由心理疾病引起的，主要包括智力缺陷、精神疾病，其中精神疾病又包括器质性精神疾病和非器质性精神疾病。

在弗洛伊德的精神分析基础上，美籍德裔精神病学家卡伦·霍妮把精神分析学说从泛性论的古典弗洛伊德主义，转向强调文化和社会条件对人的行为影响的新弗洛伊德主义。她赞同弗洛伊德关于潜意识冲动决定人的行为的论断，以及自由联想、释梦、移情分析等方法，但坚决反对弗洛伊德的泛性论的力比多理论和恋母情结说，认为它们歪曲了自我与环境的关系，忽视了文化、社会因素对人的影响。霍妮所创造的一个最基本的概念是“基本焦虑”，认为人一生下来就处于一种看不见的充满敌意的世界里，所以在软弱无能的儿童的心里往往充满着不安全的恐惧，这种不安全感又直接导致了焦虑。因此，寻求安全、解除焦虑就成为人格形成和发展的主要内驱力。因而霍妮认为潜意识冲动并不像弗洛伊德所认为的那样，是受所谓快乐原则所统治的性本能和死本能的冲动，而是受生存原则所统治的寻求安全、解除焦虑的冲动。

（一）霍妮的基本理论观点

1. 人格形成。霍妮进一步提出了关于人格形成的理论。她同意弗洛伊德的人格是在童年的早期发展起来的观点，但不同意弗洛伊德用原始性欲发展阶段的进展来解释人格的形成。霍妮强调社会环境，特别是家庭环境、双亲在人格形成中的作用。她认为儿童的基本焦虑主要源于家庭中父母对待儿童的态度和行为。假如儿童从家庭、父母那里得不到温暖和关爱，就可能产生各种不现实的顾虑，这种顾虑若得不到及时清除，就可能发展成为神经性焦虑；反之，如果儿童从家庭、父母那里得到了温暖和情爱，就会感到安全和满足，就不会产生焦虑。因此，她特别强调家庭教育的重要性。霍妮认为儿童为了获得安全和避免焦虑，不得不采取种种方式。她将这些方式概括为三种指向性活动。儿童长大后，这三种指向性活动相应地形成了三种不同类型的人格和生活哲学。

第一种是趋向他人，形成了依从性人格，用爱来化解对方的敌意，从而保护自己；第二种是避开他人，形成了分离性的人格，这种人既不想归属，也不想反抗，而是离群索居、与世无争；第三种是反对他人，形成了攻击性人格，这种人一心想成为强者，战胜别人。霍妮认为，在正常人那里这三种态度互为补充，达成一个协调整体。一旦这些行为模型僵化就会导致灵活性的丧失，从而加深焦虑，形成各种不同的精神疾病。

2. 自我认知。霍妮还认为，人格结构不像弗洛伊德所主张的那样由本我、自我和超我三部分构成，而是由真我、实我和理想我的组合。她所说的“真我”指个人所具有的天赋潜能中的一部分，是活生生的，是一个真正的生命的中心；“实我”则是由真我受环境的熏陶而铸成的，它所表现出来的状况是实际的、现实的；“理想我”是个人为了逃避内心冲突而产生的、有关自己的尽善尽美的意象。精神病患者总是把这种意象看作是真实可靠的，并借以掩饰真我。这虽然可以暂时解除患者的焦虑，但难免要与实我发生冲突，引起新的焦虑，这是造成精神病的主要原因。一个人如果不是努力去实现真我，而是去追求虚假的理想我，必然会丧失生命的自发力，无从实现人生的真正价值。在霍妮看来，实现真我的途径在于充分发挥真我中所蕴含的建设性力量，当然，每个人的具体情况有所不同，但只要有适当的环境，就可以造就健全的人格。霍妮本人对此也持积极乐观的态度。

（二）精神病理学对犯罪原因的解释

现代精神医学观点认为，精神病患者的状况实际上由精神上及生理上的疾病所致，有关精神医学与犯罪行为相关的论点主要有以下几种：

1. 智力与犯罪。心理学上的智力主要指人的理解力和判断力。智力的高低除了与人所受教育程度有关外，还受制于一定的遗传因素和生活经验。因此，不能把智力简单地等同于知识或文化水平。

就智力而言，其所强调的是人们分析问题和积极解决问题的实际能力。对于智力缺陷（又称心智缺陷），主要从个人的发展史及生活能力、社会适应性、自主性格等方面综合判断。心智缺陷，表现为智商（IQ）在 83 以下，缺乏语言表达、处理日常生活事务及社交的能力。美国精神医学会将其分为五个等级。第一等级是极严重心智缺陷。智商在 20 以下，智力年龄在 3 岁以下，其感觉能力、语言能力还未发展，动作能力缺乏，训练无效，需他人完全的照顾与监督。第二等级是严重心智缺陷。智商在 20 ~ 25，智力年龄为 3 ~ 6 岁，语言能力比较缺乏，但可施以基本的健康习惯训练，不能接受学校教育，但在他人完全监督及控制环境中，可自立及发展最起码的自卫能力。第三等级是中度心智缺陷。智商为 36 ~ 53，智力年龄为 6 ~ 8 岁，其感觉与动作能力尚能发展，可接受特别教育，且可在非技术性或半技术性职业训练中自立，但当社会或经济产生变化时，仍需监督及指导。第四等级是轻度心智缺陷。智商为 54 ~ 68，智力年龄为 8 ~ 12 岁，可发展社交能力，在 4 ~ 5 岁时与常人无异，到 20 岁可完成六年小学教育，可接受特殊训练，且经适当的教育与训练，可具有社会及职业的适应能力。第五等级是临界心智缺陷。智商为 69 ~ 83，学习速度及学习能力均较正常人差，仅具有在社区中进行简单生活及适应的能力。

心智缺陷产生的原因包括遗传（染色体因素）、脑部外伤、感染和中毒、放射线、早产、营养不良及心理社会的剥夺等。因其判断力较正常人低，对不正当的欲念、冲动或者动机缺乏抑制能力，情绪控制力也比较弱，社交能力较差，易因挫败而产生各种偏差及犯罪行为。

2. 精神疾病与犯罪。精神疾病患者中有严重人格困扰症状者与正常人相比，出现部分或全部脱离现实的现象，必须服用药物或者住院治疗。精神疾病是人的大脑受刺激，导致机能紊乱和失调，导致认识、思维、情感发生障碍，使行为失去常态的一种疾病。精神病人不仅人格分裂、失去自控能力、缺乏对自己身心变化的逻辑判断，而且人际沟通困难，他们的大脑对客观环境的反映往往是歪曲的，易产生幻觉、妄想和运动性兴奋，记忆丧失、思维失常，意志力差和情感欠缺，易于冲动，有的甚至伤害自己或侵害他人，危害社会。根据疾病原因的不同分为器质性精神疾病和非器质性精神疾病。

（1）器质性精神疾病特征。器质性精神疾病主要是由遗传缺陷、脑组织技能障碍或者其他疾病所引起的，包括癫痫性精神疾病、全面性麻痹精神病及老年精神病等。器质性精神病引起的意识障碍、精神发育不全及癫痫患者，都易于发生自觉或不自觉的危害行为。一是癫痫性精神病者呈现出一种反复性及突发性的短暂脑功能障碍，这种障碍使人暂时失去直觉或意识，其发生可能是由脑细胞新陈代谢失调引起的，如脑损伤、身体其他部位生病影响脑部及脑部本身异常等。在此状态下，患者极易因遭遇情绪困扰、不安或烦躁而发病，且发病次数不定。该精神病的发作形式及程度也有所不同，患者有时会因敏感、以自我为中心、幼稚等性格特点，在发作时产生无意识行动，伴有伤害、杀人、强奸等暴力性犯罪行为。二是全面性麻痹精神病，又称瘫痪症，病因是中枢神经系统受螺旋菌梅毒感染而受损，其特征为判断力受损、意识模糊、健忘、不安，有时还伴有幻觉及错乱现象，易引起偷窃及性犯罪等行为。三是老年精神病（老衰症），主要是因脑部的萎缩及退化产生精神衰颓现象，其症状包括记忆力丧失、夸大过去性格特征、兴趣缩小、遗忘、麻木、失眠、不安、愤怒、缺乏注意力、迷信、嫉妒、喋喋不休等，有些人还曾在夜晚起身做无目的地徘徊，此外还有离家出走、不注意修饰外表、邋遢、易于哭泣、紧张、沮丧、失望等行为。因判断力受损及性冲动无法克制，患者极易产生性变态行为中的娈童狂举动。

（2）非器质性精神疾病特征。非器质性精神疾病主要是因生活上受打击、挫折、不幸等精神压力而造成精神上的崩溃，主要表现为以下几种情况。一是精神分裂症患者往往出现思维障碍，精神活动丧失统一性和协调性，常因幻觉、妄想，导致杀人、破坏财物、防火、伤害他人等行为。二是躁郁症患者表现为无端的极度喜悦或悲伤，情绪不稳定，躁狂性精神病患者的突出表现是攻击行为，抑郁性精神病患者则容易自杀。三是偏执性精神病，也称妄想性精神病，有嫉妒妄想、迫害妄想、罪恶妄想、钟情妄想等行为，这种患者在各种妄想的支配下，容易发生相应的危害行为。

精神疾病与犯罪行为并没有必然联系，不是每个精神病患者都必然实施危害社会的犯罪行为。在法律上，由于精神病患者不能辨认或不能控制等原因，其实施的危害行为不被认定为犯罪，不承担刑事责任。但是精神病患者的行为易于对他人和社会造成危害，因此对其与犯罪进行分析，有助于制定有关精神病人的刑事政策，做好精神病人犯罪的预防工作，特别是实践中有些危害行为的发生既有精神疾病的原因，又有意识因素的影响。

第四节 犯罪的社会学理论

犯罪的社会学理论通过社会学的理论和研究方法来研究和解释犯罪问题，通过探究犯罪行为与社会文化环境之间的关系，来解释犯罪产生的原因，强调社会环境、社会结构以及社会化过程中其他相关因素对犯罪行为的影响。大多数犯罪学家认为生物学和心理因素只有最终与社会因素相结合才能发挥作用。20 世纪之后，犯罪社会学已逐渐成为犯罪学理论的主流，当下一些影响比较大的犯罪学理论几乎都是犯罪社会学理论。犯罪社会学所建立的理论包罗万象、不胜枚举，当代犯罪社会学理论一般从社会结构和社会化过程两个角度研究犯罪问题。

一、社会结构理论

社会结构理论认为，社会是划分层次的，不同层次的成员享有的政治、经济及其他社会权利不同，犯罪与这种社会结构有关。社会结构理论大致可分为文化冲突理论、紧张理论、亚文化理论和社会生态学理论等几个分支。

1. 文化冲突理论。其又称社会解组理论，提出的背景是 20

世纪 30 年代美国传统中产阶级文化与其他少数种族的低阶层文化的冲突。这一理论的主要代表人物是美国犯罪学家塞尔斯坦·塞林。他指出，社会存在着两种文化冲突，一种是随着社会的发展变化导致的不同时期的文化冲突，另一种是同一时期两种对立文化产生的文化冲突。文化冲突必然导致行为规范的冲突，而行为规范的冲突就可能导致犯罪。塞林指出：一是当某个文化集团的文化法律规范被扩展到另一个文化集团的领域时容易发生冲突；二是当某个文化集团的成员迁移到另一个不同文化集团的区域时，由于不了解这一文化集团的文化法律规范，容易产生冲突；三是在相邻的两个文化领域的边界结合处，不同文化的行为规范之间的矛盾容易发生激烈的冲突；四是当社会结构由简单趋向复杂化、分层化，当文化价值规范由单一状况发展为多元化，同一区域或同一集团内部也会发生文化冲突，而且变化过程产生出新的不同的文化集团，或者使原来的文化集团分化。这些新产生的或新分化而成的文化集团以及原来的文化集团，都有其特定的文化准则和价值标准，从而相互冲突。塞林认为这是一种可以广泛用于解释犯罪行为的理论，既适用于地理上分隔的地区间的人口流动，也适用于城市周围毗邻地区之间的人口流动。

2. 紧张理论。这一理论的主要代表人物为美国犯罪学家罗伯特·默顿。默顿认为，犯罪是由于行为人不能通过合法手段取得社会地位和物质财富而产生的沮丧和气愤的产物。紧张理论与文化冲突理论不同，它认为大多数人最初都持有基本的价值观念和生活目标，但是取得这一目标的能力对每一个人来说并非一致，而是依每个人的社会地位和经济条件的不同而不同。社会中上层成员能够受到良好的教育，具有体面而高薪的职业，因此，在这两个社会阶层中不存在紧张状态。但是，低级社会阶层的成员，由于社会地位低下和缺乏经济条件，难以实现自己的理想，因此感到沮丧和紧张。其中一些人便会求助于犯罪等非法手段去实现其目标。

默顿进一步指出，并不是所有不能通过合法手段取得成功的人都会借助于犯罪等非法手段去实现自己的目标，犯罪与否还得取决于个人对社会目标和合法手段的态度。人们如果对社会紧张状态采取放弃目标的适应方式，则不会犯罪；如果采取变革的适应方式，即用非法手段争取社会目标的实现，则会实施夜盗、抢劫之类的犯罪行为；如果采取退却的适应方式，则其中许多人会变成精神紊乱者、隐士和流浪汉，而另一些人则会变成吸毒者、酒精中毒者等与法律发生冲突的人；如果采取造反的适应方式，如试图变革社会制度，推翻现存政府，则通常会发生政治犯罪。

3. 亚文化理论。这一理论的代表人物是美国的艾伯特·科恩、理查德·克罗沃德和劳埃德·奥林等。亚文化理论认为，在西方社会下层社会成员中存在着许多不同的亚文化群。亚文化群的成员由于没有社会地位，被以中等阶层为代表的西方社会所排斥。于是，持有相同思想和价值观念而又处境相同的亚文化群成员便聚集在一起，力图相互支持、相互保护并相互满足其他各种需要，寻求一种与社会正统价值观不同的但能够使自己感到有价值的生活方式，这种方式包括参加犯罪团伙和从事犯罪行为。在亚文化群中，犯罪是可以接受的，甚至是值得赞赏的。

根据克罗沃德和奥林的观点，亚文化群可以分为三种类型：

一是犯罪团伙。其成员学习犯罪的知识和技巧，学习尊重老犯人，学习用怀疑的眼光去认识世界。这种团伙组织结构严密，成员在首领的领导下主要从事有组织、有预谋的财产犯罪和经济犯罪活动。二是殴斗团伙。这种团伙一般由一些狂妄自大的青年人组成，专门从事伤害人身或破坏财产的犯罪活动。其目的不在于获取经济利益而在于获取“名声”。这类团伙是由于其成员既没有合法又没有非法获取财物的机会而形成的。三是颓废团伙。这种团伙一般远离正常社会，专事酗酒、吸毒和异常性行为。这类团伙成员不求获得社会地位而只求获得团伙内部成员的认可与尊敬。

4. 社会生态理论。这一理论运用生态学和社会学的观点研究犯罪与环境之间的关系，由 20 世纪 20 年代末美国芝加哥大学的一批社会学者创建，故又称之为芝加哥学派。主要代表人物有罗伯特·帕克、欧内斯特·伯吉斯、克利福德·肖和亨利·麦凯等。

20 世纪二三十年代，随着美国城市化进程日益加速发展，城市的犯罪问题日益突出。在这种情况下，帕克等社会学家以美国第二大城市芝加哥为实验基地，深入调查研究城市的社会结构，分析了城市的经济、政治、文化、人口、种族等因素与犯罪之间的关系。调查结果显示，城市化进程导致城市社会阶层、人口密度、种族关系、社会心理、居住方式、交通通信等方面发生巨大的变化。社会成员如果不能适应城市环境的这种变化，就会导致失范、越轨和犯罪行为的发生。

经过调查发现，犯罪率在城市中心的周围地区最高，随后向郊区逐渐下降，愈是远离城市中心周围地区，犯罪率愈低。贫困、疾病等情况也是如此。他们的结论是，这种生态现象是城市化过程中的自然产物。他们将芝加哥市划分为围绕同一圆心而形成的五个区域，即中心商业区、中间地带（工厂区）、工厂住宅区、中上层住宅区、郊区和卫星城。犯罪大多发生于中间地带，即工厂区。因为相对于自然社区，中间地带人口流动大，混杂的人口形成了有利于犯罪发生的环境。

这种理论还指出，人们生活在家庭、学校、邻里等群体之中，以亲属、朋友、友爱、邻里等关系为内容的非正规社会关系对于约束人们的行为作用很大，地区性的集体发挥着社会监督的功能。而城市化进程则使这种非正式的社会关系解体，使集体作为非正式社会监督单位的作用显著下降，传统集体的习俗规范和理想受到削弱，并逐渐消失。随着工商业深入市区，人口流动频繁，社会文化日益多元化。激烈的竞争与有限资源的矛盾，削弱了社区的整体利益，甚至家庭也趋于解体。这一切变化使得社会处于解体状态，导致犯罪现象增加。其基本规律是都市化程度与社会解组程度成正比，社会解组程度与犯罪率成正比。

二、社会化过程理论

社会化过程理论产生的背景是研究学者发现，一个人在社会结构中的地位并不能完全决定其行为方式。一些社会地位低下的人并没有犯罪，而是通过努力工作、勤俭节约以及着眼未来等方式解决其经济问题并取得相应的社会地位。相反，有些富人照样从事盗窃、吸毒等犯罪行为。为了解释这种社会结构理论所不能解释的现象，一些学者便创立了社会化过程理论。

社会化过程理论认为，犯罪是个体与社会以及各种社会化机构在个体社会化过程中相互作用的结果。例如，家庭关系紧张、同伙的影响、学习成绩不佳以及司法机构的不良形象等都会影响个体向犯罪方向发展。与社会结构理论不同的是，社会化过程理论认为，各个阶层、各个行业、各个地区的人都有犯罪的可能。因此，社会化过程理论不像社会结构理论那样，将注意力集中在社会底层成员身上，而是注重研究青少年的社会化过程及其在成长过程中对其影响较大的几个因素：家庭关系、同伴的影响、学习情况以及自我形象的形成等。社会化过程理论共有四个分支：社会学习理论、社会控制理论、标签理论以及在前三种理论基础上形成的整合理论。

1. 社会学习理论。社会学习理论认为，犯罪是行为人学习与犯罪有关的准则、价值观念和行为的结果。社会学习理论渊源于法国著名犯罪学家埃尔·塔尔德的模仿理论。塔尔德认为，个人的行为是通过模仿而习得的。在模仿过程中，关系越密切，相互影响越大。下层人物模仿上层人物，低劣者模仿优越者，农民模仿贵族，小城镇和农村模仿城市。该理论的代表人物主要有埃德温·萨瑟兰、罗纳德·艾克思、大卫·马蹭等。

萨瑟兰在1939年出版的《犯罪学原理》一书中，提出了著名的“不同接触”理论。这一理论的主要内容包括：一是犯罪行为是通过学习得来的。反过来说，就是这种行为不是由遗传而来的。二是犯罪行为是在与别人交际过程中相互影响学会的。三是犯罪行为最主要部分的学习发生在密切的个人关系的群体之中。反过来说，那些不具有个人特色的传播媒介（如电影报纸）对犯罪行为的形成只起相对次要的作用。四是犯罪行为学习包括学习犯罪技巧，这种技巧有时相当复杂，有时相当简单。此外，还包括学习犯罪动机、欲望、文饰能力和心态等心理方面的内容。五是犯罪动机和态度的习得与人们对法律正反两方面的解释有关。在一些群体中，人们一致地把法律解释为必须遵守的规范；而在另一些群体中，人们对法律予以否定评价。个人与后一种群体交往就会习得犯罪动机和态度。六是如果助长犯罪的解释压倒抵制犯罪的行为模式，个人就会犯罪。这是因为他们与犯罪的行为模式相接触，而与抵制犯罪的行为模式相隔绝。七是不同接触的效果因频率、持续时间、先后顺序和强度不同而有所差异。持续时间长的交往对个人影响最大，接触频繁的交往比偶有接触的交往影响大。如果儿童接触犯罪观念时的年龄较小，所受的影响就较大。如果个人是从颇有尊严的人或影响较大的团体那里学习到了犯罪观念，那么影响就较大。八是学习犯罪行为的过程包括了对任何一种学习过程都起作用的全部机制，而不是简单的模仿过程。九是尽管犯罪行为是一般的需求和价值的反映，却不能用这种一般需求和价值来解释犯罪行为，因为非犯罪行为也是这种需求和价值的反映。如取得财富既可以是犯罪的动机，也可以是努力工作的动机，因此，动机本身不能成为犯罪的原因。犯罪行为只有在行为人通过与有犯罪观念的人交往习得犯罪观念后才会发生。

萨瑟兰的学生唐纳德·克雷西从不同接触理论提出的犯罪对策结论是：必须根本改变家庭、学校、职业和业余活动群体中的教育方式。把犯罪分子关押在监狱的做法是错误的，因为他们在罪犯群体中，会学习原来还不了解的犯罪心态和技巧。如果想改变犯罪分子，就必须使他们适应守法行为的群体，并使其与追求犯罪目的的群体相疏远。

2. 社会控制理论。社会控制理论认为，社会中所有的人都有犯罪的可能，现代社会也为人们提供了许多犯罪的机会。因此，犯罪学没有必要研究人们为什么犯罪，而应当研究人们为什么不犯罪。通过回答后一个问题就可以回答前一个问题。这一理论的代表人物为美国犯罪学家特拉维斯・赫希。

赫希在 1969 年出版的代表作《少年犯罪的原因》一书中，将犯罪行为的发生与各种社会控制的减弱联系起来。他指出，社会中每一个人都有犯罪的可能，都是潜在的犯罪者。由于犯罪行为可能给个人与朋友、家庭、邻居、学校和工作单位等重要机构的关系造成不可弥补的损失，一般人都担心这种损失而不得不遵守法律。个人如果没有这种约束，又不关心他人和社会的利益，便会去实施违法犯罪行为。赫希将各种社会控制因素分为四种：依恋、奉献、参与和信念，并指出各种社会控制因素之间的相互作用影响个人犯罪与否的抉择。如果一个人对父母和朋友都感到很亲切，往往会注意他们的希望，他就更有可能选择并努力实现一些合法的目标。反之，如果一个人无视上述各种社会关系，就可能缺乏对常规目标的奉献，进而实施犯罪行为。

3. 标签理论。标签理论从对行为的社会解释角度来认识犯罪，认为人的行为并不取决于事物的内在性质，而是取决于社会解释方式，即它们被称作什么以及由其名称所引起的含义。任何行为本身都不是有罪的，而是社会把某些行为确定为犯罪行为，并给它们贴上犯罪的标签。一个人变成罪犯，最初是因为他们的父母、学校教师、警察机关、司法机关以及犯罪矫治机构在处理违法行为时，给其贴上了坏的标签的结果，如“坏人”“犯罪者”等。因而，贴标签是违法犯罪的催化剂。这一理论的主要代表人物有美国犯罪学家莱默特、贝克等。

一些标签理论还用“初级越轨”向“次级越轨”的转化来说明标签化对犯罪形成过程的影响。初级越轨的特点是行为人已经实施了一定的不良行为，但还未被固定地作为越轨者来看待，行为人也未形成越轨者的自我概念。次级越轨者的特点是行为人已经实施了一系列违法犯罪行为，并已被固定地当作越轨者看待，行为人也形成了越轨者的自我概念。从初级越轨向次级越轨的转向，不是突然实现的，而是逐渐地、交替地进行的。在标签论者看来，这种转化就是贴标签的结果。标签理论的研究重点不是初级越轨，而是次级越轨，即人们再一次出现越轨行为并使其延续下去的原因。

4. 整合理论。整合理论试图将犯罪社会学的各种理论进行整合，建立一个集各种理论之大成的综合理论。其主要代表人物有美国犯罪学家约瑟夫·威斯、德尔伯特·埃利奥特、多伦斯·桑伯瑞等。

威斯将社会控制理论和社会结构理论进行了整合，提出了社会发展理论。他认为，个人的性别、种族和经济状况等因素与人在社会结构中的地位无关，这种因素对人的行为选择有重大影响。同时，社会化过程对一个人的行为选择也有影响。据此，他提出了整合的理论模式。依据这一模式，社会控制理论和社会结构理论假定的各种因素对犯罪都有影响。在一个低收入、无组织的生活环境中，各种社会化机构的功能薄弱。在这种环境中，由于既定的犯罪率较高，青少年违法犯罪的机会较多，接受犯罪团伙影响较大，容易认同犯罪群体的价值观念，因而有较多的青少年选择犯罪的行为方式。

埃利奥特等人将紧张理论、学习理论和控制理论结合在一起，也形成了一种整合理论。这一理论认为，紧张感、社会化程度不足以及生活在一个解体的社区这三种因素，会导致青少年缺乏正常的制约。制约程度的削弱和紧张感将驱使他们去寻找同样心态的青少年犯罪团伙进行交往，并且逐步依附于这样的青少年犯罪团伙。与青少年犯罪团伙的交往会强化其消极态度，同时又可以为他们提供行为模式，这些青少年也会逐渐地从事犯罪活动。

桑伯瑞对上述两种整合理论进行再度整合，提出了多因素相互作用理论。他强调，影响青少年犯罪的各种因素是相互作用的，而且青少年犯罪这一结果本身与这些因素也是相互作用的。此外，各种因素在青少年成长过程的不同时期对青少年犯罪影响是不同的。在青春期初期，家庭及父母的影响较大。在青春期中期，学校、朋友和青少年文化的影响较大。在青春期后期和成年时代，本人在社会中的角色，如丈夫、父亲、教师和不同工作环境的影响较大。在每个时期，青少年犯罪这一结果又会反过来影响导致其产生的各种因素。如此循环下去，就会产生职业性惯犯。

【本章小结】

1. 人类对人为什么会犯罪的探索与追寻是个漫长的过程，这一过程永无止境，并将与人类并存，而且必然会永远探索下去。2. 人类对犯罪原因的认识从朦胧到从生物学、心理学、社会学等方面分类探索，为人类回答犯罪原因提供了一种视角和思路。

3. 对罪犯危险性评估而言，人们通常认为犯罪学理论有三大功能：一是在众多潜在的犯罪风险因素中，确定出最显著的风险因素；二是描述易产生犯罪的各风险因素之间的关系，并排列出各风险因素之间的顺序；三是犯罪学理论挖掘了这些风险因素的起源。4. 犯罪的原因是复杂多样，无法穷尽的，人类应当而且必须探索下去。5. 虽然无法穷尽犯罪原因，但对已经认识和掌握的犯罪原因要以谦卑的态度真诚地研究，好好地运用于实践。6. “问渠那得清如许，为有源头活水来。”先贤的研究成果，就是应对犯罪的源头，只要不懈追寻，就可以从中奔流出万千的思路与对策。7. 当然，我们并不认为所有的犯罪人都有心理缺陷，只是其中一部分人被诊断患有精神疾病与障碍。有时，心理严重失常的人会实施犯罪，但绝大多数人都不是因为心理失常才犯罪的，真正心理失常的人所实施的典型犯罪往往情节轻微，而情感正常的人照样会犯罪。同样，反社会行为不都是犯罪，并不是所有犯罪人都有反社会行为和人格；具备犯罪生物倾向的人不都会犯罪，并不是所有犯罪人就一定具有犯罪生物学理论上的特征。8. 除了少数例外，社会学思想在犯罪学领域都占主导地位。但当今已出现跨领域的犯罪学理论融合趋势，比如，以分析与犯罪行为相关的生物学因素、环境因素和社会学因素的生物社会犯罪学的兴起，就是一个典型例证。这对深刻理解罪犯危险性评估因子的选择，提供了更全面更宏大的视角。

第二章

顺应与崛起：罪犯危险性评估的起源与发展

因地不真，果招迂曲。

——《楞严经》

已有的事，后必再有。已行的事，后必再行。日光之下并无新事。岂有一件事人能指着说，这是新的。那知，在我们以前的世代，早已有了。

——《圣经·传道书》

【本章提要】

本章认为罪犯危险性评估是保守主义与自由主义外化为监狱矫正和管控博弈的结果，但不是简单的复兴和此消彼长问题，而是经过科学理论伤筋动骨式的整合与升华，使得管控与矫正在较高层次上达到一种新平衡。本章主要阐述了罪犯危险性评估的兴起与发展过程，我国本土危险罪犯排查的特征及应用，以及两者的区别与联系，力求达到了解罪犯危险性评估的前世今生、来龙去脉和促进罪犯危险性评估实践的目的。

要对一门学问进行全面系统的研究，就必须了解和研究它的历史和现状。了解罪犯危险性评估的产生、演变过程，把握其发展变化的特点和规律，有助于加深对该学问性质和基本问题的理解，更深刻地认识罪犯危险性评估的现状和未来发展趋势。

危险性评估是个大的概念和范畴，有各种各样的危险性评估。比如精神病危险性评估及其分级、严重精神障碍危险性评估及其分级、高血压危险性评估及其分级、地质灾害危险性评估及其分级、火灾危险性评估及其分级等，甚至英国报警电话也是根据对公众的威胁、危害和风险等级进行优先排序后安排警力的。也就是说各行各业、各个领域都有自身的危险性评估和分级及应对措施。罪犯危险性评估只是其中的一类。

刑罚像一颗摆钟，在惩罚和改造之间进行徘徊。刑罚是一个连续体，它的一端是惩罚，包括报应、犯罪控制和强硬政策；另一端是预防，包括改造和治疗等。每个时期的主导哲学就在这两端产生：刑罚哲学朝着惩罚一端倾斜，矫正政策就会具有较多的惩罚性；刑罚哲学朝着预防一端倾斜，矫正政策就会有较多的改造性与人道性。

罪犯危险性评估不是简单地对过去惩罚与矫正方法的重复与回归，而是升华和再造，是一种惩罚与矫正处于均衡状态下的科学手段。罪犯危险性评估并不是传统矫正方法失败基础上的产物，即使重新犯罪率居高不下，也不能证明监狱矫正工作的失败。因为，犯罪是非常复杂的一件事情，至今为止，对于人类为什么会犯罪，没有一个结论性的原因，况且监狱仅仅是整个社会控制与预防犯罪的一个环节而已。

罪犯危险性评估是个系统性的理念和实践，因为犯罪的产生是多质、多层次、多变量的各种因素相互作用的结果。每一种因素只有与其他因素按照一定的形式组成一定的罪因结构时，才具有犯罪原因的意义。而一定的罪因结构最终能否导致犯罪的发生，又受到更为广大的随机因素影响。因此，犯罪人的危险性即犯因性因素形成犯因性因素结构时，才具有评估的价值和意义。只有实现评估的价值和意义，才有危险管控的基础和依据。只有犯因性结构中的动态因素形成犯罪需要因素结构时，才具有矫正的价值和意义。

因而，从本质上看，罪犯危险性评估包含两个评估，两个干预。两个评估：一个是危险性评估，一个是犯罪需要评估。有的把这两种评估混合在一起。具有代表性的就是英格兰与威尔士的罪犯危险评估系统（OASys）。它的设计第一目的是确认重新犯罪的可能；第二目的就是希望确定罪犯的需要，包括人格或者性格上的、认知上与行为上的、社会上的需要。两个干预：一是干预危险，即控制危险；二是干预矫正需要，即实施矫正项目。

第一节 罪犯危险性评估的兴起与发展

自 19 世纪末犯罪学中的实证犯罪学派提出人身危险性概念以来，学界就非常重视挖掘人身危险性背后的形成原因，并由此发展演变为现代的罪犯危险性评估。罪犯危险性与人身危险性同出一源，本质一致，只是特定主体和应用范围略有区别。因而可以说，人身危险性或罪犯危险性评估已经有一百多年的历史了。

一、人身危险性的含义

其主要指再犯可能性和初犯可能性。人身危险性之“人身”，指犯罪人和未然犯罪人。“危险性”是指一定的危险事实尚未发生或尚未成为客观存在的事实，但将要发生、成为现实已显出充分的可能性和盖然性，而这种可能性或盖然性是以客观诸条件为基础而形成的现实状态，但这种现实状态仍然不外是一种预想或预断。在刑法中，一般在三种意义上使用危险性这个概念：一是指行为者本身的危险性，即人身危险性，一般简称为危险性。二是指行为者实施的行为在客观上发生某种危害结果的可能性，一般称之为侵害性，是解释不能犯意义上的危险性，这是重在有否发生危害结果的可能性，有发生的可能性者，为未遂；无发生的可能性者，为不能犯。三是行为者的行为已实施完了，所发生的危害结果意义上的危险性，一般称之为危害性，是危险犯中所论的危险性。

罪犯危险性评估研究的是第一种意义上的危险性，即人身危险性。法学界对人身危险性的含义大体有三种观点：一是广义说，认为人身危险性是指实施犯罪的可能性或再犯可能性。这种意义上的人身危险性是保安处分的适用基础，对于尚未犯罪但有犯罪可能的人，或者犯罪虽然经刑罚处罚但有再犯可能的人都可以适用保安处分。因此，此种意义上的人身危险性的主体范围十分宽泛，它包括：具有刑事责任能力、实施犯罪被判刑但有再犯之虞的人，如累犯、惯犯等；无责任能力或限制责任能力，但实施危害社会行为的人，如未成年人、心神丧失人等；尚未实施犯罪，但染有恶习或传染可能犯罪之人，如吸食毒品者。二是狭义说，认为人身危险性是指犯罪人的存在对社会所构成的威胁，即犯罪人再次犯罪的可能性（再犯可能性），它所表现的是犯罪人主观上的反社会性格和危险倾向。由于此说将无犯罪前科以及无刑事责任能力、限制责任能力的人的犯罪可能性排除在人身危险性概念之外，故称之为狭义说。三是再犯可能与初犯可能统一说。认为人身危险性并非是再犯可能性的同义词，除再犯可能以外，人身危险性还包括初犯可能，在这个意义上，人身危险性是再犯可能与初犯可能的统一。这种说法明确指出，人身危险性之所谓人身，是指犯罪人之人身，再犯的主体是犯罪人，因而把再犯可能视为犯罪人的人身危险性是完全应该的。而初犯的主体，是犯罪人以外的一般人，即未然犯罪人。这里的一般人包括三种人：第一种是潜在犯罪人，这是最主要的初犯主体。第二种是被害人，被害人的初犯可能性主要是指被害人对犯罪人及家属进行报复的可能性。第三种是其他守法者，其他守法者的初犯可能性是指测定其转变成为潜在犯罪人，然后是否转化为犯罪人的可能性。进一步指出，把初犯可能归结为犯罪人的人身危险性是因为，一个人犯了罪，不仅本人具有再犯可能，而且犯罪人作为一种犯罪源，对于其他人也会发生这种罪之感染，初犯可能正是这种犯罪的传染性的表现。统一说的人身危险性的主体已经泛化为一切人，其范围比广义说理解的人身危险性主体还要宽泛得多。

总之，人身危险性是个十分复杂的问题，可以而且应当多角度、多学科、多层次研究，从而为正确认识人身危险性，预防犯罪提供科学依据。比如，既可以从犯罪学的角度研究人身危险性，也可以从刑法学的角度认识研究人身危险性；既可以研究有犯罪倾向的人的人身危险性，也可以研究犯罪人的人身危险性。当然，犯罪学应侧重从存在论的角度揭示人身危险性在客观上是什么以及其形成的原因，从而采取相应措施，将这种可能性消灭，达到预防犯罪或再次犯罪的目的。广义说与狭义说将人身危险性理解为犯罪可能性和再犯可能性，正是从犯罪学的角度，对人身危险性加以界定的，具有一定的合理性。但是，站在刑法学角度研究人身危险性不能仅停留在这个客观层面上，将人身危险性简单地等同于犯罪可能性或再犯可能性，更应当从价值论角度对人身危险性这种客观存在的现象加以刑法学上的评价。因此，广义说和狭义说对人身危险性的界定有不够全面之嫌。当然，应该看到，犯罪学上所研究的人身危险性是刑法学上研究的人身危险性的前提与基础。至于再犯可能与初犯可能统一说的观点却值得商榷。这种观点将他人的初犯可能归于犯罪人的人身危险性的理由——罪之感染，是值得怀疑的。一个人犯了罪是否就会传染他人使他人亦犯罪？被传染的人有多少？其受感染程度又如何？如此一系列问题在目前科技水平下，没有一个准确答案。将他人犯罪原因归结为犯罪人的犯罪感染，从而影响对其刑事责任的评价，就有可能导致刑罚权的滥用和不适当扩张，违背了罪刑法定、罪行相适应原则的要求。进一步讲，广义上的人身危险性侧重从犯罪学的角度研究人的犯罪可能性，为预防犯罪以及刑事立法提供指导；狭义上的人身危险性侧重从刑法学的角度研究，为量刑提供指导；初犯可能意义上的人身危险性则在犯罪论部分有所体现，表现为立法上将人身危险性作为犯罪构成选择要件加以规定。

二、人身危险性的起源

人身危险性是近代刑法学派理论中特有的概念，是构建近代刑法学派即实证犯罪学派的基石。因此，研究人身危险性，当从近代学派开始。谈起近代学派，就不能绕过和回避古典犯罪学派。

（一）古典犯罪学派思想

从18世纪开始，欧洲大陆掀起了一场轰轰烈烈的启蒙运动，对宗教神学思想和封建专制统治进行了无情的揭露和批判。而18

世纪的古典犯罪学派正是这场启蒙运动的产物，它的诞生标志着西方对人类犯罪行为进行自然主义探讨的开始。它不再声称“超自然的力量”或“犯法是违抗上帝意志的过错和着魔”，而是用人们本身的因素来解释人的犯罪行为。1764 年，意大利的贝卡利亚出版了《论犯罪与刑罚》，这部著作被后世誉为刑法学和犯罪学领域最重要的经典著作之一。当今人们习以为常和当作公理、常识的许多法律原则、法律规定，都可以追溯到贝卡利亚的《论犯罪与刑罚》，比如现代刑法制度所确立的三大刑法原则，即罪刑法定原则、罪刑相适应原则和刑罚人道原则，以及废除刑讯和死刑、实行无罪推定等。在解释犯罪原因方面，“自由意志论”是古典犯罪学派的一个主要论点，它认为，一个人只要达到一定的年龄，除精神病人外，都有认识和区分是非善恶的能力，一个人实施犯罪行为是其自由意志选择的结果。古典犯罪学派预防犯罪思想主要是法律控制论、心理强制论、报应刑论等。

从 1764 年到 19 世纪中叶以前，古典犯罪学派一直在西方居于主导地位，对当时的刑事立法和刑事司法都产生了深远影响。1791 年的《法国刑法典》就是根据贝卡利亚的基本思想制定的。但 19 世纪中叶以后，情况发生了变化。一是因为古典犯罪学派只强调自由意志而忽视了其他因素对人的犯罪行为的影响，与社会现实状况不相符合，因而使得《法国刑法典》在日常适用过程中遇到许多问题。这是一种先天不足。二是西方许多国家已完成了资产阶级革命，需要一个良好的社会环境发展经济，但社会上的犯罪不仅没有因古典学派所倡导的刑法改革（比如监禁刑、教育刑）而减少，相反，犯罪现象日趋严重，引起政府和公众的普遍担忧，给社会形成了古典学派的理论越来越发达，越来越繁荣，但社会上的犯罪也越来越严重，犯罪的浪潮一浪高过一浪，古典学派的理论对预防犯罪不起作用的恶劣印象。三是各门现代科学特别是现代自然科学的兴起与发展，使许多过去令人困惑的问题得到了解答。四是19世纪30年代法国出现的孔德实证主义哲学，对当时社会问题的研究产生了重要的影响，使许多社会科学在观念和方法上都发生了明显变化。正是在这种背景下，一些学者开始批评和修正古典犯罪学派的理论和原则，实证犯罪学派应运而生。

（二）实证犯罪学派思想

实证犯罪学派（近代学派）产生于19世纪后半期，该学派分两支，一支是以龙勃罗梭、菲利（后转为社会学派）、加罗法洛为代表的刑事人类学派，一支是以菲利、李斯特为代表的刑事社会学派。无论是刑事人类学派，还是刑事社会学派，他们的共同点是将理论研究的重点放在犯罪人身上，重视研究犯罪发生的原因以及犯罪人的人身特征。人身危险性正是作为犯罪人的人身特征而被揭示的。

人身危险性的思想可以追溯到刑事人类学派创始人龙勃罗梭的天生犯罪人思想。龙氏认为，犯罪是由基因决定的，这些基因通过遗传而获得，因而犯罪人是天生的，犯罪人的犯罪倾向是与生俱来的，并非基于人们自由意志而实施犯罪的。他还归纳出这些天生犯罪人在体质和精神上的一些特征，并认为对这些天生犯罪人应采取保卫社会的措施，或长期隔离、流放荒岛，或阉割生殖器，对于无其他办法者则处死。加罗法洛把这种危险状态视为某人变化无常，内心所固有的犯罪倾向。加罗法洛认为，犯罪人所具有的犯罪素质无法克服和改变，但即使有潜在犯罪倾向的表现，往往由于外在条件的有力配合而可以抑制，因而并不是必然转变为犯罪的。刑事人类学派理论上固然有其荒谬之处，但其首先把研究的重点从对犯罪行为法律概念的抽象分析转向犯罪人、犯罪条件和犯罪原因上，实现了犯罪行为向犯罪人的划时代的转变。认识犯罪人的人身特征即人身危险性，被认为是 19 世纪刑事人类学派留给后世的重要思想遗产之一。这样一来，人们便把以前没有弄清楚的一个概念，即犯罪人的社会危险状态的概念，提到了首要的地位，用危险状态代替了被禁止的一定行为的专有概念。换句话说，孤立地看，所犯的罪行可能比犯这种罪的主体的危险性小。如果不注意主体固有的特性，而对犯这种违法行为的人加以惩罚，就可能是完全虚妄的方法。

在美国 20 世纪犯罪学的研究中，持这种论点的学者虽然不占多数，但遗传学与犯罪行为研究的意义和价值始终存在并受到关注和青睐。现代犯罪学家基于基因的力量，还在不停地发出“人是天生的还是造就的”的呼喊和质疑。伴随基因技术而出现的从 DNA 角度诠释危险性的理论也属刑事人类学派理论的现代版本。例如，美国司法部犯罪学者戴安娜·菲什科因提出的使用药物强制提前控制犯罪发生的设想等，都是刑事人类学派理论指导下的具体研究的表现。

由于刑事人类学派过分强调犯罪的人类学因素，引起人们的指责和非难，于是，刑事社会学派便出现了。刑事社会学派注意从社会方面寻找犯罪原因，人身危险性存在的基础和条件也由从纯生物因素向社会学方面的因素转变。刑事社会学派肇始于比利时学者凯特勒提出的人身危险性来源于外部的社会原因的理论，主张社会环境是培养犯罪人的培养基，指出犯罪与贫穷、年龄、性别、气候、职业、教育等社会、自然因素有关。而后，菲利、李斯特等进一步将该理论发展为人身危险性来源于个人因素和社会因素的综合作用。菲利认为导致犯罪的因素有三类，一是犯罪人类学因素，指犯罪人生理、心理及种族方面的个性特征。二是犯罪的自然因素，指气候、土壤状况、昼夜的相对长度、四季平均气温和气象情况及农业状况。三是犯罪的社会因素，指能够促使人类生活不诚实、不完满的社会环境。包括人口密度、公共舆论、公共态度、宗教、家庭情况、酗酒情况、教育制度、工业状况、经济和政治状况、公共管理、司法、警察、一般立法情况、民事和刑事制度等。菲利强调只有综合上述三类要素，才能解释犯罪原因，反对仅用其中的某一类因素去解释犯罪，并且认为，在不同的犯罪中，各类因素所起的作用大小不完全一样。在犯罪三因论基础上，菲利提出了“犯罪饱和法则”，即每一个社会都有其应有的犯罪，这些犯罪的产生是由于自然及社会条件引起的，其质与量是与每一个社会集体的发展相适应的。但菲利并不认为犯罪是人类不可改变的命运，大部分犯罪是可以控制和预防的，并主张通过对犯罪人的矫正来消除犯罪人类学因素。在矫正的时候，首先了解犯罪人，认识犯罪人的人身特征，即人身危险性；对不同人的不同人身危险性，采取不同的矫正方法，因人施罚。菲利否定人的自由意志，认为这是背离科学的杜撰。刑事责任的本质是防卫社会，其根据是犯罪人的社会危险性，构成责任的不是各个具体的行为，而是对社会造成危害的行为者的危险性格。菲利完全否定刑事古典学派的道义责任论而主张社会责任论。刑事社会学派的集大成者李斯特进一步主张，认为每个关于犯罪的纯生物学观点,即仅从犯罪人的身体和精神特征方面寻求犯罪的原因，均是错误的，更鲜明地提出了“应受惩罚的不是行为而是行为人”这一著名论断，支持社会责任论，强调应被惩罚的不是由素质和环境所导致的宿命的犯罪行为，而是表现于行为的行为人的社会危险性以至具有危险性的犯罪人本身。刑罚的轻重不能仅仅根据犯罪的客观危害事实，而应以犯罪人的性格、恶性、反社会性或危险性的强弱为标准，对犯罪人进行分类，并据此实行所谓的刑罚个别化，对于轻微犯罪也有长期剥夺自由的可能。

美国 20 世纪多数犯罪学者以及自称为犯罪学家的人们，均在社会学方面有所造诣，因此，现代犯罪学也被视为是现代社会学的一个分支。因而，当代犯罪学者因其社会学身份的归属多数持此观点。此种诠释危险性来源的理论具有极强的统治力，解释犯罪原因多采用此视角，我国犯罪原因解释理论中多数观点也都属这种从环境原因角度进行解读的类型。

总之，刑事人类学派和刑事社会学派在完全否定意志自由的前提下，都非常重视人身危险性，在某种意义上可说它是刑事实证学派的中心思想。所不同的是刑事人类学派强调犯罪人的生物学因素，因而人身危险性更多地奠基于犯罪人的生物学因素的基础之上；刑事社会学派则强调犯罪人的社会学因素，因而人身危险性是建立在对犯罪人的生物学、社会学综合因素之上。

人身危险性研究影响刑事立法和司法的过程是有目共睹的，但是它经历了一个影响力由弱到强、又由强到弱的过程。从最早的1885年《法国刑法典》中规定，对不可救药的累犯采取放逐到国外的措施，作为附加刑（对于那些连续判刑可能不超过18个月监禁的惯偷，将他们送往圭亚那以度终生）开始，到1893年瑞士刑法学者司托斯起草的瑞士刑法典预备草案中首次引入保安处分的概念，再到1919年意大利学者菲利起草的完全排斥刑法中刑罚概念的“菲利草案”，犯罪学人身危险性研究对各国刑事立法的影响由弱到强，例如，“针对行为人未来的危险性”而设立的保安处分目前仍为许多欧洲和拉美国家刑法采用。

三、人身危险性的衰落

刑事人类学派承认具有先天造成的危险性，就意味着承认行为在一定程度上是由基因决定的。立足基因的行为遗传研究恰好是确定优质禀赋分配的最超前手段，因为它可以在人未出生之前就做出甄别和挑选，因而其被误用的危险性更大。更危险的是，它可以成为别有用心的人复辟等级制度的重要工具。即使在启蒙运动后，专制统治方式逐步消失，但是我们依然可以看到立足于天生差异性的歧视性政策所导致的悲剧。最具代表性的是德国纳粹的种族清洗罪行。这种歧视政策的出台的立足点就是当时甚嚣尘上，后来成为基因研究先导的优生学研究。优生学是由19世纪后期的学者高尔顿创建的。1883年他在《人类才能的考察》一书中提出了优生的基本概念，首创“优生学”这一名词，主张采用强有力的手段，行使合理的行政作用，促使体力和智力优秀的个体繁衍，才能阻止低劣、有严重遗传疾病的个体出生。不幸的是，优生理论很快就演化为种族主义，如斯堪的纳维亚国家的限制结婚，强制低能、精神病人和惯犯绝育的一系列措施，更有甚者，德国纳粹将优生理论作为犹太人的依据。希特勒宣称只有雅利安人才是一切高级人类的创造者，犹太人和斯拉夫人是“劣等民族”，“无情打击一切民族的毒害者国际犹太人”。二战结束时，纽伦堡起诉书上所列的被杀害的犹太人数量为500万。

历史的前车之鉴和基因研究潜在的危险性使得人身危险性研究受到质疑和抵制，加之人身危险性所强调的预防保安措施，有滥用司法权力和侵犯人权之嫌而受到猛烈抨击。随着二战后自由主义的抬头，被称为新古典学派犯罪学理论重新占据了犯罪理论研究的历史舞台，自此人身危险性理论成为被人鄙弃的荒漠和盲区，无人问津，甚至谈人身危险性而色变。但是，犯罪人的人身危险性是客观存在的，它准确地反映了犯罪人的犯罪倾向性。随着时间的流逝，为适应打击预防犯罪的需要，人们重新审视人身危险性理论，而人身危险性又再次为越来越多的学者承认并开展研究。

四、罪犯危险性评估的复兴

二战后，人身危险性理论陷入低谷。但要认识到，人身危险性的衰落是由于政治原因，而不是本身的技术原因。随着自由主义思潮的兴起，教育刑（也就是矫正与治疗）在监狱开始兴起，一直到20世纪五六十年代达到空前繁荣。但随着保守主义思潮的重新兴起，罪犯矫正观念20世纪70年代以后开始走向衰落，到了20世纪80年代，监狱矫正“毫无效用”的观念已深入人心，矫正观念的衰落达到了最低点，所有犯罪矫治的观念，包括心理治疗，都被人们怀疑和反对。因而，20 世纪 80 年代被那些支持矫治观念的人们称为监狱矫正的黑暗年代。而对矫正致命一击的就是“马丁森炸弹”。1974 年，美国社会学家罗伯特·马丁森提出他的著名的研究成果《有什么效果？关于监狱改革的问题与答案》。这篇论文是马丁森与他的同事对 1945 年 1 月到 1967 年底之间完成的 1000 多项有关监狱矫正的研究重新加以检验的成果之一。马丁森的这个成果及其随后出版的《矫正治疗的失效》一书被人称为“马丁森炸弹”。“马丁森炸弹”预示了给予否定矫治效力热潮的到来。

尽管马丁森没有探讨犯罪人能否改造问题，但是他认为犯罪人矫正无效果，提出“除了极少数的和孤立的例外情况，迄今为止所报告的矫正活动没有对累犯产生明显的效果”，引发了关于监禁矫正效果的全球性讨论，也使“监禁矫正的效果是有限的”结论得到了众多研究者的赞同。

虽然是事后话语，与此论述关系不大，但补充说明下列问题对认识罪犯危险性评估的控制与矫正平衡问题很有帮助。马丁森这一全面否定矫正的结论随后受到了许多研究人员的批评。批评者认为马丁森所采取的研究方法不充分，同时没有考虑矫正项目的执行情况。1979 年，马丁森宣布放弃自己原来的结论，认为一些矫正项目对累犯的确有明显效果，一些矫正项目的确是有益的。1980 年，美国犯罪学家威尔逊对有关争论进行了全面的评价。他认为，不能对罪犯矫正项目一概而论，而应当明确对适当的罪犯采用适当的矫正项目是非常重要的；对不适当的罪犯采用不适当的矫正计划，就很有可能是无效的。同时，我们也看到 20 世纪

80 年代后期到 90 年代初期，矫治观念又开始复苏，尤其是在加拿大、英国以及美国的部分地区。

当然，我们不能否认马丁森 1974 年发表的关于矫正的报告的重大意义，其主要价值之一就是：矫正并不必然产生效益，有的矫正活动效益很低，有的矫正活动甚至没有效益。对此，我们在后续章节中详述。

在整个社会质疑矫正是否有效的同时，20 世纪六七十年代，犯罪问题，特别是重新犯罪问题困扰欧美国家，社会对监狱押犯爆满出现的无助和绝望的情绪并蔓延开来。如何遏制不断增长的犯罪及重新犯罪？传统的刑法学、社会学、心理学等学科理论已明显力所不逮，矫正手段也走向衰落，加之美国和英国在政治上明显右倾，保守主义开始抬头，人们重新转向建立在严厉刑罚和及时的“餐后甜点”（指奖励或者说是正强化）基础上的刑事司法哲学。在这种背景下，依托社会学、法学与心理学的刑事执法学顺势而为，重新站在了监狱工作的中心舞台，成为新一代犯罪控制的思想源泉与理论基础。刑事执法学是二战后世界范围兴起的跨学科理论的交叉学科。刑事执法学以新的目光、新的视觉看待罪犯。

1972 年，美国犯罪学家沃尔夫冈、费格利奥与赛林在费城调查了 10 000 名青少年犯罪分子。他们发现：被调查的 10 000 名青少年犯罪分子中的 6%，实施了占 10 000 名青少年犯罪总数的 52%的犯罪，以及实施了重罪总数 70%的重罪。从这些数据推论出的观点是，很大比率的犯罪是由一小撮活跃的“惯犯人”实施的，进一步的推论观点是，如果能够控制这些惯常性犯罪人，犯罪率就能得到减小。随后，大量的资金被投入到这项研究中，期望发展这些观点，以构造刑事政策的实践和理论基础。1986 年，美国学者怀特与罗西在对被监禁的犯有重罪的罪犯调查中发现，具有严重危险的罪犯中的 22%对所调查犯罪中的 50%负责。他们也得出犯罪分子的少数人实施了犯罪案件的多数的结论。1996 年，英国剑桥大学犯罪研究所的法林顿对犯罪生涯进行了专门研究。法林顿教授的基本观点是“犯罪人的犯罪行为与其过去经历密切相关，具有违法犯罪经历的人容易再违法犯罪”。具体观点主要有违法犯罪生涯越长的人容易犯罪或者再犯罪；违法犯罪具有连续性；犯罪得手，犯罪可能与施害程度加大。这项专门研究对上述结论的巩固起了保障和实证作用。

后来，美国学者费莱与西蒙根据“少数人实施多数犯罪”的研究成果，提出：如果能够“标定”出犯罪危险性大的罪犯，并对他们加以监管控制，全社会的犯罪将会得到有效控制，而且犯罪控制成本将大大降低，社会安全程度将得到极大提高。这就是所谓的“新刑罚学”。根据新刑罚学，监狱只要对占少数的、具有高度危险的罪犯严格控制，就可以保证监狱安全，这就是危险管理。危险管理包括危险性评估与危险控制。随着危险管理概念的提出，危险性评估迅速升温，并在国际范围掀起了危险性评估的高潮，特别是在 20 世纪 90 年代。于是，各种罪犯危险性评估工具纷至沓来。目前，西方评估工具研发已进入第五代，国际公认加拿大为最高水准。

同时，人们也自豪地发现，随着危险性评估的发展和评估工具的迭代更替，在原始意义的危险性评估与危险管控的基础上，矫正需要和个案管理的矫正项目也很高调地增加进来，这个过程也与20世纪90年代矫正开始复兴的背景相契合，从而使得罪犯危险性评估演变为集危险性评估、危险管控、矫正需要评估、个案管理（实施矫正项目）于一体的成熟的、体系健全的独立学问，并成为犯罪学中的一门显学。

对于罪犯危险性评估的再次兴起和壮大，不能回避风险管理理论的出现对它的影响与促进。风险管理是近代新兴的一门管理学科，指社会经济单位、个人通过对各种风险的认识、损害后果的衡量、风险处置方法的选择和执行，以最小的代价达到最佳安全效果的经济管理手段。1952年美国学者格拉尔在其调查报告《费用控制的新时期——风险管理》中正式提出并使用了“风险管理”一词。在20世纪五六十年代，伴随着西方社会的战后重建，特别是西欧经济的复苏，“项目风险管理”概念孕育而生。此后，对风险管理的研究逐步趋向系统化、专门化，使风险管理逐步成为企业管理中一门独立的、专门的学科。它指出风险是关于不愿发生事件发生的不确定性之客观体现，强调风险是可测定的不确定性，不可测定的不确定性不是风险。随着学科发展，进一步提出风险是客观状态，而不确定性却是认识风险者的主观判断，风险是在给定情况下，在特定时期内和特定环境发生结果的可能性偏差。风险管理则是通过对风险的识别、测量和控制，以最低的成本使风险导致的各种损失降低到最低程度的管理办法。从上述描述就可看出，其对罪犯危险性评估产生与兴起的影响，说明风险管理理论成为罪犯危险性评估产生与兴起的可能之一。

五、罪犯危险性的评估工具的代际

罪犯危险性的评估在美国最早始于鲍格斯于 1928 年对假释成败的预测。鲍格斯为了对伊利诺伊州的 3000 名接受假释的罪犯重新犯罪的可能性进行预测，从而设计了假释成功预测表，该表于 1972 年发展成“重要因素量表”并被美国假释委员会使用至今。随后出现的大量罪犯危险评估工具，主要用于评估罪犯出狱后重新犯罪的可能。加拿大的安屈斯等研究者对当代西方国家的罪犯危险评估工具进行总结，并将其划分为五个时代：

1. 第一代罪犯风险评估工具称为结构性临床评估。即基于精神病学家、心理学家的观察和临床经验，通过非结构化和半结构化访谈，来收集再犯原因的相关信息，将罪犯评定为是否具有危险（分为“有危险”和“无危险”两种情况）。通常由对特定个案有所了解的人进行，其判断被称为“结构性临床判断”。其大量实践于 20 世纪 50 年代至 70 年代之间，主要源于专业人员的非结构化判断，准确性不高。也就是凭评估者的主观经验，不同人员通过不同问题进行评估。其代表性量表工具是历史临床风险管理量表（HCR-20）。该量表由 10 个关于过去评价的影响因子（暴力行为史、就业困难、精神病态、人格障碍等）、5 个目前的表现因子（负性态度、冲动、对矫治的不配合等）以及 5 个未来导向的预测因子（缺乏计划性、缺乏社会支持、压力等）组成。

2. 第二代罪犯风险评估工具为静态精算式评估。针对 HCR-20 在预测效度上存在的严重问题，研究者们开始采取统计学的方法，基于实证研究，选取已经被证明的、会影响再犯的因素作为评估指标。即根据个体过去的劣迹史，如酗酒、物质滥用等因素，来判断一个罪犯的危险性。它的基本假设同保险制度很类似：如果一个人过去有越多的危险行为，那他在未来做出相似行为的可能性也就越大，进而危险性也就越高。其评定的主要是静态的、不可改变的因素。这些因素虽然有许多被认为与犯罪行为有关，但未经任何现有的犯罪理论证实。其产生于 20 世纪 70 年代到 80 年代，虽然准确率有所提高，但是所使用的预测因子多是不变的，太考虑历史，对以后的行为预测可能不太正确，也很少有反映罪犯矫正需要的信息。其代表性量表工具是精神疾病量表（病态人格检索表，简称为 PCL-R）和暴力危险评估表（指南，简称为 VRAG）。PCL-R 量表由“巧言令色”“病态性说谎”“自我控制能力差”“情感冷漠”“易于冲动”等 20 个项目组成。VRAG 量表由酗酒、以前假释失败、非暴力犯罪史等 12 个预测项目组成。

但是第二代评估工具仅仅考虑静态因素，而忽视了动态情境的作用以及罪犯的改造需求。静态因素是指那些历史性的、不易改变的、干预治疗无效的因素，包括之前的暴力史、罪前的物质滥用情况、初犯年龄等。举例而言，一个强奸犯过去有过多次犯罪，但是随着年龄的增长，体力、生理机能等指标逐渐下降，其危险性应当是有所降低的，但第二代评估工具却基于其过去行为不能做出这样的判断，因而其预测力是有待验证的。

3. 第三代罪犯风险评估工具称为静态和动态相结合评估。即同时将静态因素和动态因素作为评估指标。它的出现得益于一般人格和犯罪社会心理学，尤其是犯罪行为心理学理论的发展，重点关注社会学习和社会认知。其产生于 20 世纪 90 年代，不仅反映风险评估，还反映罪犯矫正需要，通过强化增加正向行为，将罪犯分为高、中、低三类风险，放在不同监狱管控与矫正。这一代评估工具注重人的变化，缺点是对心理变态等没有解决方案。其代表性量表工具是水平评估量表（LSI-R）和威斯康星危险性评估工具（WRNAI）。LSI-R 量表由犯罪史、教育/就业、经济状况、家庭/婚姻、物质滥用、情绪/人格、态度取向等 10 个分量表组成，根据总得分将罪犯分为低度危险、中度危险和高度危险三个等级。WRNAI 包括酗酒、初犯年龄、一年内就业时间百分数等 11 个问题，最后根据总分判断其危险性。

第三代评估工具基于 RNR（risk-need-responsivity）理论模型，根据罪犯再犯可能性的大小、犯罪原因和改造性需求，培养其人际交往、挫折应对等技能。风险—需求评估工具在刑事司法领域的作用越来越重要。但是，动态因素也存在缺陷和风险。计划和现实关系的不稳定、狱中成瘾物质的缺乏、缺少人格支持、对治疗不配合以及应激等因素，都可能造成风险评估的偏差。

4. 第四代罪犯风险评估工具称为个案管理与矫治取向的评估。其旨在对犯罪人给予更有效的改造和治疗，以保护社会免遭再犯危害。在某种程度上它将重点转到了实践性评估，在评估中强调提供与风险、需求和回应原则相一致的服务的完整性。其产生于 21 世纪第一个十年，不仅关注罪犯风险评估、矫正需要评估，而且与个案管理相连接。也就是增加了对罪犯优点（那些在一定范围内能够抵消风险的特定的积极因素）的评估，在评估基础上向管理人员提供干预的结构性计划（指有题目的矫正方案）。其代表性量表工具是服务水平与个案管理量表（LS/CMI）和 COMPAS。LS/CMI 在设计时考虑了诸多尚未被测量的风险因素以及影响矫治的人格因素，并与干预和监控措施系统地结合起来。COMPAS 被用来预测罪犯的风险和需求，进而为社区矫治的罪犯安置提供决策依据。同其他工具仅仅提供一个总体的风险分数不同，COMPAS 对暴力、再犯、拒绝出庭和社区矫治失败都分别进行评估，其中犯罪史、罪犯需求、态度、社会环境、社会化、犯罪机会、犯罪人格及社会支持都是需要评估的重要内容。通过追踪研究发现，COMPAS 对于再犯预测有着很好的预测力。

通过调查发现，经过治疗的罪犯比未经治疗的罪犯风险性更低，这说明第四代评估矫治工具是有效的。

5. 第五代罪犯风险评估工具称为神经生物学取向的评估。其产生于 21 世纪第二个十年。随着认知神经科学的发展，人们开始不仅关注罪犯的外部行为，而且注重内部的生理指标，如内分泌、脑电波等。强调个性化，认为心理疾病多种多样，对不同病人不能用一种药物一种治疗方法，而应采用不同方法。研究人员发现，同样是暴力犯罪，但它也可能表现为不同的形式。他们将攻击分为掠夺型攻击、激惹型攻击和防御型攻击 3 种类型，不同的攻击类型具有各自神经递质特点。而现有评估方法多采取问卷形式，并且几乎没有考查神经因素，这就需要通过其他方法来解决这一难题。针对这一问题，他们主张，通过脑电等生理仪器来探求犯罪人神经递质、人格等个体差异，从而对症下药、实现分类矫治。已有研究表明，神经和人格变量能够有效区分暴力犯、非暴力犯各自的特点。脑电等设备虽然精确度高，但价格过于昂贵，并不适于大范围推广。目前学术界对此还存在质疑，争议声不断。其代表性量表有爱荷华博弈实验（IGT）、整合视觉与听觉（IVA）、人格评定量表（PAI）。除去脑电，爱荷华博弈实验（IGT）是目前另一常用手段。研究表明，个体在实验不同阶段受到不同神经递质的影响，例如获得阶段个体受到多巴胺影响，而在保持阶段则受到血清素影响。研究也发现，即时奖励聚焦同睾酮水平直接相关，而同皮质醇则是负相关关系。这些发现表明，学者是可以通过 IGT 对个体信息加工进行评估的。这一结果可以通过 EEG 检测，并且是药理特异性（多巴胺、血清素平衡）、内分泌功能（睾酮和皮质醇）的反映。这些发现的重要性在于，上述神经递质，包括 5- 羟色胺在内，对于冲动型暴力犯影响巨大，而通过爱荷华博弈实验，能够在一定程度上反映个体的激素水平。人的行为具有一致性，如果他在 IGT 中更多地表现出冲动和不理智行为，那在日常生活中产生冲动犯罪的可能性自然也就较大，因此也就具备了再犯预测、控制，以及分类矫治的可能性。

从第二代风险评估向第三代风险评估 / 需求评估演进和发展中，实质是评估真正迈入科学化的第一步。第二代风险评估是风险管控的产物，其主要作用就是评估对象是否存在再犯的风险，只要存在再犯风险，就对之施行严格的管控措施，没有什么矫正措施发挥作用的空间。第三代风险评估之所以称为评估 / 需求评估，因其目的不仅要评估一个矫正对象的再犯风险，而且要找到评估对象具体的风险点：即最有可能诱发评估对象再犯的因素。这就是所谓“需求”的实质。需求不是风险之外的某种需要，而是风险的具体表现，如果不理解这一点，所谓的评估 / 需求评估就只能是徒有其表，名不副实。矫正对象存在各种需求，只有那些最有可能诱发其再犯的风险因素，才是矫正者最需要关注的方面。因此，第三代评估／需求评估的最大意义，是为矫正发挥作用提供了指针和方向，并从一个方面证明了矫正对于预防和减少犯罪的极端重要性。而要科学地探明矫正对象的再犯风险因子，仅仅凭统计学和大数据是远远不够的，必须借助于犯罪学、犯罪行为心理学、社会学等诸方面的理论，针对具体个体对象进行全方位的综合分析才有可能。同样，如何消除这些危险因子或有效降低这些危险因子的危险度，也需要基于上述科学理论的指引。总之，正是评估／需求评估，是矫正真正成为一门值得研究的和探索的科学，也是罪犯危险性评估之所以成为一门独立的学问的关键所在。

从实践上看，西方监狱风险评估量表适合国内的是第三、第四代量表，因为第五代量表注重生理指标，一般监狱因不具备条件而无法做。同时，围绕着危险性预测的问题大概每 10 年变化一次。而且这些问题所用的语言也随着科学知识的积累、专业实践的变化以及政治和法律情况的变化而出现微妙的变化。据有关资料显示，国际社会每 10 年会推出一代评估工具，预计 21 世纪 20 年代，加拿大就会推出第六代评估工具。

第二节 我国监狱传统危险罪犯的摸排

谈这个问题之前，有必要重温基本概念，以便利于比较。评估就是评价与估计，评估是过程，甄别是结果。评估就是依据某某对某某做出评价与判断或对某种可能性做出预测的过程。评估的目的是预警、干预和改变。目前监狱评估至少有十类：一是狱情评估，二是监狱监管安全风险评估，三是罪犯改造质量评估，四是罪犯悔改评估，五是罪犯心理评估（罪犯心理矫治工作），六是入监评估和出监评估，七是“三分”工作，八是循证矫治，九是假释一体化，十是危险犯摸排。上述评估均有各自评估目的、评估方法及内容、分类标准、评估机构、评估程序、评估节点及评估结果应用，而且均与危险性评估有着千丝万缕的联系，而它们恰恰是开展危评工作的源头和基础。同时表明监狱当下是量表割据、群表逐鹿、评估称雄的时代。同时，我们认为，罪犯危险性评估就是以犯罪学理论为指引，借鉴欧美危险性评估的理念和工具，对上述评估的整合和升华的结晶。

那么，中国本土或传统的罪犯危险性评估是什么？笔者认为它不是狱情分析，而是监狱对危险罪犯的摸排、控制、教育。下面主要就危险犯摸排的概念、标准、程序及结果运用兼做一简述，以便更加深刻地理解罪犯危险性评估。

一、危险罪犯概念

危险罪犯是指在监狱服刑期间，具有各种威胁监管安全因素，存在或潜在危害监管秩序，可能实施或已经实施狱内重大违纪或违法犯罪行为，应当重点防范的罪犯。在监管实际工作中主要是指：有自杀、自残、自伤危险的；有脱逃、行凶、劫持人质、暴乱、破坏等犯罪倾向的；隐瞒真实身份及余罪、漏罪的；判刑三次以上，恶习深、难于改造的累惯犯；其他需要认定为危险的罪犯。

二、危险罪犯类型

其具体划分为脱逃危险类、自杀危险类和行凶危险类等三类，并分别列出具体情形。

（一）脱逃危险类

其中有以下 16 种情形之一的应列为脱逃危险类罪犯：1. 有脱逃或组织脱逃迹象的；2. 有意打听周边地形交通的；3. 私藏现金、证件、着装异常，有意摆脱监管，有窥测、探索地形方位行为的；4. 在出收工队列中经常东张西望，或掉在队列后面行为异常的；5. 留恋狱外生活，对监狱生活表现不满或有脱逃言语流露的；6. 私藏铁钩、绳索、锯条、刀片、便服、攀缘、绝缘物及通信工具等违禁品，或故意擦洗囚服标志的；7. 捕前系流窜犯罪、惯犯或在审查、拘押、服刑、劳教期间曾有脱逃行为的；8. 曾发生躲藏或预谋脱逃的；9. 脱逃活动被揭露后，思想抵触，仍有继续脱逃可能的；10. 会见、会餐过程中与家人的谈话和行为表现反常的；11. 无故将私人物品送人或扔掉的；12. 经常申诉的罪犯在无任何结论的情况下，突然停止申诉的；13. 罪犯有非正常聚集活动的；14. 对判决明显不服，扬言报复办案人员的；15. 心理测试有脱逃可能的；16. 有其他脱逃迹象的。

（二）自杀危险类

其中有以下 11 种情形之一的应列为自杀类危险罪犯：1. 准备自杀工具、药品、遗书等物品的；2. 感情脆弱、言论悲观，或有较强厌世心理的；3. 病残严重、久治不愈或长期受病痛折磨，失去生活信心的；4. 家庭发生变故或因婚姻、感情、财产等问题思想压力大，失去生活勇气的；5. 有重大余罪，或服刑期间重新犯罪，自制罪责难逃，畏罪心理强烈的；6. 羞耻心强、悔罪心重，自觉出狱后无脸见人的；7. 害怕劳动或认为劳动任务重，难以忍受的；8.经常受到他犯打骂欺凌或受冤枉的；9.系精神病患者的；10.心理测试有自杀可能的；11.有其他自杀迹象的。

（三）行凶危险类

其中有下列6种情形之一的应列为行凶类危险罪犯：1.有企图行凶迹象的；2.制造或者藏匿凶器的；3.仇视、对抗警察并图谋报复的；4.与他犯发生矛盾后，蓄意或扬言报复的；5.心理测试有行凶报复可能的；6.有其他行凶报复可能的。

同时，监狱为弥补危险罪犯划分的不足，还划分出顽固型罪犯这一类型，明确了认定顽固型罪犯的五种情形：一是拒不认罪、无理缠诉的；二是打击先进、拉拢落后、经常散布反改造言论的；三是屡犯监规、经常打架斗殴、抗拒管教的；四是无正当理由经常逃避学习和劳动的；五是其他需要认定为顽固犯的。

三、危险罪犯认定标准（即评估内容）

认定标准包括三大类，细分为34个条款[①]。

（一）罪犯个人情况方面

其包含10项内容：1.曾有犯罪史或犯罪前科的；2.生活经历、社会关系复杂的；3.长期流窜、居无定所的；4.案情复杂、作案手段凶残的；5.涉恶、涉黑、涉暴、涉毒、涉枪，危害国家安全及邪教类犯罪的；6.有同性恋史的；7.有吸毒史的；8.无家人或家人、亲属长期无联系的；9.与家人、亲属关系紧张的；10.家庭突发直系亲属死亡、配偶离异、子女生活无着落等变故的等。

---

①危险罪犯认定标准来自司法部《狱内侦查工作规定》。

（二）罪犯现实改造方面

其包含 14 项内容：1. 不服判决、长期申诉、改判无望的；2. 消极改造，长期完不成劳动任务的；3. 好逸恶劳、多次抗劳的；4. 不安心改造、经常要求调队的；5. 刑期较长，五年以上未获得刑事奖励的；6. 无期徒刑罪犯服刑两年后未被减刑的；7. 不愿参加集体活动的；8. 与他犯关系紧张的；9. 经常窜号、窜队、脱离管控的；10. 半年内两次以上较严重违纪，或违纪被处理后有抵触思想的；11. 服刑期间又犯罪受到加刑处理的；12. 经常夜不成寐、表现异常的；13. 系“三假”罪犯，或可能有余罪未交代的；14. 有袭警行为，且对错误不能彻底认识的。

（三）罪犯思想、心理、性格、品质方面

其包含 10 项内容：1. 思想复杂，反社会、反政府意识强烈的；2. 精神病或精神、心理障碍的；3. 心胸狭小、报复心强烈、易走极端的；4. 思想包袱重，精神压力大的；5. 性格孤僻、内向、自卑感强烈的；6. 思想复杂、反社会、反政府意识强烈的；7. 心理测试分值高，个性特征特别突出的；8. 心理测试说谎指数高，故意掩饰真实思想的；9. 情绪易变、烦躁不安的；10. 心理测试评估认为有其他危险倾向的。

四、危险罪犯等级

其分为三级，重点管控罪犯、危险罪犯、重大危险罪犯。具备上述两条的应列为重点管控；同时具备三条的应列为危险罪犯；每个方面都有两个以上条件相符的应列为重大危险罪犯。

五、危险罪犯撤销的条件

危险罪犯经教育转化后，同时具备下列5个条件的可以撤销：1. 原有危险因素已经消除；2. 思想稳定；3. 遵守监规纪律；4. 经过半年以上的观察，未见危险行为；5. 心理测试已发生转变。

六、危险罪犯认定和撤销程序

对排查确定的危险罪犯，应填写危险罪犯审批表，经狱侦部门审核后，报分管领导批准。撤销危险罪犯由监区研究，填写危险罪犯撤销审批表，经狱侦部门审核，报分管领导批准。

七、危险罪犯的管控与矫正

（一）危险罪犯的控制

每名危险罪犯，应至少确定一名包联警察。危险罪犯一般应由监区长、教导员负责包联，监狱领导也应包联1—2名危险罪犯。包联警察要查清其真实姓名、家庭住址、犯罪经历、社会关系以及同案犯，掌握其体貌特征、身体状况、个性心理、危险成因。每名危险罪犯，应指派两名以上积极层罪犯互监包夹，且指定一名耳目暗中盯防，发现异常情况及时采取措施。同时规定，严格其空闲时间的监管，尽可能避免其有单独行动的机会；严格其清监、搜身，尽可能避免其藏有违禁和危险物品的空间；严格其接见及信件、邮件管理，尽可能避免其他不必要的事情发生。

在实际工作中，有现实危险行为的危险罪犯一般都关押于禁闭室和严管队。潜在的危险罪犯的考核、奖惩与其他罪犯相同。

（二）危险罪犯的劳动岗位

危险罪犯不得单独劳动和外役劳动，不得临时加班和夜晚劳动。同时，严格其不得从事与危险品、重点部位、重要工具有关的生产劳动，并尽可能避免其接触这些物品和部位的机会。

（三）危险罪犯的教育

在认定批准危险罪犯时，监狱就制定针对性的教育改造方案，并积极组织实施。同时，包联警察对其个别谈话，每月不得少于三次，每次谈话内容应记载翔实。

八、危险罪犯相关文书档案

其包括危险罪犯排查审批表、危险罪犯撤销表，对危险罪犯和高度危险罪犯，每月应进行两次以上思想动态分析，并将分析情况详细记载到危险罪犯动态分析表。其他重点罪犯，每月应进行1次以上思想动态分析。顽危犯专档包括顽危犯认定审批表、转化方案、教育谈话记录、思想认识及汇报、顽危犯撤销审批表等。

九、十必谈与及时干预

为弥补监狱危险摸排的空当和应对突发情况，监狱也规定了十必谈和心理危机干预。也就是传统危机干预，有的省份称为“逢变必评”。

一种是罪犯有下列情形之一的，监狱人民警察应当及时对其进行个别谈话教育：1.新入监或者服刑监狱、监区变更时；2.处遇变更或者劳动岗位调换时；3.受到奖励或者惩处时；4.罪犯之间产生矛盾或者发生冲突时；5.离监探亲前后或者家庭出现变故时；6.无人会见或者家人长时间不与其联络时；7.行为反常、情绪异常时；8. 主动要求谈话时；9. 暂予监外执行、假释或者刑满释放出监前；10. 其他需要进行个别谈话教育的。另一种是心理危机干预：监狱心理健康中心对心理处于危机状态的罪犯应该及时予以干预，采取心理诱导、危机调停等措施，缓和罪犯心理冲突，防止发生严重精神疾病或者突发事件。心理危机干预包括面对面干预、电话干预、信函干预、家庭和社会干预等方式。

对下列罪犯应当及时进行心理危机干预：1. 因亲属死亡、配偶提出离婚、改造中受到惩处等情形造成心理失衡的罪犯；2. 人格缺陷严重，经常处于紧张、焦虑、抑郁状态的罪犯；3. 产生严重拘禁反应，人际关系紧张的罪犯；4. 有自杀、自伤、脱逃、行凶报复等倾向的罪犯；5. 有其他心理问题需要危机干预的罪犯。

从以上表述看出，我国监狱本土的危险罪犯摸排，也是形成了明确的内容、程序、类型、等级、程序、管控、教育、劳动岗位、认定报告等内容的完整的体系。同时监狱也实行入监摸排和出监鉴定，对全体押犯也分为四级（改造表现积极的、改造表现一般的、改造表现落后的、顽固和危险分子）。虽然今天看来已落后于时代，但不可否认其存在的价值。

第三节　传统评估和危险性评估的区别与联系

从国际社会罪犯危险性评估的兴起发展与我国本土传统危险罪犯摸排、管控与教育上看，我们是否认为或者感觉危险性评估和危险罪犯摸排是换汤不换药，新瓶装旧酒，或者仅是换了一个名词或者穿了一件新衣，标新立异和哗众取宠，从而产生一种不以为然的感觉。但我们撇去情绪化的感觉，就会认为罪犯危险性评估绝不是简单地对危险犯摸排的改头换面，而是“形似而神不似”，甚或“形”都“不似”了。

一、两者六个方面的区别

1. 实施主体不同。危险罪犯摸排是由包组警察等监区警察完成的，几乎是人人参与，危险性评估是由专业警察或受到专业训练的专门人员实施。

2. 操作方式不同。危险罪犯摸排以警察的主观经验判断和现实行为观察为主，心理矫治也以性格和心理测试来判断。危险性评估是多种精算方式并用，主要是自评量表、他评量表和结构性面谈法，综合研判得出结论。

3. 研判内容不同。危险罪犯摸排注重现实性危险，当然近几年飞速发展的心理矫治也参与其中。危险性评估强调内外兼修，动静结合。

4. 科学程度不同。罪犯危险性评估就是精准化，运用现代社会科学对罪犯的内在心理和外在表现进行精耕细作、条缕分析，本质上是一种标准评估。危险性摸排更多是主观经验性，像中国厨艺中的“盐少许”一样。如果说危险犯摸排的标准和第一代量表是相似的，那么，它已远远落后于时代。

5. 节点频次不同。按照现行规定，监区每半月召开一次犯情分析会，危险犯的摸排是其重要内容之一。也就是说危险罪犯摸排时每半月一次。危险性评估分为三个节点，并以即时评估作为补充。

6. 结果应用不同。传统的“三分”或“五分”，应该称为粗三分，面对的是全体罪犯外在的刑期和犯罪类型。危险罪犯摸排注意力放在包夹监控上，辅之以教育转化。危险性评估应用范围更大、更广阔，在未来可能更强调“五分”，甚至狱内向狱外延伸，尤其是在罪犯量刑和矫正项目上作用凸显。但应该称为细三分，虽然它的视野主要聚焦在危险等级评估，但更重要的是它对不同层级的罪犯采取不同的有针对性的科学的精准的矫治对策，这是其核心，当然也是难点。

二、两者五个方面的联系

传统工作模式与危评工作是一脉相承的，是监狱管理罪犯顺应历史发展的新产物。均以把罪犯中的危险分子挖掘排查出来，并为精准矫治提供科学依据为目标。

1. 传统与现代的关系。监狱危险犯摸排是监狱维护安全稳定的基础业务和必要条件，具有与生俱来的悠久历史传统，一直延续到现在。危评是借鉴吸收现代社会科学发展成果进行升华提炼，顺应时代要求以一种全新方式面世的新产物。

2. 继承与发展的关系。“问渠那得清如许，为有源头活水来”。危评工作模式之所以出台，得益于监狱实践经验的厚积薄发，虽是薄发但已成长得丰厚饱满，它是站在过去经验的肩膀上横空出世的。

3. 粗放与集约的关系。危险罪犯摸排是小作坊，危险性评估是现代企业，是危险罪犯摸排的转型升级和升级换代，最简单说或者最直接说就是腾旧笼换新鸟或者来源于生活高于生活。

4. 经验与实证的关系。危险犯摸排是在现实观察基础上的经验判断，是不需要论述求证的，既可以唯物也可以唯心，其逻辑推理性较差。危评工作特别是危险因子及其权重是经过对相关个案逐一解剖实验证明而来，并运用统计科学加以整合。也就是既知其然，又知其所以然；既知其所以然，也能知其然。

这实质上也体现了海恩法则和墨菲定律。海恩法则指出：每一起严重事故的背后，必然有 29 次轻微事故和 300 起未遂先兆以及 1000 起事故隐患。海恩法则强调两点：一是事故的发生是量的积累的结果；二是再好的技术，在实际操作层面，也无法取代人自身的素质和责任心。海恩法则告诉我们，任何不安全事故都是可以预防的。其中，利用“海恩法则”进行生产的安全管理主要步骤中有一个环节，“根据生产程序的可能性，列出每一个程序可能发生的事故，以及发生事故的先兆，培养员工对事故先兆的敏感性”。另一条安全规则墨菲定律。只要存在发生事故的原因，事故就一定发生，而且不管其可能性多么小，但总会发生，并造成最大可能的损失。罪犯危险性评估就是用科学手段把那些致使罪犯发生危险的因子找出来，从而加以预防和消灭。

5. 分散与集中的关系。传统摸排内容散乱驳杂，现在是集中于相对简洁的危险因子。过去是危险性和矫正方案是分开的，现在通过罪犯危险性评估一次性把危险因子和矫正需要评估出来。过去危评相关内容职责，分散于不同部门，现在是统一起来到评估中心。所以，我们也要坚信，监狱目前对罪犯档案分析等评估方法及相关制度都是有价值的，不是毫无章法、主观臆断，对罪犯的了解和基本判断都是较准，否则，不会有监狱的安定局面。

危险性评估不是空穴来风，无中生有，无源之水，传统做法是我们开展危评工作的基础，为我们开展危评提供足够的自信和勇气。

“大道至简，要言不烦。”所谓“真传一句话，假传万卷书”。一门技术一门学问，弄得很深奥是因为没有看穿实质，搞得很复杂是因为没有抓住程序的关键。很多看起来很复杂的事，皆因化相迷惑，而使我们忘记本源且基础的东西。

一言以蔽之，什么是罪犯危险性评估？就是用科学手段把罪犯危险因子和矫正需要评估出来，以此结果把罪犯管理矫正统筹起来。把过去各自为政、各管一摊，现在统一集中起来。无论是狱内危险性还是出狱再犯罪评估都是这样。进一步说，评估结果是龙头，管理和矫正是危评两个基石，如鸟之两翼，车之两轮。一方面是形（管理）包括分押、分管、分刑、分置、分岗等，一方面是神（矫正）包括分教，也就是研制和实施矫正项目。

第四节　开展危险性评估的思路与方法

一、认识到位，心悦诚服

老子《道德经》有言：“上士闻道劝而学之、勤而行之；中士闻道，若安若存；下士闻道而笑之，不笑不足以显其智也。”上中下不是分高低的意思，指对待道的态度和性格各有不同。所以推广危评工作立意要高，视野要宽，决心要大，志向要远。当年实行三分也是阻力重重，困难多多，议论纷纷。据有关史料记载，当时干警包括一些监狱领导在内存在的主要思想障碍：一是安于现状，习惯于老办法。有的同志认为几十年劳改工作积累的经验和方法已经可以了，轻车熟路，没有必要搞“新花样”；有的监狱领导甚者认为这是哗众取宠。二是求稳怕乱，惰性严重。消极地担心监管安全出问题，造成混乱。三是“唯条件论”，畏难情绪大。认为经济困难大，难以承担“三分”重担，而且干警素质也难以适应，教材师资难以解决等。当时，一个监狱三分微调现场还发生罪犯互殴致死案件。为解决师资问题，上级部门硬性规定配置名额。当然，与过去相较，我们今天的条件已发生根本性的变化，认识已不是从前水平。在调研中，一位监狱长对开展危评谈了三点认识：一是大势所趋，不可阻挡；二是晚开展不如早开展，被动干不如主动干；三是必定有困难，肯定能克服。

二、充分调研、吃透情况

“远飞者当换其新羽，善筑者先清其旧基。”现在监狱都有什么样的评估？都有什么评估领导机构？遵循什么样的程序？为了什么样的目的？现用什么样的量表？将用什么量表？由什么部门管理？由什么人具体干活？这些评估相同的地方？不同在什么地方？过去如何摸排？过去怎样定级？如何分级管理？对此要认真研究，详细分析，周密计划，统筹安排。

三、成立机构，确定人员

“凡事预则立，不预则废。”既然是一场革命，就要伤筋断骨，重新建立新体系。成立一个权威领导小组，整合一个办事机构，集合一班合适团队，着手制定一个可行方案，选择一套测试量表，研究一个规范流程，确立一个运行机制，建立一套网络设备，规范一个严管监区，确定一套管教方案，严格一个社会对接程式。

四、宏观照搬，微观雕琢

不必过分强调尊重实际，因地制宜，我国监狱工作已同质化，管理模式、教育方式仅在高低深浅有差异，对已成熟的省份的量表、制度、机制、流程、应用采取拿来主义，一定要先规规矩矩、老老实实、按部就班做，在日趋熟练融会贯通确实掌握内在规律逻辑后，再加以精雕细琢。人常说：熟能生巧，尚未熟，何来巧？警惕为标新而立异，为取宠而哗众。

事实上，中国很多事情并不是因为太难而没做好，恰恰是那些简单却没有认真去做的事儿没做好。当年中国引进奥迪车之后逐步开始国产化过程。但是在国产化之后就发现了一个小毛病：国产奥迪和德国奥迪比起来，总是会跑偏。而这个问题在厂家那边想了很多办法，做了很多研究也没有发现问题到底出在哪里。于是只好又把德国工程师请回来。德国工程师到流水线转了一圈后发现，中国工人在给奥迪装轮子的时候是按顺时针扭上的。就问工人，当初德国工人没告诉你们装轮子的时候要对角线拧螺丝并且分若干次拧紧吗？中国工人说：教了啊。但那样拧太慢。

还有，一个中国公司做轴承，花了大价钱引进了一套德国设备。可是新设备来了之后，他们出品的轴承却并没有特别大的提升，尤其是使用寿命方面，几乎没有任何提升。也是动用了各种专家研究到底问题出在哪里？折腾了半年多也不知所以然。不得已只好求助德国的设备提供商。德国方面派了技工过来。没有对比就没有伤害，这个德国技师经手的轴承就比中国工人的寿命长几倍。最后厂长就花了几天时间观察这个德国技师工作。最后发现，他和中国工人比起来并没有什么特别的地方，唯一不同就是每次他做完一个轴承，就会用随身带的一块磁铁把轴承上残余的铁屑吸走。而问题是，这个工序是写在设备说明书里的，但从上到下没有一个人这样做，仿佛是可有可无一般。既然引进应用别人的经验，就要一定要严格按照既定程序、既定的方法做。在没有熟练前，任何自以为是和主观臆断都是有害无益的。

五、专业培训、准备人才

“路线决定以后，干部是决定因素。”选择热爱、胜任评估工作的人员，建立一支专门的评估队伍。要加强对专业评估人员的教育培训，不断提高评估人员的专业化水平。从事危评工作的人，都必须掌握大量的评估方法和策略，系统地从多种渠道收集汇总信息，根据最佳的临床和精算方法评估，得出准确有价值的风险预测结论。要具备丰富的管理教育经验，才能提供适当的处遇措施，罪犯的需要也可以得到有效地满足，从而降低罪犯给监狱和刑释后给社会带来的风险。

六、大胆实施，稳步推进

“路虽近不行不至，事虽小不做不成。”坚持“面上推广，点上深化”原则，过去有的监狱局在全面推广的同时，重点抓好几个监狱，做实做好做扎实。监狱在全面推广时，重点抓好几个监区，做实做好做扎实，比如入监监区、出监监区等。入监监区基础扎实的话，就可把高度类型罪犯集中关押。现在正按照司法部最新文件的各项要求，全面推开实施。

七、收集案例，逐个解剖

树立标杆，典型引路。建立全国、省内案例收集互通机制，把先进省份的案例汇编成册，深入研究分析罪犯具体情况、测试如何成功、评估失败何因、何种方式管控、教育方式及内容如何等，这是一门真功夫，是提高危评质量的高效途径。

要认真总结常见疑难问题的经验，积累改造资料，编写改造案例。要深入研究不同类型罪犯危险症状和教育改造方法，进一步提高教育改造罪犯的针对性。需要补充的是，在案例方面，应该有一个理念，谁掌握案例，谁就掌握危评，谁就是权威。

八、舆论支持，机制保证

加大宣传力度，营造良好的评估氛围，激发激情。加大激励力度，明确工作目标，落实专项经费，注重结果运用。建立和完善工作机制，制定工作规划，落实责任分解，强化逐级检查考核评比力度。加强区域协同协作，形成工作合力。对评估表现突出人员，在职务晋升、职称评定等方面给予政策倾斜。

【本章小结】

1. 危险性评估之所以兴起，是人类对犯罪抗争失败的一种挽救，是面对泛滥的犯罪人类束手无策的被迫而又主动的一种选择。

2. 历史和现实都告诉人们，一场社会革命要取得最终胜利，往往需要一个漫长的历史过程。只有回看走过的路、比较别人的路、远眺前行的路，弄清楚我们从哪儿来、往哪儿去，很多问题才能看得深、把得准。3. 危评工作确实内涵丰富，博大精深，涵盖了监狱工作的方方面面，只有在每项具体内容和环节上，搞懂吃透，搞懂它的理论依据，吃透它的实践方式，才会工作起来游刃有余，从容不迫。否则，以己之昏昏，岂能让人之昭昭？4. 罪犯危险性评估是人类探索犯罪过程中的一朵浪花，当且仅当是这个过程的一个环节和节点。正如西西弗神话一样，人类就是西西弗，犯罪就是那块石头。人类每每穷尽各种办法把犯罪这块巨石推上山顶，眼看就要消灭，但由于犯罪这块巨石太顽固又太沉重了，每每未上山顶就又滚下山去，前功尽弃。于是人类就不断重复、永无止境地做这件事情。这种无效而又无望的劳作是对人类的一种惩罚，是一种苦役，但是无数的犯罪学家和刑事执行者的生命就在这样一个失望与希望中慢慢地消耗殆尽。但对我国大陆地区而言，我们这个过程还没有经过，相对过去而言，对我们是一种全新的有效方法。虽然开始艰难，但以后定能发展壮大起来，成就矫正罪犯的一番事业。正如《庄子·人间世》所言："其作始也简，其将毕也必巨。"未来可期！5. 危险性评估的兴起，是犯罪学理论研究的必然归宿，犯罪学起源于欧美，发展于欧美，繁荣于欧美，而且前景愈来愈广阔光明。但对我国大陆地区而言，特别是近十年来，犯罪学理论的研究领域无所建树，对此，要在认识上和实践上保持警觉。

筛选与提炼：罪犯危险性评估的危险因子及评估工具

任何一个人作孽，总有他的理由。不然的话，世间就不会有人犯罪了。

——埃及作家　尤素福·西巴伊《废墟之间》

【本章提要】

本章认为评估工具是对多种犯罪原因数学处理的物质化表现，是犯罪基因的浓缩与升华。虽然评估工具种类繁多，五彩纷呈，但均为从不同角度切入，以不同理论支撑，服务不同目标。本章说明了危险性因子筛选的方法及主要内容，量表的研制及量表分值的划分，介绍了目前欧美比较有影响的危险性评估工具。本章目的是既破除评估工具的神秘性，又提升对评估工具的敬畏感。

罪犯危险性评估作为一门独立的学问，其研究的对象是什么呢？罪犯危险性评估的研究对象是犯罪人的危险性因素，也就是犯罪人个体为什么会犯罪。危险性因素包括静态因素与动态因素，而动态因素也就是犯罪性需要，以及由此基础上延伸的对罪犯的管控与矫正。本章重点论述罪犯的危险性因素，其他内容根据逻辑关系在本书后面逐一展开论述。

第一节　筛选危险因子的方法

原则上讲，任何一种犯罪理论或犯罪原因都是危险性因子。但有些犯罪理论在形成之初，并未经过实证检验，比如，标签理论和差别接触理论。还有些理论本身无法验证，比如，激进派犯罪学理论。这就决定了对关联性较强的危险性因子要进行二次选择，而选择必须按照一定方法进行。这些方法不仅对选择危险性因子有效，而且对进一步研究新的犯罪原因大有裨益。

选择和确定危险因子的基本方法是通过超越和排除价值判断的实地调查和观察进行分析和预测，具体而言有五种方法：

一、社会调查法

犯罪调查是社会调查的一种形式。社会调查法是指调查员对设计的问卷以填答或邮寄方式探寻被调查者意见或态度的一种研究方法，一般包括问卷调查法和访谈法两种。调查的类型又包括普遍调查、抽样调查、典型（重点）调查和个案调查等。

二、观察法

观察法是实地获取感性社会资料的最一般、最常用的调查方法，研究者以自己既有的学识与理论为基础，并借助感官的体验与观测，对研究对象的行为与研究现象做出选择、引导和记录。由于研究者的观察立场与方式不同，观察法可分为不同方式，如无系统观察或系统观察、自然观察和实验观察、无结构观察和有结构观察、参与观察与不参与观察等。犯罪实证研究中采用的观察法以参与观察、不参与观察的方式为主。通过观察法，可客观实际、准确无误地获取第一手、可靠性高的资料。但由于观察的对象、数量有限，难以进行定量分析，观察的准确性还受观察者所处观察环境的局限性和其主观心理的影响，而从旁观察又难以深入实质。

三、实验法

实验法是运用自然科学实验的逻辑演变而产生的一种社会研究方法。即将一个用以说明“因果关系的假定”置于可操作的两个“相对比的情况”之中，加以观察、检验的研究方法。也就是通常用或不用自变量对“实验组”与“控制组”进行比较，推论自变量对实验组的影响。

四、历史研究法

历史研究法指应用科学方法探寻历史记载资料、检验历史记录及遗迹，追求历史中社会事实真相的方法。它在一定程度上是一种纵向比较，是通过对犯罪现象过去与现在的比较，找出其中的规律性，预见其未来的一种方法。大家熟知的文献分析法就是其中一类。

五、荟萃分析法（Meta-analysis）或元分析法或后设分析法

其本质是从两个或以上的层次看待同一件事情，通俗讲，就是从结论中再次得出结论，它使危险性因子的选择成为一种可能，

并提高效率和质量。它产生的背景是，科学研究应建立在许多实验结果的重复之上，除了少数新发现外。每个实验结果很难对科学的发展做出极为显著的贡献。所以为了阐明某一主题，在许多科学领域有众多研究者在对不同的实验对象或对同一对象在不同的实验环境中进行实验，都曾有大量的临床或调查实验对这些大众所关心的问题进行统计分析研究，但结果不尽相同。面对如此多结果不一的独立研究，作为决策者该相信哪一个分析结果呢?于是当大量独立实验出现时，就会有人对这些独立实验进行综合，即综述。综述是对同一主题不同实验结果的总结，也是对过去实验的概括、提炼，要从独立实验中排除随机误差，提炼出本质的内容，同时也要从中发现问题，为将来这一主题的研究指明方向，为解决问题的决策者提供科学依据。所以好的综述必须有好的方法作后盾。Meta-analysis 正是这样一种综合方法。

Meta-analysis 概念为对以往的研究结果进行系统的定量分析。是以综合已有的发现为目的，对单个研究结果的集合的统计学分析方法；也有人对此提出不同定义，指对以往的研究结果进行统计学的合并和严谨的综述方法；还有人认为它的定义是依靠搜集已有或未发表的具有某一可比特性的文献，应用特定的设计和统计学方法进行分析和综合评价，使有可能对具有不同设计方法及不同样本数的研究结果进行综合比较。

简单来说，Meta-analysis 是用统计的概念与方法，去收集、整理与分析之前学者专家针对某个主题所做的众多实证研究，希望能够找出该问题或所关切的变量之间的明确关系模式，可弥补传统文献综述的不足。

Meta-analysis 方法的思想可追溯到 20 世纪 30 年代，最初应用于教育学、心理学等社会科学领域是在 60 年代、70 年代初，Ligh 和 Smith 提出了可以由不同研究结果汇总原始数据进行综合分析。在 1976 年，有位学者 Gene Glass 首次使用 Meta-analysis 的名称，来代表透过统计分析去整合与分析众多相同主题的实证研究，以获得最有代表性的结论的过程与方法。

有关 Meta-analysis 方法应用到医学的第一篇文章发表于 1955 年。作者综合了 15 份单独研究结果，对 1000 余名不同疾病患者服用安慰剂的疗效进行分析，得出了安慰剂具有 35%疗效的结论。

1.Meta-analysis 方法应用步骤，主要包括五个阶段：

（1）提出问题并制定搜集、选择文献的标准。明确指出所要解决的问题是后面几步的基础，如，Gurevitch 在提出要检验野外实验中生物相互竞争对生物量的影响程度，首先将综述文献定于野外实验，不包括室内模拟实验。实验对象为植物，影响因素为种间竞争，测量结果为植物生物量。选择文献的标准根据所解决问题来定，既要考虑到文献的全面，又要照顾到计算的可能。

（2）搜集文献。最初的 Meta-analysis 分析中只搜集文献，后来 Meta-analysis 分析家们通过调查发现已发表的文献往往不能代表所有研究的真实结果，因为在统计学检验中显著性较小的研究较显著性较大的研究更易于发表。所以后来的综述者为了能搜集到全面的文献，通过各种途径来最大可能地收集已发表的和未发表文献（包括正式期刊中的论文、会议论文、摘要以及各种私人交换资料等）。文献检索中要联机检索与手检相结合，并重视所得文献的参考文献。对一些基本内容符合要求、报道不详者，可通过与作者联系获取分析所必须信息，这一点需要科研工作者具有良好的合作精神。

（3）标定各研究的特点，并对其进行分类。要结合独立研究，综述者必须对各研究做充分的了解，目前正规的做法是先将各研究的实验设计，包括取样是否随机、研究背景、研究方法、样本大小、结果测量、统计分析方法等罗列出来，然后一般根据研究背景将所有研究分为级别或类，以做比较。

（4）定量测度研究特点。研究特点的不同会影响实验结果，也即各研究的质量不同，如果在分析时对这些质量不等的研究给予相同的结合标准，必然会导致分析结果的不准确，为了克服这一问题，分析家提出了定性 Meta-analysis 分析，即先对前面所罗列的研究特点按重要程度进行打分，然后指定两位分析者按照评分标准对所有的研究进行盲打分，即事先将各研究的作者、所在出版物名称及发表日期全部隐藏起来进行评分，如果二位的评分结果相似性高，则接受此评分标准，然后取二人的平均值；如果二位的评分结果一致性较差，则重新制定标准。

（5）结合研究结果并结合研究特点来分析结果。也有人称这一步为定量 Meta-analysis 分析，以相对于定性 Meta-analysis 分析。目前已发展出多种 Meta-analysis 分析方法。但它们的基本思想是一致的，那就是先提出假设，构造一个综合统计量，计算各级别研究中的加权平均综合统计量（在平均过程中，要根据其各结合统计量的方差进行权重）；做各级别中研究间统计量的异质性检验。

2.Meta-analysis 方法的分类

Meta-analysis 方法的不同主要在于结合统计量和统计假设的不同。根据结合统计量的不同可将 Meta-analysis 分析方法主要分为三类：第一类的综合统计量为效应值，它适合于测量结果为连续数据的独立研究，目前主要应用于社会科学（教育学、心理学等）、临床医学和生态学中，它可反映一个程序或现象的效应大小和方向。第二类主要应用于流行病学、病因学、大众健康学等医学领域中，综合统计量为相对风险度或风险度比或风险度差。第三类为 20 世纪 80 年代末在医学领域中发展出的回归方法，其结合统计量为药量—反应斜率，由回归方法得出的，它适合于测量结果为分类数据的独立研究。根据统计数据假设的不同，可将 Meta-analysis 分析方法分为两类：固定效应模型和随机效应模型，前者假设所有研究享有共同的真实效应大小，后者假设所有研究的真实效应大小不同，具体体现在计算所有研究平均效应的权重上。由于随机效应模型比较符合实际，得到了 Meta-analysis 分析家们的认可，正被广泛应用开来。

3.Meta-analysis 方法的优点

Meta-analysis 分析设计较严密，有明确的选择文献标准；系统地考虑了研究的方法、结果测量指标、分类、对象对分析结果的影响；给出了测量指标（结合统计量），提供了一种定量估计效应程度的机理，分析结果客观性强，具有科学性；提高了文献的综合统计能力；现代 Meta-analysis 分析考虑了独立研究的额质量问题。

第二节 罪犯危险性评估的危险因子

一、危险因子的概念

所谓危险因子（risk factor），是指可能引发未来犯罪或再犯罪的个人因素以及与之相关的环境因素，比如犯罪史、目前改造表现、亲犯罪态度、反社会认知、可能会诱发犯罪的家庭环境或朋友圈等。有的研究者也称作简单预测因子（simple predictors），其通过单波段的纵向研究即可获得，显示的是个体未来犯罪可能性的大小，即再犯危险等级，因而往往成为司法机关或矫正机构确定监管等级或决定减刑、假释的重要参考。研究表明，可能促使个体再犯的有诸多危险因子，这些因子也可表述为需求（need），它可以分为两类，一类就是犯因性需求，另一类就是非犯因性需求。所谓犯因性需求就是动态危险因子，其动态性表现在，这种需求可以改变，且一旦发生改变，个体再犯罪的概率也随之改变；而非犯因性需求，就是静态危险因子，它是不可发生改变的，但对再犯罪是有影响的。因而，犯因性需求的重要意义就在于为再犯预测及矫正干预提供了可能或可行的标靶或中介目标。

对动态危险因子（即犯因性需求或动态预测因子）的确切把握源自多波段纵向研究，至少经过三个阶段的评估，第一阶段是对可能的犯罪因素进行初始评估，第二阶段则是对这些可能的预测因子进行再评估，第三阶段则是犯罪行为评估，并对初始评估与再评估之间所产生的变化进行审查，最终确定动态危险因子。从具体表现形态看，动态危险因子可分为稳定的动态危险因子和可能随时变化的急性动态危险因子。前者指在一定期限内不会改变的危险因子，比如反社会的态度、不良交友圈等，而后者则指主要受即时性环境因素影响的危险因子，比如突发性的事件或环境的突然改变等。在此，人们需要进一步表明的是，研究者强调，如果提供矫正服务是着眼于减少再犯，就应该改变犯因性需求因子，非犯因性需求与再犯之间关联度很低，因而解决对象的非犯因性需求，不可能显著改变未来再犯，除非这样做能间接地影响犯因性需求。一般而言，可以因动机性目标或人道的原因而瞄准非犯因性需求，人们可以帮助一个犯罪者改善感受，这也重要且值得赞许，但其并不必然会减少再犯。这就再次表明罪犯危险性评估是个包含评估与矫正的体系，通过对危险性因子的把握，既对再犯的可能性进行定性定量，也对矫正和降低再犯可能性提供标靶和中介，从而形成完整的罪犯危险性评估系统。

二、危险因子的内容

那么，罪犯危险性评估的内容到底是什么？下面从我国实践、国际通行、英国实践和加拿大研究四方面来进行分析。

（一）中国罪犯危险因子内容

从我国监狱实践上看，罪犯危险性评估有九类风险因子，也就是有九项内容或者九个维度。

第一类是罪犯的个人基本情况。包括年龄、文化程度、健康状况、捕前身份、成长经历、与狱内危险相关的特殊技能，如开锁、攀爬、驾驶等。

第二类是违法犯罪史或犯罪经历。主要包括未成年违法情况、犯罪类型、案情或参与程度、与被害人关系、刑期长短、犯罪性质、犯罪手段、暴力、脱逃和自杀经历等。

第三类是婚姻家庭状况或社会支持系统。主要包括亲属关系和狱内关系，其中亲属关系的好坏很有可能会影响到罪犯狱内改造的表现，如亲情关系、家庭结构、家庭变故等。而狱内则主要是狱友关系以及与监管人员的关系，狱内关系的好坏很可能是罪犯在狱内犯罪的应激源。

第四类是财产居住状况。包括经济状况、居住条件、居住环境等。

第五类是社会交往状况。包括交往的对象、交往的方式、有无与违法犯罪人交往等。

第六类是成瘾状况。也就是物质依赖，类型、程度等，主要对罪犯是否有吸毒史以及酒精依赖的评估。

第七类是生理心理状况。包括生理条件、情绪稳定性、认知状况、性格缺陷等，也就是有无已诊断的心理疾病，主要是精神分裂症、焦虑症、抑郁和躁狂。还包含变态心理倾向，突出表现在以下几个方面，偷窃癖、虐待狂、性变态、纵火狂、妄想症和幻觉、心理过敏等。

第八类是犯罪思维与态度。也就是反社会人格，反社会的价值观、对犯罪的看法等，犯罪思维上，表现为唯利是图、自私自利、侥幸心理、胆大妄为、不择手段、虚假不诚、自律不严等。反社会人格，表现为冷酷无情、自私自利、缺乏起码的爱和同情心，不关心他人。无视社会道德规范。不承担应尽的责任和义务，屡屡违反社会准则。行为冲动、易激惹、缺乏自控能力。具有反社会人格的人，一般都是对既定社会秩序深度蔑视的人。具有反社会人格的罪犯，具有高度暴力和脱逃风险。

第九类是现实改造表现。也就是狱内表现，包括学习、劳动、认罪悔罪、遵规守纪、会见通信、人际关系等等，可分为三部分：1. 罪犯在狱内的改造情况，如认罪态度、改造态度等。2. 犯罪线索，主要包括自杀线索和脱逃线索，自杀线索有行为情绪异常、劳动改造异常等，脱逃线索如有脱逃言论、打探周边环境、私藏违禁物品、蓄意摆脱监管等。3. 狱内感受，主要是指罪犯对狱内司法行政奖惩的主观感受等。

（二）国际通用的罪犯危险因子内容

从国际通行上看，早在 20 世纪 80 年代初期，一些研究团队通过系统研究和文献综述就得出：社会阶级背景和个人情感痛苦以及精神不正常等因素至多只是无足轻重的危险因子，而不同程度的反社会人格模式、反社会态度、反社会同伴、犯罪行为史、物质滥用以及家庭和学校或工作中的引发问题的环境因素都是可能引发犯罪行为的危险因子。随着元分析方法在学术界的广泛应用，在短短的 15 年间，大量的实证研究都证明了这些因子在预测再犯，为矫正项目提供基本指向以及有效降低再犯风险方面的突出优势。

这些风险因子主要包括八类，即“大八理论”（the Big Eight），也就是俗称的“核心八条”。其中包含四类重点风险因子和四类中等风险因子。

再犯核心八因素（Andrews & Bonta，2010）

序号	因 素	风 险	动态需要
1	反社会行为	青少年期间，多次持续实施反社会行为	培养风险情境下的非犯罪行为选择
2	反社会人格	高冒险倾向、低自我控制、高攻击性	问题解决技巧训练、自我管理、愤怒控制和应对策略
3	认知	态度、价值观、信念、罪行合理化；愤怒、怨恨、蔑视的认知情绪状态；罪犯身份	认识自己行为的危险性及对被害者造成的伤害；培养其他行为选择方式；实现罪犯改造，成为守法公民
4	人际圈	同其他罪犯的亲密关系；同守法公民的隔离；共犯支持	减少同其他犯罪人的联系；加强同守法公民的交流
5	家庭／婚姻	抚养／情感支持／监督	减少家庭冲突；建立正向家庭关系；提供情感支持
6	学校／工作	表现较差、满意度低、低参与度	提高参与度、奖赏和满意度
7	休闲娱乐	健康休闲中的低满足感	主动采取健康娱乐方式；提高奖赏和满意度
8	药物滥用	酒精成瘾／其他药物成瘾	减少药物滥用；去除其药物滥用的人际支持；互助小组

具体内容如下：

第一类是犯罪行为史（静态或稳定因素）。指对象在家庭、社会等各类环境中参与多种不同的反社会活动经历及最早发生反社会行为时的年龄。主要标志包括：被拘捕的经历、犯罪前科、有条件释放期间的违规行为等。值得注意的是，此项并不考虑现行犯罪的严重性及其所造成的危害。因为大量的实证研究表明，现行犯罪的严重程度与将来再犯可能性之间的关联度很小。

犯罪行为史作为一种既定的现实不可改变，但这并不意味着其中不存在动态需求以及有希望转变的中介目标，比如，构建新的、高风险环境下的犯罪行为模式，增强支持转变的自我效能感，强化自我转变的信心等。

第二类是反社会人格模式（静态或稳定因素）。反社会人格在日常行为中多表现为自控力低下、自我中心、藐视所有的道德规范、缺乏恐惧心理、缺乏羞耻感和罪恶感、生活无计划无目标、无责任心、无真实或真正情感等。

此类风险因子的动态需求及有希望转变的中介目标包括：强化自我控制和问题解决技能。

第三类是反社会认知。属于此类的变量包括反社会的态度、反社会的信念、犯罪合理化以及个人对犯罪的认同，与之相联系的认知情绪状态有愤怒、怨恨、蔑视现行法律和司法权威等。

此类风险因子的动态需求和有希望转变的中介目标包括：纠正反社会的思维与情感，强化亲社会和守法的实践。

第四类是反社会同伴。此风险因子具体表现为交往的同伴或喜欢交往的人多为具有亲犯罪倾向、有犯罪史或者其他违法记录者，不喜欢或难以交往那些亲社会并遵纪守法的人。此类风险因子常常也被称为“犯罪的社会支持”。

此类风险因子的动态需求和有希望转变的中介目标包括：尽

可能避免或减少与亲犯罪者的联系，构建和加强亲社会、反犯罪的交往网络。

第五类是家庭／婚姻环境。此类因子主要针对未成年和已婚成年人。对未成年人主要考察父母的监护方式、对其行为的约束和引导方式、父母的婚姻关系以及他们对社会的认知与日常行为，尤其是守法行为方面的榜样，所有这些都对未成年人的成长有着持久的影响。对已婚成年人则重在考察婚姻关系的质量以及与之相关的配偶对现行法律和犯罪的态度。

此类风险因子的动态需求和有希望转变的中介目标包括：改变原有不合适的监管、教育或沟通方式，消减家庭冲突，构建良好的家庭关系和反犯罪的价值取向等。

第六类是学校／工作。此项重在考量学校和工作场所的人际关系质量、在学习或工作方面的投入状况以及从学习或工作中获得的满足程度。风险因子主要包括：学习或工作表现差、不投入、不能从学习或工作中获得乐趣或满足等。

此类风险因子的动态需求和有希望转变的中介目标包括：强化表现，提高学习或工作的投入度，增强学习或工作的获得感等。

第七类是闲暇／娱乐。此类的风险因子包括闲暇时间不参与或很少参与健康有益、反犯罪的娱乐休闲活动且对此不感兴趣。

此类风险因子的动态需求和有希望转变的中介目标包括：提高参与此类活动的兴趣且经常性地参与此类活动。

第八类是物质滥用，包括酗酒、吸食毒品等。酒精依赖容易导致不法行为，而且酗酒和醉酒状态也对违法行为有影响。部分研究显示，犯罪者中，尤其是女性犯罪者中，有酗酒习惯者的比例要远远高于普通人群。吸食毒品和成瘾者为社会的主流价值观所不容，而必被一般社会成员所排斥，他们就会与其他吸毒者抱团取暖，寻求心理支持。更重要的是，吸食毒品所导致的庞大开支促使绝大多数吸食成瘾者走上违法犯罪的道路，以弥补毒品的开销。

此类风险因子的动态需求和有希望转变的中介目标包括：减少物质滥用，减少对诱发物质滥用行为的个人和人际支持，强化物质滥用行为的替代措施。有研究表明，对毒品滥用行为的治疗要比惩罚和其他非特定的干预方式在减少再犯方面效果要好得多。

除以上 8 类重要和中等程度的风险因子之外，当然还有其他一些低度风险因子，比如，人格障碍和情绪障碍，个人情感痛苦，精神疾病，身体健康问题，对官方惩罚的恐惧，社会阶层，智商，现行犯罪的严重程度，其他与罪犯无关的因素等。这些因素与再犯之间的关联要么很小，要么不能得到确切证据的验证。

（三）英国罪犯危险因子内容

从英国矫正系统实践上看，英国的学者认为影响重新犯罪的因素很多，至少有以下 11 个种类。

第一类是以前定罪的情况。75%的因盗窃、夜盗而服过短期监禁刑的在释放两年内又实施了犯罪而被定罪。

第二类是住宿。被释放的罪犯有 42%没有固定住宿，无家可归的罪犯重新被定罪的比有住宿的重新犯罪率高 2 倍。

第三类是教育、培训与就业。因为缺乏文化与技能，高达 66%的罪犯不能胜任社会所提供的 96%劳动岗位。

第四类是财务管理与收入。很多罪犯欠有债务，包括罚金与法院相关的费用，所以他们依靠非法收入维持生活。

第五类是人际关系。罪犯通常与家庭成员关系很差，很少感受到关心。

第六类是生活方式与社会生活在结构层次上缺乏联系的，而经常与其他罪犯来往的人更可能重新犯罪。

第七类是使用毒品。在进行的一个抽样调查发现，17%的罪犯都与毒品有关。

第八类是酒精滥用。研究表明，酒精依赖容易导致不法行为，尤其在女性犯罪者中，有酗酒习惯者的比例要远远高于普通人群。

第九类是精神健康状况。社会隔离与排斥增加人的紧张与危险行为，而紧张会削弱人行动策略选择的正确性。

第十类是思考与行为方式。很多罪犯不能彻底考虑行为本身、行为的后果。

第十一类是态度。刑释人员的生活态度、对他人的态度与重新犯罪有关。

（四）加拿大学者研究罪犯危险因子内容

加拿大学者让德罗、利特尔和戈格英对荟萃分析法的讨论是在加拿大进行的一项重要研究，它较好地概括了与再犯相关的静态与动态因素的研究。下表展示了让德罗等人研究的 10 项风险因素的平均相关系数（按递减次序排列）。这里引人注目的是，这个列表的前四项是反社会支持（犯罪团伙）、反社会人格、反社会认知和犯罪历史。

风险因素的平均相关系数表

风险因素	相关性	风险因素	相关性
反社会支持	0.21	家庭因素	0.10
反社会人格	0.18	物品滥用	0.10
反社会认知	0.18	智力	0.07
犯罪历史	0.16	较低层的社会出身	0.05
社会成就	0.13	个人不幸	0.05

第三节　危险评估工具的本质、研制及分值划分

罪犯危险性评估工具包括罪犯危险与矫正需求量表、成体系的心理量表与心理测量技术、临床诊断技术以及其他现代科技手段，如脑化学技术、眼动仪、形态测量仪等。因其他评估工具都有成熟的理论和技术，在此不再赘述，本节主要阐述罪犯危险性评估量表的相关内容。

从最基本的认识看待，凡是客观存在的事物都有其数量，凡有数量的东西都可以测量。量表测量就是根据法则给事物分配数字，或者说，根据一定的规则对事物用数字加以确定，使其数量化、定量化。测量主要由事物、数字和法则三个元素组成。这也就是马克思的经典论述，“一种科学只有成功地运用数学时，才算达到了真正完善的地步”。

一、量表的概念

什么是量表？通俗地讲，量表就是把实践中的间接经验通过

一定的方法原理上升为直接经验。它的本质是把实践和犯罪学理论的间接经验系统化、科学化、精准化地归纳为条目化、结构化的直接经验。就是把零散集合成系统，把经验升华到科学，把粗略大概演变成精准。所谓直接经验，就是我不管你的危险因子（题目）怎么来的和分值（权重）怎么赋值的，也不管你的结论是怎么来的。按照要求测试，自动得出结论。把测试题答完后，这个罪犯的类型、危险等级等自动出来了。

危评所用量表就是对实证的危险因子施以分值权重的经验再现。什么是预测因子既危险因子，就是该情况、该现象发生的条件。比如说二十四节气，到了什么节气，就有什么样的气候和物候，比如“麦过芒种自死”，小麦过了芒种不收自然就死了。这就是说芒种就是小麦的死亡条件之一。回到罪犯危险性上讲，罪犯什么情况下行凶、什么情况自杀，这个情况就是量表中的维度和题目。这个情况在行凶、自杀事件中起多大的作用，占多大的比重，就是分值。

还有，有什么样的心理、性格和行为就有什么样的犯罪，比如说，财产型犯罪、暴力性犯罪等都有规律和特点，罪犯在狱内违规或犯罪的规律也在其中。在这一点上说，量表就是对犯罪规律的把握、浓缩和升华。

对罪犯危险性评估需要专门工具，工具的有效性是基础和前提。国内外对罪犯危险性评估工具的开发进行了广泛、深入、持久的探索，并不断升级换代。差异仅在于开发工具所处的文化背景、所依据的基本理论、所秉持的根本理念的不同。对于罪犯危险性评估工具的选择，目前尚没有统一公认、权威规范的专门工具。

同时，评估工具还应是一个体系，它包括危险性初始评估、具体类型、等级评估、矫正需要初始评估、矫正需要类别和等级评估等系统工具。

在理论层面，中国对于再犯可能性最全面、最系统地研究，是司法部预防犯罪研究所于1992年出版的《中国重新犯罪研究》，通过专家的经验性总结，提出了影响刑释人员再犯的可能性因素及其动机。但由于缺少实证数据和科学手段的支持，也没有提出如何对再犯可能性进行评估，对于中国的司法实践的意义并不是很大。由此也可看出，国外研究大多采取定量分析，而中国则更多选择定性分析。并且在司法实践中，存在着将“态度评价”（如是否认罪伏法）代替人身危险性评估的错误做法。态度作为内隐变量，是可以通过伪装来造成司法工作人员判断失误的，具有很高的主观性，可信度较差。近些年来，国内许多学者和实务工作者已经敏锐地发现了这一问题，在定量分析上取得长足进步，目前信度效度较好、具有较强有效性的是上海、江苏、江西、浙江、北京等省市及一些学者研发的量表工具，但仍未形成系统化。然而，即使有了如此多的成果，中国的罪犯危险性研究现状仍然大致停留在西方第一代、第二代工具水平上，差距十分明显。如何探索出适合中国的一条道路，不仅是需要思考的重点，实践上也还有大量工作要做。

据调查统计，在我国监狱系统使用较多的心理量表，或者在实践中常用的量表有：入监阶段心理测试选用中国罪犯心理评估个性分测验（COPA-PI）、艾森克人格问卷（EPQ）、心理健康症状自评问卷（SCL-90）、明尼苏达多项人格测验（MMPI）、加利福尼亚人格测验（CPI）、卡特尔十六项人格问卷（16PF）等量表测试。服刑中期针对心理问题和临床症状选用量表。服刑末期选用重新违法犯罪预测问卷调查表、COPA-PI、EPQ、SCL-90 进行测试。

二、研制量表的方法与步骤

那么，如何研制量表呢？在此以中国罪犯心理评估个性分测验（COPA-PI，Personality Inventory）量表为例做以说明。它的研发背景是，为解决我国监狱在使用欧美心理量表时明显存在的两个问题。其一，这些量表多为外国人所编制，由于文化传统、风俗习惯、生活方式及价值观念等的不同，外国人和中国人的心理特征自然存在差异，因此，这些量表对于中国人群并不完全适用，诸如量表中的某些项目及其措辞、量表的内部结构、常模和解释等，都可能存在问题；即使通过修订，也不能很好地加以解决。其二，这些量表基本上都是为非罪犯人群编制的，很大程度上不能满足监狱监管和罪犯矫治工作的实际需要。

罪犯个性分测验的全部编制过程可归纳如下：立项—构建测验的初始维度框架—编写与征集题目—专家评估筛选题目—确定题目反映方式（答题方式）—测验初步成型—初测—修订—形成测验及标准化实施方案（征求意见稿）—征求专家意见—测验及标准化实施方案修改定型—标准化试测—再修订—测验（试用版）定型—建立常模—全国大范围长时间使用—使用基础上的再修订—测验（正式版）定型—更新常模—专家评审鉴定—推广使用。

罪犯个性分测验初始维度框架主要采用经验归纳法构建。具体有三：一是认真研究人格理论、量表和问卷，归纳和挑选符合中国国情的个性维度（这就是从成熟量表中来）。二是从心理学和犯罪学挖掘罪犯个性心理特征维度（这就是从文献中来）。三是根据监狱实际提出罪犯个性维度（这就是从实践中来）。

国内有关专家学者也对研制罪犯危险性评估量表表达过相似看法。第一，采用文献研究与调查研究来搜集资料，确定维度及项目。文献研究指搜索国内外与罪犯狱内风险评估有关的研究，为量表维度的确定提供理论依据；调查研究则是向监狱警察了解罪犯狱内风险评估第一手资料，保证编制的量表符合监狱的实际。第二，测验项目主要来源于三个方面：一是根据对监狱警察访谈结果及监狱方提供资料。二是借鉴或改编人格量表中合适条目，特别是 MMPI 和 EPQ。三是根据测量目的及维度编写条目。后面的流程也和 COPA-PI 量表一样了。

上述表明，所有量表研制思路和方法都是相同的，没有什么神乎其神、玄而又玄的。但研制一份高质量量表特别是原创量表也绝非易事，并非能随随便便成功。它需要不同专家学者和实务工作者参与其中，耗时费力，即使付出许多艰辛，最终也不一定能成功。

三、量表分值等级的划分

一是测验各维度危险度的整合（以八个维度为例）。1. 八个维度中只要有一维度属高风险，则此人属高风险。2. 如果一个人没有一个维度属高风险，但有三个维度或以上属中风险，则此人属高风险。3. 如果一个人只有两个或一个维度属中风险，其余都是低风险或正常，则此人属中风险。4. 如果一个人各维度没有高风险和中风险，只有低风险或正常，则此人属低风险。5. 如果一个人各维度都正常，则此人属正常。

二是按标准差划分。1. 平均分以上两个标准差为极高风险。2. 平均分以上一个半标准差至两个标准差为较高风险。3. 平均分以上一个标准差至一个半标准差为有一定风险。

三是按百分比划分，在一定群体中，5% 左右的罪犯有高风险，10% 左右的罪犯有较高风险，55% 左右的罪犯有一定风险，30% 的罪犯基本无风险。

四是按标准差划分和百分比划分，应该是最通行方法。我们再看看罪犯个性分测验临床指标标准 T 分数的类型与解释，它把标准 T 分数的等级分为 5 级，低分，较低分、中等分、较高分、高分。相对应的标准 T 分数数值 35 分以下，35—45 分，45—55 分，55—65 分，65 分以上。标准差范围它是以上下浮动 0.5 到 1.5 个标准差。百分位范围 7%、20%、80%、93%，以此百分比来进行划分。

在这里，要注意一个问题，就是专业人员自由裁量原则。这个原则认为专业人员应适当行使自由裁量权限，而且可以不采纳评估结果。此类不采纳行为应当是例外做出的。应该受到制度的监督，其目的在于提高该领域内的专业水准。参加矫正工作人员，都必须掌握并使用大量的评估方法和策略，系统地从多种渠道收集汇总信息，并根据最佳的临床和精算方法评估这些信息，得出准确的、有价值的风险预测结论。从干预的层级来讲，分为评估员、监区、监狱三个层级。无论何种层级，其干预结果必须注明原因。

第四节　欧美成熟危险评估工具概览

随着危险管理概念的提出和危险评估地位的确立，危险性评估迅速升温，并在国际范围掀起了研究危险性评估的高潮，特别是20世纪90年代。于是各种危险性评估工具纷至沓来。比如，水平评估量表（Level of Service Inventory-Revised，简称LSI-R量表），编制于1995年。历史临床风险管理量表（Historical，Clinical and Risk Management Scaces，简称HCR-20），编制于1997年。精神疾病量表（Psychopathy Checklist-Revised简称PCL-R），编制于1991年。重新犯罪统计信息量表（The Statistical Information on Recidivism-Revised 1 Scale），编制于1996年。静态-99（Static-99），编制于1999年。暴力危险性评估表（Violent Risk Appraisal Guide，简称VRAG），编制于1998年。暴力犯评估量表（Violent Risk Assessment Scale-Experimental Version），编制于1996年。青少年犯暴力危险的结构评估（Structured Assessment of Violence Risk in Youth），编制于1999年。当然，有的危险评估工具在理论上影响力较大，有的危险评估工具在实践中运用较多。

一、水平评估量表

水平评估量表是由加拿大的安德鲁斯（Don Andrews）博士与邦塔（James Bonta）博士于1995年设计并推出的，是一个集使用动态与静态的要素于一体的评估再犯的危险的工具。安德鲁斯博士与邦塔博士认为下面 10 方面 54 项内容与重新犯罪有密切关系，并试图通过对这 10 方面 54 项（每项 1 分）内容的评估，确定被测者重新犯罪的可能。

水平评估量表

犯罪史（Criminal History 10 分）
1. 以前至少接受过一次定罪； 2. 在成年期间 2 次被定罪； 3. 在成年期间曾接受了 3 次定罪； 4. 现行犯罪有 3 个以上； 5. 在 16 周岁以下被捕过； 6. 曾经因为犯罪行为而被监禁过； 7. 曾经被监禁过； 8. 曾经因为不当行为而被惩罚过； 9. 在被监督期间违反有关规定或者被起诉； 10. 有攻击或者使用暴力的记录。
教育或者就业情况（Education/Employment 10 分）
11. 现在失业； 12. 经常失业； 13. 整年无业可就； 14. 曾经被开除； 15. 在学校没有读完 10 年级； 16. 在学校没有读完 12 年级； 17. 停学或者被开除； 18. 参与项目情况与成绩； 19. 伙伴之间的来往； 20. 被有关机构联系或者来往的情况。
财产情况（Financial 2 分）
21. 存在经济问题； 22. 依赖社会帮助。

续表

家庭情况（Family/Marital 4 分）
23. 对家庭不满意； 24. 从来没有回报父母； 25. 从来没有回报亲戚； 26. 家庭成员或者配偶也犯罪。
住宿情况（Accommodation 3 分）
27. 对居住状况不满意； 28. 去年变更住址 3 次以下； 29. 邻居犯罪问题突出。
娱乐情况（Leisure/Recreation 2 分）
30. 缺少娱乐； 31. 能够很好地使用时间：提高自己的需要。
交往（Companions 5 分）
32. 交往孤独； 33. 有些犯过罪或者正在服刑的朋友； 34. 有犯过罪的朋友； 35. 与犯过罪的人不交往； 36. 没有没犯过罪的朋友。
使用酒精或者毒品问题（Alcohol/Drug Problems 9 分）
37. 曾经有酗酒问题； 38. 曾经有吸毒问题； 39. 现在有酗酒问题； 40. 现在有吸毒问题； 41. 有违法问题； 42. 有婚姻或者家庭问题； 43. 学校或者工作问题； 44. 生理问题； 45. 其他酗酒、吸毒信息。

续表

情感问题（Emotional/Personal 5 分）
46. 情感干预； 47. 动态的精神状态； 48. 经过治疗后的精神状态； 49. 现在的精神状况； 50. 精神指标。
态度（Attitudes/Orientation 4 分）
51. 对犯罪持赞同态度，不满意现状； 52. 对传统持不赞同的态度； 53. 对刑期态度消极； 54. 对监督态度消极。

如何确定危险等级？根据 LSI-R 用户手册，LSI-R 将危险等级分为五级。在对 956 名加拿大罪犯的分析基础上，确定的危险等级分值与重新犯罪可能性如下，参见下表。

LSI-R 危险性评估表

分值范围	重新犯罪情况（释放一年后）
41 ~ 47 分及以上	高危险的罪犯（重新犯罪是 76%）
34 ~ 40 分	中高度危险的罪犯（重新犯罪是 57.3%）
24 ~ 33 分	中度危险的罪犯（重新犯罪是 48.1%）
14 ~ 23 分	低中度危险的罪犯（重新犯罪是 31.1%）
0 ~ 13 分	低度危险的罪犯（重新犯罪是 11.7%）

也就是说，如果对一名罪犯测试的分数是 41 ~ 47 分及以上，罪犯将被认定为高度危险的罪犯；如果被测罪犯的分数是 34 ~ 40 分，罪犯将被认定为中高度危险的罪犯；如果被测罪犯的分数

是 24 ~ 33 分，罪犯将被认定为中度危险的罪犯；如果被测罪犯的分数是 14 ~ 33 分，罪犯将被认定为低中度危险的罪犯；如果被测罪犯的分数是 0 ~ 13 分，罪犯将被认定为低度危险的罪犯。

需要说明的是，这一分值标准并非被所有使用者接受，例如，美国宾州的假释与假释监督机构将 LSI-R 危险标准确定为三级，分值是：高度危险罪犯是 29 分以上；中度危险罪犯是 21-28 分；低度危险的罪犯是 20 分以下。

LSI-R 是一种被比较广泛接受的危险评估工具。例如，在美国的一些州，LSI-R 适用于 18 周岁以上的罪犯，使用领域包括：判断适用假释后的结果；是否可以顺利通过中途之家（一种监禁过渡措施）；是否会违反监规；是否会重新犯罪。具体目标包括：判断监督等级、罪犯安全等级与分类；危险程度等。

二、历史因素评估工具

历史因素评估工具这一危险评估工具由多伦多大学教授韦伯斯特等于 1997 年完成。1995 年他开始关注、研究危险性评估，1997 年研究出 HCR-20。一些学者认为，HCR-20 是比较好的评估危险的工具。

这一工具被分为 3 个维度，20 个项目。3 个维度是：1. 历史变量（Historical Variables），其主要源于司法机构移送的有关材料，包括 10 个要素；2. 诊断变量（Clinical Variables），其主要源于与犯罪分子的谈话，包括 5 个要素；3. 危险管理要素（Risk Management Items），其来源包括材料查阅与谈话，包括 5 个要素。

1. 历史变量（Historical Variables）包括：

H1 以前使用暴力情况；

H2 第一次实施暴力时间；

H3 与他人关系的稳定性；

H4 有关就业信息；

H5 使用毒品或者酒精问题；

H6 有无主要的精神疾病，及其严重程度；

H7 精神状况；

H8（在家庭与学校）不适应问题；

H9 人格不正常情况；

H10 以前假释监督的失败情况。

2. 诊断变量（Clinical Variables）包括：

C1 缺乏认识能力与自省力。缺乏自省与缺乏自我控制有关，与潜在的暴力有关；

C2 消极的态度。态度消极与反社会有关；

C3 精神疾病问题。这个问题不仅与自杀有关，而且与以后的暴力有关；

C4 冲动。冲动与暴力有关；

C5 不配合治疗。不配合治疗与再犯有关。

3. 危险管理要素（Risk Management Items）包括：

R1 计划缺乏可行性。这里需要确定的是患者防止旧病复发的计划是否合适、安全与现实；

R2 稳定性。这一项是用以评论被评估者接触被害人、武器与毒品后的危险。行为人到了一定情境下，如与同伙相聚，犯罪危险会显著上升；

R3 缺乏人际支持。这一项要根据同被测者的亲戚、朋友与专业人员交谈后评估；

R4 遵守达成的协议。如果被评估者能够遵守有关协议，实施暴力的危险就小，反之就大；

R5 紧张。紧张状态可能导致行为旧病复发。引起被测者紧张的因素主要有：家庭、朋友与就业。

每个要素的分值被设定为 0、1、2，用以区分被测者的实施暴力危险的高、中与低。分数总值高，意味着危险性高；分数总值低，意味着危险性低。

三、精神疾病量表

精神疾病量表是 Robert D. Hare1985 设计，1991 年公布的，是以人格为对象的诊断性的量表。PCL-R 可以有效地预测重新犯罪，同时可以为干预、矫正创造条件。该量表的项目有下面 20 个：

1. 表面有魅力；2. 自我价值意识自大；3. 需要刺激改变无聊的生活；4. 病态性的撒谎；5. 欺骗；6. 缺乏悔改之心；7. 肤浅的感情体验；8. 冷酷 / 缺乏同情之心；9. 寄生的生活方式；10. 控制能力差；11. 滥交；12. 早年就存在行为问题；13. 缺乏长期目标；14. 冲动；15. 行为不负责；16. 接受自己的行为责任失败；17. 有很多短期的婚姻关系；18. 未成年不轨行为突出；19. 假释被撤销；20. 犯罪种类多。

完成量表的方法包括谈话与表格填写，大概需要 90 到 120 分钟完成。

每一要素的分值被设为 0、1、2。设计有一般的诊断内容：

其一，对别人自私、冷酷、不知后悔；其二：长期的不稳定；其三，反社会的生活方式。

0 =不符合；1 =有些符合；2 =完全符合。分数值在 0—40 之间。分数高，重新犯罪危险性大；分数低，重新犯罪危险性小。

四、重新犯罪统计信息量表

重新犯罪统计信息量表是 Joan Nuffield 最初于 1982 年设计的，作为预测重新犯罪的工具。重新犯罪被定义为释放 3 年后因可诉之罪而被捕。1996 年为提高效用，适应法律的修改，该量表进行了修订。

SIR-R1 量表有 15 个项目：1. 现行犯罪；2. 入狱时的年龄；3. 以前被监禁的情况；4. 撤销假释或者剥夺权利的情况；5. 脱逃行为；6. 安全等级；7. 成人后第一次被定罪时的年龄；8. 以前因攻击行为被定罪情况；9. 入狱时的婚姻状况；10. 上次犯罪后的危险间隔期；11. 从上次入狱看其依赖性因素；12. 加重刑罚情况的数量；13. 以前性犯罪的数量；14. 因违反有关监督规定被定罪的情况；15. 逮捕时的就业情况。

重新犯罪统计信息量表

项目	得分
1. 现行犯罪	
1.1 乱伦的，诱奸跨代沟者的	+4
1.2 除了交通肇事导致伤亡的伤害	+3
1.3 使用毒品	+3
1.4 不带装备的抢劫	+3
1.5 危险性地驾驶、使用交通工具疏忽大意	+2

续表

项目	得分
1.6 窝赃	－1
1.7 盗窃	－1
1.8 进入他人住宅、非法拥有武器	－2
1.9 脱逃	－4
2. 入狱时的年龄	
2.1 40 岁及其以上	＋2
2.2 20 岁以下	－2
3. 以前被监禁的情况	
3.1 从未进入过监禁机构	＋4
3.2 在监禁机构服刑 3—4 次	－1
3.3 在监禁机构服刑 5 次以上	－2
4. 撤销假释或者剥夺权利情况	
4.1 被撤销过假释	－2
5. 脱逃行为	
5.1 脱逃或者试图脱逃不超过 1 次	－3
6. 安全等级	
6.1 在假释听审中罪犯在高度安全监狱中	－1
7. 成人后第一次被定罪时的年龄	
7.1 第一次定罪在 50 岁以上	＋7
7.2 第一次定罪在 41—49 岁	＋6
7.3 第一次定罪在 31—40 岁	＋3
7.4 第一次定罪在 23—30 岁	＋2
7.5 第一次定罪在 18 岁以下	－2
8. 以前因攻击行为被定罪情况	
8.1 以前被定罪 1 次的	－2
8.2 以前被定罪 2 次及以上的	－3

续表

项目	得分
9. 入狱时的婚姻状况	
9.1 已婚或者有普通法上的配偶	＋1
10. 上次犯罪后的危险间隔期	
10.1 如果罪犯这次被定罪与上次被定罪或者释放间距是24个月或者以上	＋2
10.2 如果罪犯这次被定罪与上次被定罪或者释放间距不超过6个月	－1
11. 从上次入狱看其依赖性因素	
11.1 有3种以上的依赖因素	＋2
12. 加重刑罚情况的数量	
12.1 刑罚加重5年以上不到6年的	＋3
12.1 刑罚加重6年以上的	＋2
13. 以前性犯罪的数量	
13.1 以前因强奸、预谋强奸、攻击等被定罪过2次	－1
14. 因违反有关监督规定被定罪的情况	
14.1 以前没有被定过罪的	＋2
14.2 以前因违反规定被定罪1—2次	－2
14.3 以前因违反规定被定罪3—4次	－3
14.4 以前因违反规定被定罪5次及以上	－6
15. 逮捕时的就业情况	
15.1 逮捕时处于就业状况	＋1

根据分值，罪犯危险被分为五种情况：高度危险，-27至-6；中高度危险，-5至-1；中度危险，0至4；中低度危险，5至8；低度危险，9至30。

据2015年再犯统计信息量表修订版解释，基于再犯统计信息量表的改造成功率为：+ 6分至+ 27分，每5名囚犯中有4人获释后不会再犯可起诉罪行；+ 1 分至 + 5 分，每 3 名囚犯中有 2 人获释后不会再犯可起诉罪行；-4 分至 0 分，每 2 名囚犯中有 1 人获释后不会再犯可起诉罪行；-8 至 -5 分，每 5 名囚犯中有 2 人获释后不会再犯可起诉罪行；-30 至 -9 分，每 3 名囚犯中有 1 人获释后不会再犯可起诉罪行；

五、静态 -99 量表

这个量表是使用静态因子评估性犯罪者重新犯罪可能的评估工具，但是这个量表也可以适用于暴力犯罪者。

这个量表由加拿大总检察院的卡尔·汉森博士与英格兰监狱局的戴维·桑顿博士设计推出。这个量表是融合两个危险评估工具发展而来的：性罪犯重新犯罪快速评估量表 RRASOR 与临床诊断量表 SACJ-Min。

评估分为 10 方面：1. 以前的性犯罪情况；2. 以前的服刑期限；3. 现在的非性犯罪的定罪情况；4. 以前的非性犯罪的定罪情况；5. 是否实施过性暴力；6. 与被害人是否有亲属关系；7. 陌生的被害人情况；8. 男性被害人情况；9. 年龄情况；10. 单身情况。

分值设置如下：

危险因子分值表

序号	危险预测因子	规则	分值
1	年龄	25 岁以上	0
		18 到 20 岁	1
2	曾经相爱过 曾经与爱人生活过 2 年以上	是	0
		否	1

续表

序号	危险预测因子	规则	分值
3	现在是否因性暴力而被定罪	否	0
		是	1
4	以前是否因为性暴力而被定罪	否	0
		是	1
5	以前的性犯罪	否	0
		是	1
		被起诉 被定罪	2
		无　无	3
6	上次被定罪的期限	尚未超过 3 年	0
		4 年以上	1
7	因为非性犯罪而被定罪情况	无	0
		是	1
8	非亲属被害人	无	0
		是	1
9	陌生的被害人	无	0
		是	1
10	男性被害人	无	0
		是	1

分值评估：0 ~ 1 分，危险程度低；2 ~ 3 分，危险程度中低；4 ~ 5 分，危险程度中高；6 分以上危险程度高。

根据研发者的报告，对 1086 名罪犯的调查显示：高度危险罪犯重新犯罪率可以高达 59%，而低度危险罪犯的重新犯罪率是 5%。

六、犯罪人危险性评估系统

犯罪人危险性评估系统是英格兰与威尔士所使用的犯罪人危险性评估工具。该工具 1999 年 4 月由英国监狱部门与社区矫正部门联合推出，既在监狱系统适用，也在社区矫正系统适用。具体见下表。

部分 A：现行犯罪

A1　这次犯罪被独立定罪的个数

犯罪的个数	1	2 ~ 3	4 +
分数	0	1	2

A2　犯罪涉及下列因素

	打钩（一钩一分）
使用武器	
暴力威胁	
玩手段（Cunning/Manipulation）	
行为表现一定迷恋性	
行为表现出一定装腔作势	
背信	
对财产造成一定损害	
长时策划	
有性的因素	

A3　现在的犯罪是否是行为模式的一部分？

否	0
是	2

A4 现在的犯罪是否在以前犯罪的基础上有所发展?

否	0
是	2

A5 被害人情况

被害人总数	分数
0 ~ 1	0
2	1
2 个以上	2

对同一个被害人侵害

否	0
是	2

被害人是否老弱病残

否	0
是	2

被害人是否是陌生人

否	0
是	2

部分 B：犯罪史（以前定罪情况）

B1 18 岁以前被定罪的情况

被定罪情况	0	1 ~ 2	3 +
分数	0	1	2

B2 成人后被定罪次数

被定罪情况	0	1 ~ 2	3 +
分数	0	1	2

B3 第一次被定罪时的年龄

年龄	18 +	14 ~ 17	14 岁以下
分数	0	1	2

B4 第一次与警察打交道的年龄，包括警告

年龄	18 +	14 ~ 17	14 岁以下
分数	0	1	2

B5 21 岁以下被监禁的次数

监禁刑	0	1 ~ 2	3 +
分数	0	1	2

B6 21 岁以上被监禁的次数

监禁刑	0	1 ~ 2	3 +
分数	0	1	2

B7 违反保释、保护观察

否	0
是	2

B8 是否具有脱逃史

否	0
是	2

B9 在监管设施内具有实施暴力的情况

否	0
是	2

B10 犯罪种类

故意杀人、伤害、故意杀人预备、伤害	
其他暴力，包括攻击、持有武器	
性犯罪	
绑架	
夜盗	
盗窃	
诈骗、伪造	
其他不诚实的行为	
投毒	
进口、提供与拥有毒品	
交通犯罪	

注：犯 3 种罪 0 分；犯 3 ~ 4 种罪 1 分；犯 4 种以上罪 2 分。

部分 C：态度

没有问题 = 0；有些问题 = 1； 严重问题 = 2	分数
C1. 接受或者说拒绝自己的犯罪责任	
C2. 犯罪的动机	
C3. 对被害人的态度	
C4. 对量刑与法律程序的态度	
C5. 对管理人员的态度	

续表

没有问题 = 0；有些问题 = 1； 严重问题 = 2	分数
C6. 对假释等促进罪犯重返社会措施的态度	
C7. 对自己犯罪的态度（将来）	
C8. 对犯罪的一般态度（提供机会是否任何人都会犯罪）	
C9. 对社会的态度	
C10. 对自己的态度（是否有信心）	

部分 D：住宿

没有问题 = 0；有些问题 = 1 ；严重问题 = 2	分数
D1. 罪犯住的哪类房屋	
D2. 释放后是否有确定的住所	
D3. 住宿的适宜性	
D4. 是否经常迁移	
D5. 释放后所使用的住宿是否与犯罪活动或者被害人比较接近	

部分 E：家庭或者婚姻关系

没有问题 = 0；有些问题 = 1 ；严重问题 = 2	分数
E1. 与家庭、孩子的关系，如是否能够经常关心孩子	
E2. 在未成年时期是否受到过虐待	
E3. 现在与最亲近亲属的关系	
E4. 过去与最亲近的亲属关系状况，如数量、满意程度等	
E5. 现在与配偶的感情情况	
E6. 家庭暴力情况	

续表

没有问题 = 0 ；有些问题 = 1 ；严重问题 = 2	分数
E7. 为人父母角色下与孩子的关系	
E8. 亲近的家庭成员是否有犯罪记录（没有＝0；有＝2）	

部分 F：所接受教育与训练情况

没有问题 = 0 ；有些问题 = 1 ；严重问题 = 2	分数
F1. 上学情况，是否逃过学、被学校逐出	
F2. 未获得文凭	
F3. 在阅读、写作与数学上存在问题	
F4. 在学习上有困难	
F5. 对学习与培训的态度	

部分 G：就业情况

G1. 现在的就业情况（如果罪犯符合 1 种以上情况，以最高分计）	分数
在狱内全时就业	0
临时就业	0
偶尔参加劳动	1
参加政府的训练项目	0
参加全日教育	0
曾经失业（6 个月以下）	1
曾经失业（6 个月以上）	2
退休	0

续表

G1. 现在的就业情况（如果罪犯符合 1 种以上情况，以最高分计）	分数
因为能力原因未能找到工作	0
其他没有找到工作的原因	0
照顾家庭成员	0

G2. 就业史，如工作种类、数量、离职的原因

G3. 与工作相关的技能，如木工

有技能	0
无技能	2

G4. 最近有多少月没有工作

月数	0 ～ 17	18 ～ 21	22 +
分数	2	1	0

G5. 工作中与人的关系

G6. 对就业的态度

部分 H：理财能力与收入

没有问题 = 0； 有些问题 = 1；严重问题 = 2	分数
H1. 已经申请福利（入狱前）没有＝0； 有＝2	
H2. 非法收入是钱物主要来源	
H3. 生活主要依靠别人的经济帮助	
H4. 理财情况，如收支关系处理	
H5. 存在滥用钱财问题，如赌博、滥用信用等	

续表

没有问题＝0；有些问题＝1；严重问题＝2	分数
H6. 对经济上需要帮助的人予以帮助，如自己的孩子、其他家庭成员	

部分 I：生活方式与外在联系

没有问题＝0；有些问题＝1；严重问题＝2	分数
I1. 有些孤僻，很少有亲密朋友	
I2. 融入社会情况，是否加入诸如体育俱乐部类的社团组织	
I3. 与其他罪犯的关系	
I4. 是否与其他罪犯共度时光	
I5. 是否容易受到犯罪性交往的影响	
I6. 休闲活动是否与犯罪机会创造相关	
I7. 是否滥用友情、是否欺负他人、是否利用他人	
I8. 生活方式中的其他问题	
I9. 行为大意，存在对刺激的需要	

部分 J：酗酒

没有问题＝0；有些问题＝1；严重问题＝2	分数
J1. 现在喝酒频率	
J2. 最近 6 个月喝醉酒的情况	
J3. 通常酗酒频率	
J4. 与处方药品一起使用酒精（否＝0；是＝2）	
J5. 因酗酒身体状况很差（否＝0；是＝2）	

续表

没有问题 = 0；有些问题 = 1；严重问题 = 2					分数
J6. 家庭成员也存在酗酒问题（否＝0；是＝2）					
J7. 由于酗酒从事任何工作都有问题（否＝0；是＝2）					
J8. 其他与酗酒相关的问题，如驾驶、理财（否＝0；是＝2）					
J9. 酗酒后有使用暴力的记录（否＝0；是＝2）					
J10. 有证据证明监禁后还使用过酒品（否＝0；是＝2）					
J11. 在矫治中酒瘾复发	复发次数	0 ~ 1	2	3 +	
	分数	0	1	2	
J12. 使用酒类的态度					

部分 K：使用毒品

K1. 使用毒品情况（偶然使用 1 分；经常使用 2 分）				
毒品种类	没有使用	以前使用过	现在偶尔使用	现在经常使用
可卡因				
兴奋性的药品				
幻觉性的药品				
鸦片				
苯丙胺类毒品				
巴比妥类				
大麻类毒品				
苯二氮类				
类固醇				

续表

<table>
<tr><th>毒品种类</th><th>没有使用</th><th>以前使用过</th><th colspan="2">现在偶尔使用</th><th>现在经常使用</th></tr>
<tr><td>溶剂类</td><td></td><td></td><td colspan="2"></td><td></td></tr>
<tr><td>其他</td><td></td><td></td><td colspan="2"></td><td></td></tr>
<tr><td colspan="5">K2. 使用的主要毒品（否＝0；是＝2）</td><td>分数</td></tr>
<tr><td colspan="5">K3. 曾经注射过毒品（否＝0；是＝2）</td><td></td></tr>
<tr><td colspan="5">K4. 滥用处方药品（否＝0；是＝2）</td><td></td></tr>
<tr><td colspan="5">K5. 经常性地与酒精一起使用药品（否＝0；是＝2）</td><td></td></tr>
<tr><td colspan="5">K6. 因使用毒品存在健康问题（否＝0；是＝2）</td><td></td></tr>
<tr><td colspan="5">K7. 家庭成员与使用毒品有关（否＝0；是＝2）</td><td></td></tr>
<tr><td colspan="5">K8. 因为使用毒品从事任何职业都有问题（否＝0；是＝2）</td><td></td></tr>
<tr><td colspan="5">K9. 其他因使用毒品的问题，如个人经济问题、驾驶问题等（否＝0；是＝2）</td><td></td></tr>
<tr><td colspan="5">K10. 与使用毒品相关的暴力史（否＝0；是＝2）</td><td></td></tr>
<tr><td colspan="5">K11. 在监禁中使用过毒品（否＝0；是＝2）</td><td></td></tr>
<tr><td rowspan="2">K12. 在矫治中复发</td><td>复发次数</td><td>0 ~ 1</td><td>2</td><td>3 +</td><td></td></tr>
<tr><td>分数</td><td>0</td><td>1</td><td>2</td><td></td></tr>
<tr><td colspan="5">K13. 是否以毒品买卖为职业（否＝0；是＝2）</td><td></td></tr>
<tr><td colspan="5">K14. 对使用毒品的态度</td><td></td></tr>
</table>

部分 L：情感或者心理问题

没有问题 = 0；有些问题 = 1；严重问题 = 2	分数
L1. 有问题，如情绪不稳定、处于紧张中，容易焦虑	
L2. 存在抑郁问题	

续表

没有问题 = 0；有些问题 = 1；严重问题 = 2	分数
L3. 儿童时存在问题，如破坏公物、残害动物、注意力不集中、不良性倾向等	
L4. 具有头脑被伤害的历史（否＝0；是＝2）	
L5. 现在接受精神治疗（否＝0；是＝2）	
L6. 曾经接受过精神治疗（否＝0；是＝2）	
L7. 因为精神健康问题有过“静默”治疗（否＝0；是＝2）	
L8. 在特别的医院或者地方安全机构（否＝0；是＝2）	
L9. 具有自伤、自杀的想法（否＝0；是＝2）	
L10. 现在的心理或者精神问题	

部分 M：相互之间的行为

没有问题 = 0；有些问题 = 1；严重问题 = 2	分数
M1. 交往技能水平	
M2. 交往中的敌对态度，是否对他人总有疑心、是否有敌对态度	
M3. 攻击性行为，有通过威胁或者暴力解决问题的倾向	
M4. 愤怒管理情况，如是否容易生气、不能管理自己的情绪、解决问题的能力差	
M5. 存在歧视他人问题，如种族歧视、性歧视等	

部分 N: 思维形式

没有问题 = 0；有些问题 = 1；严重问题 = 2	分数
N1. 意识到问题的能力	
N2. 解决问题的能力	
N3. 对结果的判断与了解能力	

续表

没有问题 = 0；有些问题 = 1；严重问题 = 2	分数
N4. 确定目标的能力，是否确定不具有可行性的目标	
N5. 解读环境，包括社会环境、人际环境，能否理解他人体会他人的情感	
N6. 是否容易冲动，是否倾向于无计划前行动，倾向于刺激	
N7. 抽象思维能力，如以刻板的思维思考、看待问题	

根据英国学者霍华德（P.Howard）的报告，危险性评估分值与重新犯罪率的关系见下表：

犯罪人危险性评估系统评估分值与重新犯罪率关系

OASys	重新犯罪可能
0 ～ 40	低度危险
41 ～ 99	中度危险
100 ～ 168	高度危险

英格兰与威尔士在以前曾经使用过“评估、个案管理与评估系统”，即 ACE(Assessment,Case Management and Evaluation) 与水平评估量表（LSI-R）。21 世纪前后开发并使用犯罪人危险性评估系统（OASys）。OASys 被认为是世界同类危险性评估系统中最先进的系统。

2011 年英国在犯罪人危险性评估系统的基础上推出犯罪人危险性评估系统——修订版（OASys-R）。与犯罪人危险性评估系统相比，犯罪人危险性评估系统——修订版可以更好地在网络平台上使用。由于犯罪人危险性评估系统——修订版的网络功能突出，所以，犯罪人危险性评估系统——修订版可以更全面地获取与分享犯罪人有关危险性评估的资料，进行数据更新，支持危险管理，降低评估费用。2011 年后，犯罪人危险性评估系统又有了新发展，出现了“犯罪人危险系统总预测工具版本 1”（the OASys General reoffending Predictor v.1,OGP1）与“犯罪人危险系统暴力预测工具版本 1”(the OASys Violence Predictor v.1,OVP1)。

总之，关于危险性评估工具共性，加拿大学者邦塔（James Bonta）曾做如下归纳：第一，将危险性评估工具建立在社会统计方法之上；第二，所使用的预测因子具有预测性，即具有预测的效度；第三，预测因子与罪犯的犯罪行为具有相关性。邦塔（James Bonta）的概括有助人们认识危险性评估方法及工具。

再比如，格卢克再犯预测法是指美国哈佛大学教授格卢克夫妇报告了他们的再犯预测法及其成果。格卢克夫妇 4 大批专门人员，对在 1919 年至 1920 年间麻省矫治所假释的 510 名男性罪犯的犯罪性做实地调查，收集其入狱前、入狱中、假释中及假释后 4 个阶段中的各种资料，选择出 50 个犯罪因子。然后运用统计技术，从中筛选出与犯罪关系最为密切的 8 个因子用以进行再犯预测。筛选的具体方法：首先对 50 个因子中的每一因子设定 2 至 4 个细目，并把全体预测对象，根据其假释后的生活状况分为成功、部分失败、失败 3 组。然后根据因子细目，每一因子单独制表，分别计算所属各细目的成功率、部分失败率和失败率，从而计算出各因子与假释成败之间的关系系数。根据关联系数的大小，从中筛选出以下 8 个重要因子：劳动习惯；犯罪严重程度与次数；此次犯罪以前的违法犯罪行为；是否累犯；判决前的经济责任；

入狱时精神是否异常；违反监狱规则的频繁程度；假释期间有无犯罪行为。以上 8 个因子中，前 6 个是收容前的因子，后 2 个为收容后的因子，因而可以只取前 6 个因子进行审判时的预测。上述 8 个因子选择出来之后，以各因子细目的假释失败率为应得点数或称为失败点数，将 6 个或 8 个因子各表中最低失败点数和最高失败点数分别相加，然后在最高总点数和最低总点数之间划分若干等级，就各级计算犯罪在假释成败的百分比，制成表格，即为格卢克夫妇的再犯预测表，根据此表可以预测出得一定点数的假释者再犯的可能性程度。

还有，格卢克夫妇创立的少年非行早期预测法，他们根据少年在 6 岁以前的生活经历，具体预测其在 11 至 17 岁是否可能陷于非行的初犯预测法。最早见于他们于 1950 年发表的《少年非行的阐释》一书。具体做法是：从麻省州感化院中选出 11 至 17 岁的犯罪少年 500 名作为实验组，再从波士顿公立学校选出在年龄、智能、生育环境、种族以及宗教信仰等方面与前者相符的无罪少年 500 名作为对照组，从其各自的生活经历中选出 403 项可能导致犯罪的因素，由专家进行了为期数年的调查。根据调查资料，运用统计技术检验各因素在识别犯罪少年与非犯罪少年上是否具有重要价值，并根据下列标准对预测因素进行二次筛选：误差率小于 1%为首要条件；如小学前即存在；内容不重复具有独立意义；易于收集资料；不易因年龄增长而发生变化。最后选出三组因素：有关社会背景的因素；父亲对少年的管教、母亲对少年的监督、父亲对少年的感情、母亲对少年的感情、家庭内的和睦；依据罗夏测验所获得的有关性格特征的因素：社会态度、反抗性、疑惑性、破坏性、情绪易变性；依据精神医学诊断获得的人格特征：冒险性、行为外倾性、被暗示性、顽固性、情绪不稳定性。每一因素下设2至3个细目，就各细目分别计算犯罪少年与非犯罪少年各自所占的百分比，并以犯罪少年所占的百分比数为该细目应得的加权失败点数。计算出15个预测因素的失败点数后，再算出每个少年应得的总点数，根据得分多少，分成若干等级，按因素组别制成三级预测表，即格卢克少年非行早期预测表。这一预测方法着眼于防患于未然，但也有不少学者对其以5—6岁儿童为预测对象提出种种批评。

【本章小结】

1. 罪犯危险性评估的预测因子来源于人类对犯罪原因的探索的成果，只是用科学的网在这片研究成果的汪洋大海里筛选打捞出来的对犯罪影响大决定性强的因素。2. 筛选择拣危险性因子是靠科学理论指引的，特别是受因果理论束缚，也就是有章法可循的。前人在这一过程的付出是艰辛的，绝不是我们今天站在巨人的肩膀上运用成果那样轻松。“千淘万漉虽辛苦，吹尽狂沙始见金”，来之不易，我们要善待它们。3. 近年来，犯罪学理论的蓬勃发展，各种理论层出不穷，研究的广度越来越大，深度也在不断透彻。一方面说明人类对解决犯罪问题的无能为力，另一方面表明人类犯罪的原因探讨的空间很大。未来罪犯危险性因肯定还会增减，随着研究的深入，有可能会有全新的危险因素。4. 人类对客观世界的认识在哲学意义上都是相同的，但因思维方式的不同，提供的对策可能存在差异，中国本土的危险性评估是有存在原因的，应对此抱有温暖的态度。5. 量表是罪犯危险性因子数学化的反映。6. 应对引进欧美成熟量表持以开放谦卑的心态。7. 值得高度警惕的是，在筛选危险性因子的过程中，如果犯罪学理论确定某些风险因素与犯罪不相关，则可能误导学者和从业者的干预努力；从另一方面讲，即使危险性因子筛选非常精确，它也限制了人们的视野，限制了人们对犯罪行为因何产生的根源进行探究的广度。就好比黑夜中的闪光灯，学者和从业者只有聚集于那些重要的风险因素，并只让人们看到这些因素，而将大量其他因素遗留在黑暗中，使之不能出现在人们的视野中。

时效与可能：罪犯危险性评估的方法、周期与结果运用

在自然科学中，创立方法，研究某种重要的实验条件，往往要比发现个别事实更有价值。

——俄国生理学家、心理学家伊万·彼德洛罗维奇·巴甫洛夫

【本章提要】

本章认为罪犯危险性评估具有两个特点，一是可能性、概率性评估，结果不具有绝对性。因为所有犯罪学理论都没有对犯罪原因做出结论性的解释。二是评估结论具有时效性，不是长期有效和终身有效的。因为发展理论告诉我们，人的一生不同阶段的犯罪原因是不一样的。本章阐述了罪犯危险性评估以思辨方法和实证方法为主要方法，进而解释了实证方法中的八种方法与评估的阶段和每个阶段的周期。最后说明了评估的技术结论与评估结果的运用范围和方法。

方法是活动的程序与格式，是主体认识客体的中介和桥梁。从某种意义上讲，方法实质上就是一种过程。确保方法，就是控制过程，以保证结果可靠。

科学的研究方法是一门学问赖以建立的工具。研究方法是研究者具体的行动规范与程序，它告诉研究者“应当怎么做”。研究方法的科学与否以及这种方法是否被科学地运用，对于罪犯危险性评估的研究水平具有极其重要的影响。

无论狱内风险评估与出监再犯罪可能性评估的方法，还是罪犯犯罪性需要评估的方法，两者都是相同的。它们的关系，同出一门，目的一致，侧重点略有不同。只是价值指向方向不一致。一个针对狱内，一个针对社会，都是指向罪犯个体。

第一节　罪犯危险性评估的方法

罪犯危险性评估的基本方法主要包括两项，即思辨方法和实证方法。

一、思辨方法，即抽象推理方法

思辨方法的基本思路是首先叙述那些最简单也最普遍的抽象规定，作为研究的理论出发点，然后使这些最一般的定义和原理在叙述过程中不断深化和丰富，同时又以越来越具体的内容加以充实，直至研究对象得到完整的阐述为止。思辨方法主要有演绎、溯因、分析、比较，其中最重要的是演绎方法。演绎方法的基本特征是从概念到概念、从判断到判断地进行论证，即从既成的一般性理论中推导出个别性结论。演绎方法可分为公理法和假说演绎法两种。公理法是把既定的公理作为逻辑起点，然后按照严格的推理从公理中推导出一系列个别的结论，从而建构起一个完整的理论体系。假说演绎法的基础是假说而不是公理。假说与公理的根本区别在于假说尚未被证实，它只是一种可能的答案。假说形成后，研究者以它为逻辑起点，进行推理判断，从而形成自己的理论体系。要从演绎推理中得到正确的判断，必须有正确的前提做保证。

理性思辨是罪犯危险性评估不可或缺的研究方法。由于犯罪是一种复杂的社会现象，导致了危险性评估的复杂性。危险性评估不仅要回答犯罪的原因“是什么”和具体犯罪人的危险性因素“应当是什么”，还要回答犯罪人犯罪性需要“应当是什么”，矫正依据的理论根据“是什么”等问题，以及罪犯个体的个性差异等复杂性和多样性等。而要回答这些问题，就必须借助于理性思辨的方法。另外，罪犯危险性评估既是一门脱胎于犯罪学的应用学问，又是一门独立的理论学问，因而不能满足于简单的事实描述和就事论事的肤浅说明。它必须有自己严密的逻辑体系和深刻的理论阐释。因此，研究者自觉地运用思辨方法，对于提高危险性评估的研究水平是十分重要的。

二、实证方法，即实际证明的方法

实证方法是超越和排除价值判断，通过实地调查和观察所得的经验资料的考察，以分析和预测一定社会行为客观效果的研究方法。

最早将实证方法引入犯罪学研究的是 19 世纪末意大利的实证犯罪学派。实证犯罪学派的一些实体理论（如天生犯罪人论）早已失去了实际影响，而对后世影响较大的是其研究方法。实际上，实证研究方法已经成为当代犯罪学研究的主要方法。正如美国犯罪学家昆尼和威尔德曼所说：“在某种意义上可以讲，所有的现代犯罪学在方法和基本阐述上都是实证主义的，而且 19 世纪的犯罪社会学也像龙勃罗梭的犯罪生物学一样是实证主义的。也就是说，大部分犯罪学者在某种意义上都是实证主义者。”

在理论上讲，运用实证方法研究，一般应包括以下几个先后相继的步骤和阶段。一是确定研究课题，明确研究类型。二是建立研究假设。三是进行研究设计。四是收集研究资料。五是整理与分析资料。六是研究成果的形成与检验。

三、思辨方法与实证方法的区别与联系

为更好地理解和运用思辨方法与实证方法，在此需要对思辨方法与实证方法的区别与联系做进一步阐释。一是实证方法为社会科学理论的发展开辟了广阔的天地。在思辨方式束缚下，社会科学研究往往受既定框架的影响，跳不出固有的思维模式，缺乏发展的生命力。而现实生活中的大量材料经过实证研究方法，升华为理论，就可以不断扩展理论的发展潜力。二是实证研究方法要求研究者排除主观意志的干扰，可以保证社会科学理论研究成果的客观性。思辨方法容易导致研究过程中的主观随意性，而实证方法则强调事实证明，从而保证了研究成果的可靠与客观。三是实证研究方法要求研究者以批判的精神对待现有的理论，从而促进科学理论的新陈代谢。过去被证明是正确的理论是否会随着时代的发展保持其真理性，检验的办法就是进行现实的证明。实证方法具有的这种批判精神可以促进社会科学的新旧交替，淘汰旧理论，发展新理论。四是实证研究方法促进了社会科学的定量化发展，从而提高理论研究成果的准确性。时代的发展要求社会科学实现定性研究与定量研究的统一，而思辨研究方法则无法对事物进行量化分析，它至多只能以概括的语言对事物进行大致的

描述。而实证方法则强调研究现实事物的数量特征和事物之间的数量关系，从而为定量分析和定性分析的结合提供可能。

四、罪犯危险性评估的实证方法种类

罪犯危险性评估的实证方法有档案分析、结构性面谈、量表测试、行为观察、社会调查、统计分析、定量分析与定性分析法、综合诊断等。实质上，这些方法过去我们都是有明确规定的，或者说，在实践中，自觉不自觉地都在运用（此处还应包括已在第三讲中论述过量表维度的选择方法）。

不同的方法就是不同的角度看问题，多种方法就是多种角度看问题。每一种方法后面都有一种理论支撑，多种方法就是运用多重理论进行分析研判评估。同时多种方法又是层层递进和互相论证的，确保评估结果的可靠性、准确性。还要特别注意的是，所有方法都是围绕指向发现和挖掘危险性因子进行的。

1. 档案分析法。档案分析法主要是充分利用现有的档案资料，通过搜集整理、验证取舍、聚合分类、推论假设等步骤，取得相关性资料，为进一步全面、系统、准确地评估罪犯危险性奠定坚实的基础。运用档案分析法分两个层面，即罪犯个体危险性和罪犯群体危险性。

就罪犯个体而言，通过档案分析能大致了解掌握罪犯的人口统计学资料：年龄、文化程度、身体健康状况、婚姻状况和状态等。了解掌握罪犯的刑罚相关信息：犯罪事实、犯罪类型、犯罪情节、认罪态度，逮捕、预审、审判期间的改造表现，是否累犯惯犯等。了解掌握罪犯心理的大致状况：认知水平、情绪状态、行为特征、人格类型、犯罪心理归因等。就罪犯群体而言，通过档案资料可就某一类型的危险性行为进行必要的整理归纳，如年龄特征、心理特征、地域特征、时间特征、人机互动特征等。

档案分析法是一个完整的闭环系统，从搜集与整理资料开始，经验证与取舍、聚合与分类至推论与补充结束。第一步为搜集与整理。最大限度地搜集相关资料，在此基础上，进行初步归类。第二步为验证与取舍。对搜集到的档案资料进行可靠性、可信性分析，在此基础上，对所得资料进行取舍，剔除无关性资料。第三步为聚合与分类。对取舍后的资料进行整合与分类，形成较为系统、完整的信息链。第四步为推论与补充。根据取得的档案资料，通过相关技术初步形成推论，在更深入的评估环节中进行验证，并提出需要在其他评估环节中补充的资料、数据等证据。

2. 结构性面谈法。结构性，就是面谈时设计题目。非结构性，就是凭经验，不同人员问不同问题。结构性面谈法具有较强的专业性，主要是通过设定的系统性问题与罪犯进行面对面的相互交流，侧重于搜集信息、验证设想、发现问题。相对于档案分析法，其具有明显的主动性和进攻性。结构性面谈的问题设定与面谈技巧是本评估方法的关键所在。问题设定侧重于围绕罪犯危险性这一核心评估标的，问题设定不宜过于细致僵化，应保持弹性，便于在面谈时根据实际情况进行适当调整。面谈的方法技术一般有封闭式面谈、开放式面谈、半封闭式面谈法。一般情况下搜集信息用开放式面谈，确认信息、验证假设判断多用封闭式面谈。结构性面谈不是一次性的，需要多次循环提升，才能达到预期效果。

结构性面谈法分为四个步骤，第一步是确定对象。其要求有三：一是掌握确定面谈对象的基本资料、心理特征。二是明晰本次面谈所要达到的目的。三是清楚他人对面谈对象的基本印象。第二步是搭建结构。其要求有三：一是合理设置问题框架和结构。二是针对设计的问题确定采取开放式还是封闭式面谈方法。三是预设可能遇到的阻抗、掩饰、过度反应等问题，并根据可能出现的问题准备预案。第三步是面谈交流。其要求有四：一是始终掌控面谈方向、节奏。二是尽量围绕设定的问题展开。三是敏锐捕捉设定问题遗漏的重要信息。四是注意面谈对象非语言信息透露出的内隐性问题。第四步是反馈深入。其要求有四：一是对面谈所获信息进行可信性、可靠性、可取性验证。二是总结、提炼面谈中出现的新情况、新问题、新动向。三是根据档案分析和面谈信息形成大致的判断和推论。四是依据面谈的实际情况，设定下一次面谈的目的、问题框架，促进面谈进一步深入。

在此需要补充的是，传统意义上的个别谈话（个别教育），就是“一把钥匙开一把锁”，有的叫了解性谈话和教育性谈话，也有批评性谈话，出监叫鼓励性谈话。心理学上叫摄入性谈话。目前有些监狱已将个别谈话与结构性面谈合二为一，不再要求监狱警察对罪犯进行个别谈话。

下面以上海的评估量表为基础研制的面谈清单为例做以说明。

狱内危险性评估面谈清单（样稿）

<table>
<tr><td>面谈时间</td><td></td><td>面谈地点</td><td></td><td>面谈人</td><td></td><td>被谈者</td></tr>
<tr><td>量表维度</td><td colspan="5">问题清单</td><td colspan="2">回答记载</td></tr>
<tr><td>（一）
三类危险史（量表1—16题）</td><td colspan="5">1. 入狱前你的生活中遇到过哪些大的困难或挫败？你是怎么面对和化解的？有没有过轻生的念头和想法？
2. 有没有你最亲密的人不在或遇到不测突然去世的情况？对你的影响大吗？
3. 你身体有过大的外伤吗？是怎样留下的？在身体的哪个部位？
4. 你会经常与他人发生激烈冲突吗？一般是怎么解决的？假如同犯把你气急了你会怎么办？
5. 你以前做什么工作？哪个学校毕业的？当过兵没有？会开车吗？拿的是哪一类驾照？（注意民族特征，例如彝族善于攀爬）</td><td colspan="2"></td></tr>
<tr><td>（二）
身心异常或疾病（量表17—19题）</td><td colspan="5">6. 你得过什么大的疾病吗？现在还影响你的生活吗？（以医院诊断证明为准）</td><td colspan="2"></td></tr>
<tr><td>（三）
成瘾行为（量表20题）</td><td colspan="5">7. ①关于毒品、药物成瘾：你一般吸食、注射哪类毒品？身体上是否常年有慢性疼痛？都是用什么药物缓解的？
②关于酒精、赌博、上网成瘾：你经常喝酒吗？打牌吗？上网吗？如果不打牌、喝酒、上网会感到难受吗？</td><td colspan="2"></td></tr>
</table>

续表

量表维度	问题清单	回答记载
（四） 家庭环境（量表21—27题）	8.①你家里都有什么人？小时候和谁一起生活？ ②你感觉你的童年快乐吗？ ③家里会见谁来得多？亲情电话一般都给谁打？ ④结婚了吗？媳妇经常来看你吗？（女朋友也算，信件往来也算） 9.①你爱你的家吗？现在还很依恋吗？家对你的成长影响大吗？ ②家里最近有没有发生什么大的事情？ ③家里人对你坐牢怎么看？觉得对你的判决还公平吗？	
（五） 生活经历（量表28—32题）	10.你小时候是个调皮的孩子吗？有没有经常打架斗殴？有什么事让你记忆深刻？你喜欢交哪一类的朋友？和朋友相处的好吗？ 11.小时候上学，遵守学校纪律吗？你对监规纪律和法律怎么看？你跟家人关系如何？ 你对现在的社会还满意吗？	
（六） 认罪态度及狱内表现（量表33—43题）	12.现在会经常想起被害人吗？心里啥感觉？你对这次判刑心里服吗？对你的服刑生活有什么规划？ 13.你跟其他同犯关系处得好吗？是否经常感受到被欺负？	
（七） 保护性因子（量表44—47题）	14.你怎么看待死亡？怎么看待暴力？对家人和伴侣有想念吗？对未来生活最期待什么？	

再犯风险评估面谈清单（样稿）

<table>
<tr><td>面谈
时间</td><td></td><td>面谈
地点</td><td></td><td>面谈人</td><td></td><td>被谈者</td><td></td></tr>
<tr><td>量表维度</td><td colspan="4">问题清单</td><td colspan="3">回答记载</td></tr>
<tr><td>（一）
犯罪经历（量表1—11题）</td><td colspan="4">1. 你马上就可以回家了，最近心情怎样？为回家都做了什么准备？
2. 监狱这么多年，得过什么奖励？受过什么处罚？
3. 为了以后的生活，反思过去的经历吗？</td><td colspan="3"></td></tr>
<tr><td>（二）
早期社会化问题（量表12—15题）</td><td colspan="4">4. 十八岁前有过性行为吗？十八岁前跟谁一起生活？父母有离婚吗？</td><td colspan="3"></td></tr>
<tr><td>（三）
家庭婚姻（量表16—20题）</td><td colspan="4">5. ①你对你的婚姻、恋爱关系或单身状况的评价是（满意、基本满意、不满意）？为什么？
②你与父母关系状况是（满意、基本满意、不满意）？为什么？
③你与子女关系状况是（满意、基本满意、不满意）？为什么？
④亲人中还有其他人坐牢吗？给家里造成很大影响的吗？家人生活现状如何？
⑤家人多久会见一次？经常打亲情电话吗（一年起）？与其他亲属关系怎么样？是否经常联系？</td><td colspan="3"></td></tr>
</table>

续表

量表维度	问题清单	回答记载
（四）教育就业（量表21—31题）	6. 你从事过哪些职业？每份工作能持续多久？你经常换工作的原因是什么？你与同事的相处好吗？你自身有什么特殊技能吗？ 7. 你上学时是个好学生吗？是否有过学业不良、留级、辍学或长期逃课的情况？在校受到过处分、停学或除名等情况吗？ 8. 你喜欢上学吗？同学、老师对你好吗？你喜欢同学和老师吗？ 9. 你工作后与同事相处的好吗？你的老板或者是领导对你好吗？	
（五）同伴交往（量表32—34题）	10. 你的朋友多吗？你很重视和朋友的情谊吗？交往的朋友中有没有坐过牢？朋友遇到事情的时候，你一般怎么帮他？	
（六）兴趣爱好（量表35—37题）	11. 你有什么兴趣爱好？工余时间都在干什么？入狱前，和家人相处和谐吗？有没有经常不回家的情形？	
（七）再社会化预期（量表38—44题）	12. 你入狱前有什么技能？是通过什么方式获得的？入狱后有没有参加什么技能培训？出狱后有没有什么就业计划？ 13. 你家里现在还有什么人？出去在什么地方住？出去后家里对你有什么安排，能给你生活提供帮助吗？	

续表

量表维度	问题清单	回答记载
（八）成瘾问题（量表45—51题）	14. 你爱喝酒吗？经常喝醉吗？喝醉后有没有过激行为？酗酒对你的工作、生活、家庭有造成影响吗？ 15. 你见过别人吸毒吗？你曾经有过吸毒、注射毒品的经历吗？吸食毒品对身体有什么伤害吗？吸毒对你的工作、生活、家庭有造成影响吗？ 16. 你喜欢赌博吗？家人对你赌博是什么态度？赌博对你的工作、生活、家庭有造成影响？	
（九）犯罪助长（量表52—59题）	17. 你或者你的家人有没有患很严重疾病的？看病的治疗费用家里能承受吗？如果承受不了，有其他途径解决吗？如果你出狱后暂时无工作、无稳定收入，你会向别人寻求帮助吗？会向谁求助？ 18. 你家里有房子吗？入监前你有固定住所吗？平时都住在哪里？ 19. 你生活的地方犯罪的人多吗？你和他们交往多吗？生活中遇到困难与紧急情况会怎么办？会向他人求助吗？ 20. 你遇事有自己的主意吗？是不是特别容易受到他人的影响？是不是个情绪化的人？	
（十）犯罪态度（量表60—65题）	21. 你觉得现在社会好吗？对现在的社会有什么看法？你怎么看待你的犯罪对自己、家人以及社会的影响？遇到不顺心的事你是怎么对待的？会不会发脾气？你怎么看待法律、监规纪律？当你遇到被处罚的时候，你能接受吗？你觉得法律公正吗？	

续表

量表维度	问题清单	回答记载
（十）犯罪态度（量表60—65题）	22. 对你本次犯罪的法院量刑与定性，你认可吗？如果不认可，你是怎么想的？现在想起被害人你心里什么感受？你能积极参加监狱的各项活动吗？能遵守监规纪律吗？你认为公检法等司法机关执法公正吗？ 23. 你在服刑期间都有什么收获？	
（十一）行为模式（量表66—68题）	24. 出狱后，如果碰到受害者，你怎么办？ 25. 你在监狱这么多年，是法院造成的吗？ 26. 出狱后，与子女或父母一起生活吗？	
（十二）人格特点（量表69—71题）	27. 别人和你容易相处吗？ 28. 熟人遇到困难，你愿意帮助吗？ 29. 别人做了对不起你的事情，你能原谅吗？	

3. 行为观察法。行为观察法是指在一定时间内，评估主体在自然条件下或设定条件下通过感官或借助科学仪器，对在押罪犯观察、搜集相关情况资料的过程。一般而言，行为观察法相对直接具象，获取的信息资料较为可靠、可取、可信。行为观察法分为自然条件下的行为观察和设定条件下的行为观察。自然条件下的行为观察需要深入罪犯的劳动、生活、学习等改造现场，为使行为观察获取的信息连续系统，不能在短时间内完成，因为罪犯行为的危险性以及危险性的具体呈现，不是在短时间内就能充分

表现出来。在对罪犯的日常管理中，通过对罪犯言谈举止、行为习惯、劳动生产、人际交往关系的观察，预测罪犯的危险类型和程度。特定条件下的行为观察，是为了获取特定的信息或为验证罪犯某一行为、心理特征，设定专门的场景和情境，激发出罪犯的真实表现。也包括对罪犯大的异常行为和微小的体态语言、表情、动作的分析和判断。无论何种条件下的行为观察，除充分注意罪犯的言语和行为，还要高度注意其非语言信息和人际互动特征，以及在不同时间段内、不同事件境况下的差异表现。

行为观察法具体实施的方法步骤有四个：第一步是准备观察。其要求有四：一是掌握确定对象的基本资料、心理特征。二是确定采取自然条件下观察，还是设定条件下观察。三是设定观察条件，创设观察情境。四是准备必要的记录仪器。第二步是实施观察。其要求有二：一是无论何种条件下观察，均应不使罪犯知道自己已经被观察记录。二是观察到的现象，特别是异于常人的现象，要及时记录，并做简单总结。第三步是验证核实。其要求有三：一是比较分析在不同时间内获取信息的差异性和一致性。二是分析罪犯某一行为是一次性，还是一贯性。三是验证核实某一行为特征出现的时空条件、人际互动环境、矫正任务等外置条件。第四步是总结推论。其要求有三：一是结合档案分析法、结构性面谈法获取的信息和推论，寻找探求一致性和差异性。二是在前面的基础上得出大致的结论和推论。三是对不能确认和存疑的问题做好记录，留待通过其他评估方法进一步验证。

4. 社会调查法。社会调查法是有目的、有计划、系统性地搜集罪犯社会现实状况和历史状况资料的方法，综合利用历史研究法、行为观察法、问卷量表测试法等科学方法，对罪犯危险性进行有计划的周密系统了解，并对调查搜集到的大量信息资料进行分析、综合、比较、归纳，借以确认罪犯是否有危险性以及危险性的性质、程度等方面研究。从推动现代监狱科学行刑的战略层面来看，更需要充分运用和发挥社会调查法在构建关键变量的测量量表中的作用。社会调查法在监狱过去主要表现为走访家庭、学校、原工作单位、村庄等，这是危评方法中实施起来难度最大的一个，现在也很少做了。

违法犯罪行为最强有力地解释了来自环境因素与个体因素的相互作用。对罪犯危险性的社会调查，突破了仅仅在监狱内进行评估的限制，需要在更广阔的社会背景下进行，这对于罪犯危险性评估不仅重要，而且必须，特别是对再犯危险的评估确认，更需要进行广泛的社会调查。社会调查法所涉及的内容、范围、场域身份复杂宏阔，仅仅靠监狱内的资源往往难以达到预期的效果，需要引进和借助社会资源，以监狱系统内的决策层、管理层和专家为主导，整合社会工作者、研究机构、高校资源等，进行专业性研究，坚持以我为主，整合社会资源进行罪犯危险性社会调查。基本步骤应遵循：确定专题—组建团队—规划设计—组织实施—结论及论证—策略及建议。

5. 量表测试法。对罪犯危险性评估需要专门量表，量表的有效性是基础和前提。国内外对罪犯危险性评估量表的开发进行了广泛、深入、持久的探索，并不断升级换代，但是开发工具所处的文化背景、所依据的基本理论、所秉持的根本理念有所差异。在对罪犯危险性评估的实际操作中，科学运用工具施测是关键，测试结果的运用是重点。我们所面对的问题是选择何种工具、如何运用工具、测试结果如何运用等问题。

工具运用的关键是标准化测量，体现在施测主体的专业化和施测环境、施测时间、施测过程、关系协调、数据统计、鉴定结论等方面的标准化。工具测量结果的运用，主要表现为对数据分析解读以及根据这些分析做出鉴定结论报告，这是一个由定量到定性的过程。一般应遵循互动交流、综合考量、弹性动态等基本原则和思路。同时，要正确处理测试结果与分管警察对罪犯主观印象的冲突、与其他评估方法所得结论的差异与冲突。

对于量表测试方法要特别强调一点，量表测试本质上和其他方法一致，特殊在于对评估的内容做出标准化解释，并给出明确的定性和定量的答案。对此答案要给予充分的尊重。但是评估人员有适当行使自由裁量的权限，而且可以不采纳评估结果。但是，此类不采纳行为应当是例外做出的，应当受到制度的监督，其目的在于提高该领域内的专业水准。一言以蔽之，在特殊情形下，允许评估人员做出超出风险、需求之程度的评估。

工具测试法的方法步骤是：确定测试对象—测前教育—标准化测量—统计分析—结论及释义。在此，要做以说明的是，就国内而言，罪犯危险性评估工具的选择，目前尚没有统一公认、权威规范的专门工具，但信度效度较好、具有较强有效性的是上海、江苏、江西、浙江等省（市）研发的评估工具。

6. 统计分析法。指通过对研究对象的规模、速度、范围、程度等数量关系的分析研究，认识和揭示事物间的相互关系、变化规律和发展趋势，借以达到对事物的正确解释和预测的一种研究方法。统计分析包括四种方法。一是指标对比分析法，又称比较分析法，是统计分析中最常用的方法。是通过有关的指标对比来反映事物数量上差异和变化的方法。有比较才能鉴别。单独看一些指标，只能说明总体的某些数量特征，得不出什么结论性的认识。指标对比分析方法可分为静态比较和动态比较分析。静态比较是同一时间条件下不同总体指标比较，也叫横向比较；动态比较是同一总体条件不同时期指标数值的比较，也叫纵向比较。这两种方法既可单独使用，也可结合使用。进行比较分析时，可以单独使用总量指标或相对指标或平均指标，也可将它们结合起来进行对比。比较的结果可用相对数，如百分数、倍数、系数等，也可用相差的绝对数和相关的百分点来表示，即将对比的指标相减。二是分组分析法。上述指标对比分析法，是总体上的对比，但组成统计总体的各单位具有多种特征，这就使得在同一总体范围内的各单位之间产生了许多差别，统计分析不仅要对总体数量特征和数量关系进行分析，还要深入总体的内部进行分组分析。分组分析法就是根据统计分析的目的要求，把所研究的总体按照一个或者几个标志划分为若干个部分，加以整理，进行观察、分析，以揭示其内在的联系和规律性。分组分析法的关键问题在于正确选择分组标值和划分各组界限。三是时间数列及动态分析法，时间数列是将同一指标在时间上变化和发展的一系列数值，按时间先后顺序排列，形成时间数列，又称动态数列。时间数列可分为绝对数时间数列、相对数时间数列、平均数时间数列。其中要注意时间数列速度指标，根据绝对数时间数列可以计算的速度指标有发展速度、增长速度、平均发展速度、平均增长速度。在统计分析中，如果只有孤立的一个时期指标值，是很难做出判断的。如果编制了时间数列，就可以进行动态分析，反映其发展水平和速度的变化规律。进行动态分析，要注意数列中各个指标具有的可比性。总体范围、指标计算方法、计算价格和计量单位，都应该前后一致。时间间隔也要一致，但也可以根据研究目的，采取不同的间隔期，如按历史时期划分。四是指数分析法，指数是指反映社会经济现象变动情况的相对数。有广义和狭义之分。根据指数所研究的范围不同可以有个体指数、类指数与总指数之分。人们通常用指数进行因素分析。因素分析就是将研究对象分解为各个因素，把研究对象的总体看成是各因素变动共同的结果，通过对各个因素的分析，对研究对象总变动中各项因素的影响程度进行测定。因素分析按其所研究的对象的统计指标不同可划分为对总量指标的变动的因素分析，对平均指标变动的因素分析。

7. 定量分析方法与定性分析方法。定量分析方法是指运用一系列基于统计学原理的测量、计算和分析手段，对调查所获得的危险性评估学研究资料进行分析，以说明犯罪人危险性现象的数量特征、数量规律、数量关系，即危险性现象的量的规定性方法。定性分析法是指运用一系列基于逻辑学原理的思维规律和分析手段，对调查所获得的危险性评估研究资料进行分析，以揭示危险性现象的本质特征和规律，即危险性现象质的规定性的方法。定量分析与定性分析都是危险性评估研究十分重要的方法，不可偏爱一方而忽视一方。两者有机结合，是危险性评估研究得以健康发展的基本前提。

一方面，定性分析是定量分析的前提和基础。在危险性评估研究中运用定量分析时，必须在定性上严格要求，在定性分析的指导下进行。这是因为事物的量的规定性受质的规定性制约，纯粹数量大小并不能反映事物间质的差别。定量分析只有以定性分析为基础，才不至于偏离方向，误入歧途。另一方面，定量分析是定性分析的补充和发展。长期以来，我们习惯于运用定性分析方法，对定量分析重视不够。这种状况严重阻碍了危险性评估的理论研究水平的提高。有句经典言论："一门科学，只有在能应用数学方法时，才算达到了真正完善的地步。"在危险性评估研究中，只有进行定量分析才能把握不同或相同事物间的数量界限，才能更深刻地认识事物的本质，发现不同事物间的联系和相互影响。

8. 综合诊断法。综合诊断法是在上述各项评估方法的基础上，依据搜集到的可靠、可取、可信的信息资料，用定量、定性相结合的方法，对罪犯危险性进行综合研判。综合诊断既是对所获信息资料的综合，也是对各种方法所得出结论的综合，还是对定性与定量的综合。在进行综合诊断的过程中，对各种信息、方法所呈现的相同、相似、相近方面容易总结和综合，难点和关键是对各种方法得出的不同结论甚至是相反相悖的结论进行综合。

对信息和结论的差异性、冲突性和相悖性，可以从获取信息中得出结论主体的认知水平、思维局限、情感偏差，从实施评估方法的科学性、有效性，从罪犯的掩饰性、欺骗性、差异性以及罪犯所处环境的不良性，从评估工具的不完善性、滞后性等方面进行综合考量。综合诊断法一般要经过集体会商，与会人员充分发表意见，各自从不同的角度、不同的思路、不同的理论侧面、不同的专业背景、不同的方法论，进而进行综合诊断。对运用各个方法所得出的结论进行分析解读，并根据这些分析做出鉴定结论报告，实质就是一个由定量到定性的过程。通常情况下，综合诊断所得出的结论是最终结论。

在综合诊断的过程中，有一个俗语，“老医少卜”。这个俗语其来已久。医者以年老为贵，卜者以年少为贵。老取其阅，少取其决。也就是综合诊断需要管教经验丰富的老警察和熟练运用危评方法的专职人员。

以上就危险性评估研究方法论和具体研究方法做了简要介绍。实际上，在危险性评估研究当中，只采取其中某一种方法论或某一种具体研究方法的情形是很少见的，研究过程常常是多种方法论、众多具体研究方法的综合，如思辨方法与实证方法的综合、定性分析与定量分析的综合，等等。对同一危险性问题只有从不同侧面同时运用多种研究方法进行研究，才能获得比较全面、深刻的认识和结论。这是犯罪和犯罪人问题的复杂性对研究方法提出的必然要求。

第二节 罪犯危险性评估的危险类别、等级、评估阶段与周期

一、罪犯的危险类别和等级

罪犯危险性评估应该做出一个可能性的结论和判断，也就是对一个罪犯的危险性进行定性定量分析，即定性上划定危险类别，定量上划定危险等级。罪犯危险类别依据危险行为不同表现形式

与特征指向，划分为狱内风险的脱逃、行凶、自杀和出监再犯罪危险等类别。罪犯狱内危险等级依据罪犯存在的脱逃、行凶、自杀等一种或多种危险的程度、对监狱的安全和秩序构成威胁的强度以及所需戒备监管不同的情况，划分为极高危险、高度危险、中度危险和低度危险四个等级。罪犯再犯罪危险依据现有的信息资料推测罪犯出监后再次实施犯罪的可能性程度，划分为较高危险和一般危险两个等级。

1. 危险等级人数划分的比例。危险等级划分的比例，这是一个两难问题。比例太低，容易让一些高风险罪犯漏网，比例太高，高风险人数太多会失去筛选的意义，浪费司法资源。一般来说，高风险人数比例应控制在 15%以内。

2. 高危险区分为两种等级的原因。众所周知，国际通行的是把罪犯危险等级划分为高度危险、中度危险和低度危险三个等级，但我国监狱为什么要将高危险区分为极高危险和高度危险两种？这是经过综合考虑确定的。一是参考借鉴了国外的做法，如在美国、英国等国家，高危险的罪犯均划分为最高安全级别、高安全级别两类。二是将极高危险罪犯与高度危险罪犯区分开，有利于集中人力和精力加强对监狱安全风险最高、危害最大的极高危险罪犯的重点管控，确保万无一失。三是国内部分监狱的实践充分证明，如果不划分为极高危险与高度危险，而是笼统作为高危险一类，那么这类罪犯数量就会比较大，实践中进行重点管控的可行性较差、针对性也不强。如果做了划分，那么极高危险的罪犯数量就很少了，对他们进行重点管控就比较可行，进行有效矫正就有可能。

二、罪犯危险性评估的阶段与周期

从科学理论上讲，任何一种评估只是证明当下状态，具有明显时效性。“时过”则“境迁”。这也就是罪犯危险性评估原则上要求反复做、多次做的理论依据。从这方面讲，过去监狱犯情分析采取的监区周分析、监狱月分析、省局季度分析是科学的。但为什么罪犯危险性评估要根据不同等级采取不同周期与时限？一是从技术上讲，遵循风险原则，具有最大风险的人必须做最频繁的报告，最小风险的则最不频繁。二是从实践上讲，是为了减轻评估员工作量。但我们还是倾向于多频次评估，只不过不一定每次都用量表测试法，可主要采用行为观察法、结构性面谈等手段。

罪犯危险性评估是一个系统的闭环过程，贯穿罪犯从入监到出监的全过程。从大的方面来说，罪犯危险性评估分为三个阶段：一是狱内危险行为评估，指向罪犯在狱内影响和危及监狱安全的行为；二是犯罪性需要评估，指向矫正的方法和内容；三是再犯可能性评估，主要指出狱后重新犯罪的可能性。对此三者也可以认为，它们对于一个特定的罪犯而言是同时存在的，是由诸多因子所决定的，反映了罪犯在社会化过程中走向犯罪的综合体验。但从本质上是一致的，都是指向重新犯罪，一个是狱内重新犯罪的可能，一个是降低重新犯罪的可能，一个是狱外重新犯罪的可能，只不过是评估侧重点和重新犯罪的表现形式不一样，在狱内特定环境中表现为脱逃、行凶或者自杀等形式而已。具体而言，狱内危险性评估分为入监危险性评估、中期危险性评估和即时危险性评估，再犯罪可能性评估为出监危险性评估，犯罪性需要评估分为入监、中期、出监评估或评估—矫正—评估(本书后面专门讲述)。从另外一种意义上讲，罪犯危险性评估分为常态评估和异态评估，常态评估分为三个阶段，即入监危险性评估、中期危险性评估、出监危险性评估，异态评估是指为了应对突发异常情况，补充了一个即时危险性评估和即时犯罪性需要评估。

由于评估结果具有时效性，因而每个阶段的评估特别是中期危险性评估和出监危险性评估都具有明确的时间规定，也就是说，阶段和时效是相辅相成、融为一体、不可分割的。

1. 入监危险性评估。入监危险性评估是监狱对新收押罪犯开展的危险性评估，主要应用于对罪犯按照危险等级分别关押。入监危险性评估要在入监教育阶段完成，人员要全覆盖，确定新收押罪犯具体的危险类别和危险等级，提出相应的分类关押建议。

入监危险性评估要求从罪犯入监第一天开始，警察就要在查阅档案的基础上，对每一个新入监的罪犯进行行为观察，在入监的三个工作日内进行结构性面谈，而且在量表测试前要反复多次谈。运用量表测试法评估，至少要在入监一个月后进行，一方面新入监罪犯有一个心理和环境的适应过程，另一方面通过教育训练，克服其抵触、敌对和掩饰心理。综合诊断法评估一般放在阶段性教育训练结束后、分流前半个月的时间内进行，形成入监评估报告。

罪犯入监评估报告（样稿）

<table>
<tr><td>姓名</td><td></td><td>曾用名</td><td></td><td>出生日期</td><td></td></tr>
<tr><td>年龄</td><td></td><td>民族</td><td></td><td>捕前职业</td><td></td></tr>
<tr><td>文化程度</td><td></td><td>婚姻状况</td><td></td><td>罪名</td><td></td></tr>
<tr><td>原判刑期</td><td></td><td>起日
止日</td><td></td><td>入监日期</td><td></td></tr>
<tr><td>剥夺政治权利年限</td><td></td><td>罚金</td><td></td><td>没收财产</td><td></td></tr>
<tr><td>主要犯罪事实</td><td colspan="5"></td></tr>
<tr><td>是否具有以下情形（在符合罪犯情形的项目前方框内打钩）</td><td colspan="5">□ 1. 犯贪污罪被判处死刑缓期执行，死刑缓期执行期满依法被减为无期徒刑后，人民法院决定终身监禁的罪犯；
□ 2. 被限制减刑的死刑缓期执行的罪犯；
□ 3. 犯故意杀人、故意伤害、强奸、抢劫、爆炸、绑架等暴力犯罪，被判处无期徒刑、死刑缓期执行（非限制减刑）的罪犯；
□ 4. 实施刑法第一百二十条所规定的恐怖犯罪活动的罪犯或者具有民族分裂势力、宗教极端势力、暴力恐怖势力背景以及具有国外敌对势力背景的罪犯；
□ 5. 犯危害国家安全罪的罪犯；
□ 6. 涉黑案件的主犯、首要分子；
□ 7. 邪教类犯罪的头目，或拒不认罪、不服从管理教育的邪教类犯罪罪犯；
□ 8. 司法部指定关押的重要案犯；
□ 9. 其他具有重大社会影响或需要重点管控的罪犯。</td></tr>
</table>

续表

是否具有下列情形	服过兵役或当过警察	填“是”或“否”	团伙犯罪	填“是”或“否”	主犯或首犯	填“是”或“否”	惯累犯	填“是”或“否”
	重大刑事犯	填“是”或“否”	暴力犯罪	填“是”或“否”	金融类犯罪	填“是”或“否”	“三假”罪犯(“三假”指假姓名、假住址、假身份证件。)	填“是”或“否”
	“三无”罪犯(“三无”指无家可归、无亲可投、无就业谋生能力。)	填“是”或“否”	认罪情况	填“认罪”或“不认罪”	精神病史	填“有”或“无”	涉毒或吸毒史	两者有一填“是”,没有填“否”
	涉黑	填“是”或“否”	涉恶	填“是”或“否”	涉枪	填“是”或“否”	劳动能力评估	填“正常劳动能力”“部分丧失劳动能力”“大部分丧失劳动能力”或“完全丧失劳动能力”

续表

<table>
<tr><td>入监健康体检结论</td><td colspan="5">□身体有残疾＿（如有，具体说明）＿＿＿＿
□患精神疾病＿（如有，具体说明）＿＿＿＿
□有较大疾病＿（如有，具体说明）＿＿＿＿
目前身体健康状况：
□健康　　□一般　　□较差</td></tr>
<tr><td rowspan="4">量表测试结果（在危险等级上打钩）</td><td>危险倾向</td><td colspan="4">危险等级</td></tr>
<tr><td>脱逃倾向</td><td>低度
（ ）</td><td>中度
（ ）</td><td>高度
（ ）</td><td>极高度
（ ）</td></tr>
<tr><td>暴力倾向</td><td>低度
（ ）</td><td>中度
（ ）</td><td>高度
（ ）</td><td>极高度
（ ）</td></tr>
<tr><td>自杀（自残）倾向</td><td>低度
（ ）</td><td>中度
（ ）</td><td>高度
（ ）</td><td>极高度
（ ）</td></tr>
<tr><td rowspan="4">入监教育期间改造表现及思想动态</td><td>认罪伏法方面</td><td colspan="4">是否写出“认罪悔罪书”，对法院原判决是否认可。有无认为判决有误、量刑不当的想法，如有做具体叙述。</td></tr>
<tr><td>遵守监规纪律方面</td><td colspan="4">能否服从民警管理；有无违规违纪情况，如有，具体叙述；能否主动汇报思想，积极求改。</td></tr>
<tr><td>入监教育学习方面</td><td colspan="4">能否正常参加入监教育学习；入监教育学习成绩叙述，如：能够熟背监规纪律，认真书写学习体会，法律知识、生产知识等入监教育知识考试成绩合格……</td></tr>
<tr><td>主要思想动态及存在问题</td><td colspan="4">叙述当前的主要思想状况，重点关注思想困扰，情绪是否稳定。如服刑后的心理适应情况、对监狱管理的看法、对家人的态度、对在经济或情感等方面与其有重大关系人的想法、对服刑改造生活的打算等方面的突出问题。</td></tr>
</table>

续表

<table>
<tr><td>监区评估意见</td><td>评估意见：
从成长、教育、生活史，犯罪史和犯罪性质，量表测试情况以及入监教育期间改造表现等四个维度综合分析确定罪犯危险等级和类型的理由。
评估结论：
危险等级：填写“高度、高度、中度、低度”中的一种
危险类型：填写“脱逃、行凶、自杀”等可能的所有类型，并将最主要的危险类型排第一位。“低度等级不划分危险类型”
监区长签字：______
时间： 年 月 日</td></tr>
<tr><td>建议措施</td><td>提出分类关押意见、教育管理措施、劳动岗位设置等。
监区长签字：______
时间： 年 月 日</td></tr>
<tr><td>狱内侦查部门意见</td><td>评估意见：
对监区评估为极高度、高度危险等级的，评估意见为“经评估，认为罪犯 *** 为极高度危险等级或高度危险等级，同意建议措施。如更改危险等级、危险类型和建议措施，应书写更改理由”；
评估结论：
危险等级：_____ 危险类型：______
狱内侦查部门负责人：（公章）
时间： 年 月 日</td></tr>
<tr><td>监狱意见</td><td>评估意见：
填写“同意认定为极高度或高度危险等级、建议措施”
监狱领导：（公章）
时间： 年 月 日</td></tr>
</table>

2. 中期危险性评估。中期危险性评估是监狱对罪犯在服刑中期开展的危险性评估，其目标与价值指向在于有效地对罪犯进行教育矫正和动态管控。接收分流的新收犯单位，应在入监评估的基础上再对该犯进行一次评估，达到验证和确认作用。对确定为极高危险等级的罪犯，每 3 至 6 个月进行一次危险性评估；对确定为高度危险等级的罪犯，每 6 至 12 个月进行一次危险性评估；对确定为中度危险、低度危险等级的罪犯，每年进行一次危险性评估。每次中期评估后，都应形成中期危险性评估报告。

在现实操作中，为提高工作效率，充分整合利用监狱资源，对罪犯的中期危险性评估也可在半年或年度罪犯评审时进行，同时也可整合监狱罪犯心理评估。在中期评估中，必然出现危险类别和危险程度的不同变化，如程度变化不大，危险类别发生变化的，可以在原监狱（监区）继续服刑；危险类别不变但危险程度发生了变化，其度量值超出原监狱（监区）关押条件的，要及时进行监狱（监区）调整，施以不同的管控和矫正措施。

罪犯中期评估报告（样稿）

<table>
<tr><td>姓名</td><td></td><td>罪名</td><td></td><td>年龄</td><td></td><td>监区</td><td></td></tr>
<tr><td rowspan="2">前次罪犯危险性评估情况</td><td>前次评估时间</td><td colspan="2">★年
★月
★日</td><td colspan="2">评估类型</td><td colspan="2">填写“入监评估、中期评估、即时评估”中的一种</td></tr>
<tr><td>危险等级</td><td colspan="2">填写“高度、中度、低度”中的一种</td><td colspan="2">危险类型</td><td colspan="2">填写“脱逃、暴力、自杀”可能的所有类型，并将最主要的危险类型排第一位</td></tr>
</table>

续表

<table>
<tr><td>姓名</td><td></td><td>罪名</td><td colspan="2"></td><td>年龄</td><td></td><td>监区</td><td></td></tr>
<tr><td rowspan="3">评估期内相关情况</td><td>服刑场所变更情况及原因</td><td colspan="7">逐条填写“★年★月★日，因何原因从★监狱★监区调至★监狱★监区”
调动原因可以填写“正常调动、与民警矛盾调动、与他犯矛盾调动、拆除同案犯调动、隔离审查调动、受到惩处调动、高危管控调动或其他调动”</td></tr>
<tr><td>刑期变更情况</td><td colspan="7">逐条填写“★年★月★日，刑期由★年★月减为（或变更为）★年★月，至★年★月★日止”。或者“★年★月★日，刑期由死缓（无期）变更为无期（或★年★月），至★年★月★日止”</td></tr>
<tr><td>奖惩情况</td><td colspan="7">逐条填写“★年★月★日，获得何种行政奖励、因何种原因受到何种惩处”</td></tr>
<tr><td>改造表现</td><td colspan="8">填写评估周期内突出表现好或差的具体事实和主要思想问题</td></tr>
<tr><td>家庭关系变化情况</td><td colspan="8">评估周期内有无重大家庭变故情况或家庭有无特殊困难，如有具体叙述
评估周期内的会见、亲情电话、通信情况</td></tr>
<tr><td rowspan="4">量表测试结果（在危险等级括号内打钩）</td><td>危险倾向</td><td colspan="7">危险等级</td></tr>
<tr><td>脱逃倾向</td><td colspan="2">低度
（ ）</td><td colspan="3">中度
（ ）</td><td>高度
（ ）</td><td>极高度
（ ）</td></tr>
<tr><td>暴力倾向</td><td colspan="2">低度
（ ）</td><td colspan="3">中度
（ ）</td><td>高度
（ ）</td><td>极高度
（ ）</td></tr>
<tr><td>自杀（自残）倾向</td><td colspan="2">低度
（ ）</td><td colspan="3">中度
（ ）</td><td>高度
（ ）</td><td>极高度
（ ）</td></tr>
</table>

续表

<table>
<tr><td>姓名</td><td></td><td>罪名</td><td></td><td>年龄</td><td></td><td>监区</td><td></td></tr>
<tr><td>监区评估意见</td><td colspan="7">评估意见：
重点综述评估期内的服刑改造表现和思想动态，结合前次评估的危险等级和类型，综合分析确定罪犯危险等级和类型的理由。
评估结论：
“危险等级”填写“极高度、高度、中度或低度”中的一种，“危险类型”填写“脱逃、行凶、自杀”等可能的所有类型，低度危险等级的不确定危险类型，并将最主要的危险类型排第一位，同时在危险等级相应变化情况中打钩。
危险等级：______ 危险类型：___________
危险等级变化情况：□不变 □上升 □下降
监区长：________
时间： 年 月 日</td></tr>
<tr><td>建议措施</td><td colspan="7">提出分类关押意见、教育管理措施、劳动岗位设置等。
监区长签字：______
时间： 年 月 日</td></tr>
<tr><td>狱内侦查部门意见</td><td colspan="7">评估意见：
对监区评估为“极高度、高度”危险等级的，评估意见为“经评估，认为罪犯★★★……（概述理由），认定其为极高度、高度危险等级。同意建议措施。如更改危险等级、危险类型和建议措施，应书写更改理由”。
评估结论：
危险等级：_____ 危险类型：______
狱内侦查部门负责人：（公章）
时间： 年 月 日</td></tr>
</table>

续表

姓名		罪名		年龄		监区	
监狱意见	评估意见： 填写“同意认定为高度（极高度）危险等级及建议措施”。 监狱领导：（公章） 时间： 年 月 日						

3. 出监危险性评估。也就是再犯罪可能性评估，是监狱对即将刑满释放或拟提请假释、暂与监外执行罪犯再犯罪可能性开展的危险性评估，其价值与目标指向在于为社区矫正、安置帮教和安置教育提出参考意见。出监危险性评估一般在罪犯刑满释放3个月前完成，拟提请假释、暂与监外执行罪犯的出监危险性评估一般在提请前完成。对实际服刑期限不足6个月的罪犯，出监危险性评估可结合入监危险性评估同时实施。特别是恐怖活动罪犯和极端主义罪犯的社会危险性评估应当在其刑满释放6个月前完成。出监危险性评估完成后，应形成出监危险性评估报告。

在现实操作中，对惯犯、累犯以及在入监与中期评估中危险等级较高，且没有较大改善的罪犯，非常有必要进行重点评估，综合利用各种评估方法、集体会商、综合诊断，从而得出相对准确的评估结论。同时，为提高工作效率和节省资源，应把罪犯出监危险性评估和罪犯的出监鉴定结合起来，一并进行。进一步讲，从未来发展趋势着眼，监狱要积极探索引入第三方力量开展出监危险性评估，提高评估的公信力，赢得社会各方的接受和认可。

出监罪犯再犯罪可能性评估报告（样稿）

<table>
<tr><td>姓名</td><td></td><td>监狱</td><td></td><td>监区</td><td></td><td>档卡号</td><td></td></tr>
<tr><td>性别</td><td></td><td>出生日期</td><td></td><td>民族</td><td></td><td>罪名</td><td></td></tr>
<tr><td>原判刑期</td><td></td><td>出监类型</td><td colspan="3">填刑满释放或假释或暂予监外执行</td><td>出监日期</td><td></td></tr>
<tr><td>家庭住址</td><td colspan="7">从“省”一级填写到具体的门牌号码或村组</td></tr>
<tr><td>原主要犯罪事实及恶习程度</td><td colspan="7">犯罪事实：

是否具有下列情形（在符合罪犯情形的项目前方框内打钩）：
□惯累犯 □暴力型罪犯 □“三假”犯 □主犯或首犯
□重大刑事犯 □涉毒类罪犯 □暴恐类罪犯
□邪教类罪犯 □危害国家安全类罪犯 □限制减刑类罪犯
□服刑期间查获余罪、漏罪罪犯 □涉黑、涉恶、涉枪类罪犯</td></tr>
<tr><td>服刑期间改造表现及奖惩</td><td colspan="7">综述服刑期内认罪服法（含思想改造情况）、遵守监规纪律（含服从管教情况）、劳动改造、文化技术学习、心理健康状况以及存在的具体问题。逐条填写服刑期间获得的法律奖惩。如“*年*月*日，减刑*年*月*天”。
逐条填写服刑期间获得的行政奖惩。“*年*月*日，获得监狱表扬”。
加刑惩处要说明加刑原因，其他奖惩不需说明奖惩原因。</td></tr>
<tr><td>狱内风险评估情况</td><td colspan="7">评估类型、评估时间、评估结论</td></tr>
</table>

续表

<table>
<tr><td>回归社会适应及家庭支持情况</td><td colspan="5">□无家可归　　□无亲可投
□无一技之长　　□无劳动谋生能力
□身体残疾或患严重疾病　　□患精神疾病</td></tr>
<tr><td rowspan="2">量表测试结果（在危险等级括号内打钩）</td><td>量表总分</td><td colspan="4">分数等级</td></tr>
<tr><td></td><td>极高分
（ ）</td><td>高分
（ ）</td><td>中分
（ ）</td><td>低分
（ ）</td></tr>
<tr><td>监区评估意见</td><td colspan="5">评估意见：
从罪犯原犯罪情况及恶习程度、服刑期间一贯现实表现、矫正目标实现情况、量表测试情况和社会支持系统状况等综合分析确定罪犯再犯罪可能性等级的理由。
评估结论：再犯可能性（在相应类型前方框内打钩）
较高危险等级□　　一般危险等级□
监区长签字：________
评估时间：　年　月　日</td></tr>
<tr><td>狱内侦查部门意见</td><td colspan="5">评估意见：
从罪犯原犯罪情况及恶习程度、服刑期间一贯现实表现、矫正目标实现情况、量表测试情况和社会支持系统状况等综合分析确定罪犯再犯罪可能性等级的理由。
评估结论：再犯罪可能性（在相应类型前方框内打钩）
较高危险等级□　　一般危险等级□
狱内侦查部门负责人签字：______
时间：　年　月　日</td></tr>
</table>

续表

监狱评估意见	评估意见： 填写“同意认定其再犯可能性为★★★。”对一般危险等级应填写“此评估报告有效期为6个月，不排除个别再犯危险因子突变而诱发重新犯罪。” 监狱领导：（公章） 时间：　年　月　日
建议措施	建议贵部门对该刑释人员进行再犯可能性评估，并以贵部门评估结果为参考。继续加强思想意识改造和行为矫正，帮助其努力适应新的社会环境，遵纪守法、自食其力、安居乐业，不再违法犯罪和危害社会。

4. 即时危险性评估。即时危险性评估是监狱对有脱逃、行凶、自杀等征兆或出现严重对抗管理教育、发现余罪漏罪、突患重大疾病、突发家庭变故、受到监狱或其他政法机关处罚、遭受伤害等情形的罪犯开展的危险性评估。其价值与目标指向在于危机处置工作。评估结束后，应出具即时危险性评估报告。

即时危险性评估是罪犯危险性评估具有的可能性与时效性特征的典型体现，它使罪犯危险性评估变得流畅、鲜活和饱满起来，确保了危险性评估的常态和异常状态的紧密结合，使整个罪犯危险性评估变得完整和无缝隙无漏洞，使得罪犯危险性评估无时不在、无地不在。

即时危险性评估贯穿于罪犯服刑的整个过程，但未必一定会发生。罪犯一旦出现上述征兆或情形之一的，监狱应当即时进行危险性评估和教育管控。考虑到事件发生的偶然性、随机性和突发性，即时危险性评估程序次第可以不受设定的限制，同时在评估过程中，必须加强对评估对象的安全防范和教育管控。

罪犯即时评估报告（样稿）

<table>
<tr><td>姓名</td><td></td><td>罪名</td><td></td><td>原判刑期</td><td></td><td>起止日期</td><td></td></tr>
<tr><td>评估类型</td><td colspan="7">1. 家庭发生重大变故的
2. 身体发生重大器质性病变的
3. 发生严重心理问题的
4. 发生人际关系紧张或冲突的
5. 司法奖励或行政奖励受挫的
6 发生严重违纪，重大违纪或有暴力、自杀、脱逃相关行为征兆的
7. 余罪暴露的
8. 日常改造发生变动事件，导致行为或情绪思想反常的
9. 罪犯原有危险情形降低或消失的
10. 需要启动即时评估的其他现象</td></tr>
<tr><td rowspan="2">前次评估结果</td><td>前次评估时间</td><td>★年★月★日</td><td>评估类型</td><td>填写“入监评估、中期评估或即时评估”中的一种</td><td>评估结论确认主体</td><td colspan="2">高度填“监狱”，其他填“★监区”</td></tr>
<tr><td>危险等级</td><td colspan="2">填写“极高、高度、中度、低度”中的一种</td><td>危险类型</td><td colspan="3">填写“脱逃、暴力、自杀”等可能的所有类型，并将最主要的危险类型排第一位</td></tr>
<tr><td>具体事实及原因</td><td colspan="7">因即时危险评估的，阐述拟升高危险等级的事实和原因。
因其他原因评估的，阐述具体情况。</td></tr>
</table>

续表

<table>
<tr><td rowspan="4">量表测试结果（在危险等级括号内打钩）</td><td>危险倾向</td><td colspan="4">等级</td></tr>
<tr><td>脱逃倾向</td><td>低度
（ ）</td><td>中度
（ ）</td><td>高度
（ ）</td><td>极高度
（ ）</td></tr>
<tr><td>暴力倾向</td><td>低度
（ ）</td><td>中度
（ ）</td><td>高度
（ ）</td><td>极高度
（ ）</td></tr>
<tr><td>自杀（自残）倾向</td><td>低度
（ ）</td><td>中度
（ ）</td><td>高度
（ ）</td><td>极高度
（ ）</td></tr>
<tr><td>监区评估意见</td><td colspan="5">评估意见：

评估结论：
危险等级：______ 危险类型：___________
（“危险等级”填写“极高度、高度、中度、低度”，“危险类型”填写“脱逃、行凶、自杀”等）

监区长签字：_____
评估时间： 年 月 日</td></tr>
<tr><td>建议措施</td><td colspan="5">提出分类关押意见、教育管理措施、劳动岗位设置等

监区长签字：_____
时间： 年 月 日</td></tr>
<tr><td>狱内侦查部门意见</td><td colspan="5">评估意见：
对监区评估确定为“极高度、高度”的，评估意见为“同意监区评估意见和建议措施。如更改危险等级、危险类型和建议措施，应书写更改理由”。

评估结论：
危险等级：_____ 危险类型：______

狱内侦查部门负责人：（公章）
评估时间： 年 月 日</td></tr>
</table>

续表

监狱意见	评估意见： 填写“同意认定为极高度、高度危险等级及建议措施。如更改危险等级、危险类型和建议措施，应书写更改理由”。 监狱领导：（公章） 时间： 年 月 日

总之，罪犯危险性评估具体细分为入监、中期、即时、出监评估四个阶段。即大规模集体评估三次，继之以即时评估做以弥合和修补，使之无缝隙无空挡。也就是俗称的“逢入必评、逢变必评、逢出必评”。入监评估是基础，在四个评估类型中是最重要和最应投入大量精力的环节，因它决定后期管控矫治方向，基础不牢地动山摇。中期评估根据现实表现和变化，检验和修正入监评估结果和矫正效果，重新界定危险程度和类型，提出新的管控意见和矫正方案，循环往复。出监危险性评估也就是出监鉴定。出监评估实质上就是对监狱改造质量和改造结果的大评估，提出经改造后社会危害性的程度、水平或状态，与入监评估相比较具有总结性和结论性。其作用有二：一是对外向社会通报改造结果，衔接社会管控与帮教，二是对内反哺监狱工作，找寻改造工作的得与失。从此种意义上来讲，改造质量评估就是出监评估结果与入监评估结果相减所得出的评价和判断。

第三节 罪犯危险性评估的程序及结果应用

为确保罪犯危险性评估在科学的轨道上运行，规范罪犯危险性评估程序，严格控制评估过程，保障评估结果的科学与可靠，因而明确罪犯在危险性评估的程序是非常有必要的。

一、罪犯危险性评估流程

罪犯危险性评估流程原则上分为三类：第一类是技术流程，第二类是行政流程，第三类是评估类型流程。从技术流程而言，罪犯危险性评估流程共有七个先后相互衔接的步骤，罪犯基本信息采集（查阅档案）—罪犯不同场景与情景下的行为观测—面谈沟通—量表工具测试—数理统计分析—评估鉴定结论(综合诊断）—确认评估结果。从行政流程而言，罪犯危险性评估共有五个相互衔接的步骤，监区评估员评估—监区会议研究（极高度、高度等级罪犯上报监狱）—监狱会议研究（对争议的或存在疑惑的可进行复评）—形成评估结论—评估结果传输与应用。从评估类型流程而言，每名罪犯都可能经过入监评估—中期评估—即时评估—出监评估。罪犯的危险性评估档案应该包含这些评估报告，可以完整显示罪犯的危险性变化轨迹。

1. 评估结果是一种可能性。虽然预测因子是有效的，但评估结果是一种可能性、概率性的结果，而不是必然性的结果。原因有三：首先，人是复杂多变的，很难准确把握。其次，人的犯罪原因是无穷多样的，至今仍在探索中。最后，评估员本身的技术和经验的不完美也是不可忽视的因素。

当然，科学预测（scientific prediction）显然不同于预言（prophecy）。某种 79D1 学预测是由这样的形式构成的：“在给定条件 x、y 和 z 下，应当能够发现 q。”这种预测既可适用于过去的事件或者现象,也可适用于现在的事件或者现象。与此不同,某种预言则是对未来的一种推测(projection)。具有科学精神的犯罪学家并不会做出预言,即使做出预言也是阐明了条件的,例如,“假如条件 x、y 和 z 继续或者出现,那么,q 就可能发生”。

2. 评估结果的形式与传输。对于评估结果的传输与应用,我们应该注意到,一个监狱采取什么形式的评估工作运行模式,就决定了不同的评估结果传输与应用形式。从实践上看,当下监狱罪犯危险性评估工作有两种模式,一种是“小政府大社会”模式,也就是监狱评估部门的职责只是对罪犯的危险类别和危险等级做出结论,并把罪犯的危险类别和危险等级告知监狱相关部门,监狱相关部门根据各自职能和相关规定自行处理。另一种是“大政府小社会”模式,也就是监狱评估部门不仅对罪犯的危险类别和危险等级做出结论,而且对不同类型、不同等级的罪犯分别提出分押意见、管控措施、刑罚执行意见、劳动岗位及技能培训意见和矫正方案,监狱相关部门遵照此意见和方案执行和落实。监狱相关部门如对此意见和方案有不同意见,应及时和评估部门反馈沟通协商,寻求最佳意见和方案。从发展的眼光看,“大政府小社会”模式与监狱的基本职能与理念是相契合的,是未来发展的必然趋势。

3. 出监再犯罪可能性评估结论填写内容的要求与时效性。鉴于评估结论的可能性和时效性特征,填写再犯罪可能性评估结论时,除与狱内评估结论用语精准、明确和通俗不同外,描述语言严格依照量表解释和法律语言,明确评估结论有效期,尤其对一般危险等级,时间有效期应明确为 6 个月,缘由有三:其一是和狱内风险评估低度危险等级结论的时间有效期为一年要相一致；其二是罪犯刑释后面临的社会环境的宽松和监狱环境的严格有区别，诱发犯罪因素和犯罪机会增加，因而时间有效期要缩减；其三是有研究表明，罪犯刑释后重新犯罪高峰期在刑释后两年左右。进一步而言，还应在报告中说明不排除刑释人员的危险性因素发生突变而引发重新犯罪，建议接收部门再次评估确认。若此，结论才是严谨、科学、有效的。

二、评估结论对罪犯的反馈

对评估结论还应关注另外一个问题，就是评估的有些结论应该告知罪犯，达到罪犯自我控制和觉醒效果。评估结论的反馈可以从另外的角度提高危评效能的发挥，对于这个问题是值得我们探索和实践的。再次以罪犯个性分测验为例做以阐释。罪犯个性分测验反馈报告分为反馈报告和评估报告两种。反馈报告主要用于向罪犯被试本人反馈，不得向其他罪犯披露。评估报告由心理测验工作者及相关人民警察掌握使用，不得向罪犯以及无关工作人员披露。

1. 罪犯个性分测验反馈报告亦即缩减版。经认真论证，从罪犯个性分测验全部 12 个临床指标测验结果中挑选出比较适宜罪犯知晓的 6 个（其他 6 个指标由于敏感、监管安全需要等原因不适宜让罪犯本人知晓），形成罪犯个性分测验反馈报告。这 6 个被挑选出来的临床指标分别为外倾（P1）、波动（P5）、冲动（P6）、自卑（P8）、焦虑（P9）和变态心理（P11）。在措辞用语方面，罪犯个性分测验反馈报告应尽可能站在罪犯被试的角度，采用鼓励性和建设性的语言，以便罪犯被试者容易接受。

2. 罪犯个性分测验评估报告亦即完整版。包括了测验全部 12 个临床指标的结果。罪犯个性分测验评估报告包括“个人信息”“效度指标”“临床指标”“参考建议与提示”四部分，其中“参考建议与提示”，在措辞用语方面，罪犯个性分测验评估报告应尽可能站在监狱工作的角度，采用中性和客观的语言，为监狱心理学工作者和监管改造警察提供实用的参考建议。

三、评估结果的应用

罪犯危险性评估是一个系统性工程，评估出罪犯的危险性仅仅是罪犯危险性评估的一个阶段和一个步骤。最终落脚点在于危险管理和实施矫正，它们均是罪犯危险性评估的应有之义，本书有专章论述。除此之外，罪犯危险性评结果应用在于以下几个方面:

1. 分析——狱情研判。监狱要以罪犯危险性评估为依托，根据极高危险等级、高度危险等级罪犯及各种危险类别罪犯人数的多少和变化情况、重点罪犯个体危险性变化的量化评估情况，结合传统的狱情信息分析，全面系统地对狱情进行分析研判，创新狱情分析模式，改变过去单纯依靠警察经验进行狱情研判的模式，提高狱情研判的科学性和准确性。

2. 分岗——劳动岗位设置。监狱很早就有重点罪犯特别是危险罪犯不得单独劳动，不得临时加班和夜班劳动。对重点罪犯应做到“四严”：即严禁其从事与危险物品、重点部位、重要工具有关的生产劳动，并尽可能避免其接触这些物品和部位的机会；严格其空闲时间的监管，尽量避免其有单独行动的机会；严格进行清监、搜身；严格其会见及信件、邮件管理。《罪犯劳动改造管理办法》第三十条规定，监狱应当根据社会用工需求和罪犯兴趣、爱好、特长等，开展以就业为导向的职业技能培训和自主创业培训。

这里要注意，危险性评估的分岗不仅是监狱现有工种、岗位的分配，还要进一步创造引进适合不同等级、性格危险犯的具有习艺性、矫正性、指向社会就业的工种和岗位。特别要注重矫正型的劳动项目，撇开经济目的，不考虑经济效益，而以社会效益为主。

3. 分刑——刑罚执行依据。假释一体化中的罪犯社会危险性评估，监狱对拟假释罪犯的犯罪情节、主观恶性、现实改造表现、认罪悔罪态度及程度、家庭结构和管束能力进行分析评估并参考心理测试结果，形成罪犯社会危险性评估报告。还有若罪犯评估为再犯可能性较高危险等级的，是不能假释、暂予监外执行，甚至不准离监探亲。

4. 分置——安置帮教。就是安置帮教建议。安置帮教的实质就是可查、可控、可管、可帮、可教。内容有衔接、就业、就学、帮扶、社会保障等方面。加强安置帮教工作的目的是最大限度地预防和减少重新违法犯罪。我们知道，罪犯刑期执行完毕，并不意味着罪犯已经改造好，毫无风险。即使明知有风险，也必须放掉。这在加拿大也是这样的。虽然加拿大有科学的矫正项目和矫正计划，但罪犯刑期一到，不管矫正项目实施完与否，也得照放不误。这就需要社会对监狱没有完成的任务（改造好）接续完成。监狱根据评估结果，将刑释解教人员分为重点帮教对象和一般帮教对象，并针对其具体情况，对相关机构的服务管理工作提出具体建议。

【本章小结】

1. 只有更好地打造批判的武器，才能最有效地实施武器的批判。2. 科学的手段与方法是实现罪犯危险性评估目的的必要保障，通过严格的过程控制来确保结果的可靠。3. 评估的方法不能单打一，而要综合运用，从多维度上确保评估的质量。4. 危险性评估的周期并不限于已有时限的规定，而是愈多愈好，这是有评估的本质特征决定的。5. 通过手段与内容的结合，发现罪犯的危险性，进而确定危险程度，为管控与矫正奠定坚实基础。6. 应引起人们警惕的是，人类对罪犯的改造、矫正都是明知不可为而为之的具有自以为是的想象，说得好听一点，就是一种具有理想情怀式的悲剧性地执着追求。

第五章 分级与处遇：罪犯危险的预防与适度管理和控制

分类原则、改造原则……一个多世纪以来，同样的基本命题逐字逐句地得到重申，它们一再出现在每一次新的、来之不易的、最终被接受的改革主张中。

——法国哲学家米歇尔·福柯

【本章提要】

本章认为通过罪犯危险性评估对监狱、罪犯进行分级分类，不仅可满足公众对品质、效率和效益的期望，也可体现公平、公共安全和责任。建立和完善监狱罪犯的分级分类分押、动态流转的梯度管理模式和差异化的罪犯改造激励机制，则是监管改造的“皮”，其他皆为“毛”，皮之不存，毛将焉附！本章阐述了监狱罪犯分类的发展脉络，审视当下罪犯分类的探索与困境，进而提出,通过六位一体的罪犯分类分级的救赎，才是实现监管改造职能和提高矫正质量的根本途径。同时简述了欧美国家对罪犯危险控制的方法，力求达到对危险控制的全方位认知。

依据联合国《囚犯待遇最低限度标准规则》第 66 条、第 67 条和第 68 条的规定，罪犯分类是对罪犯依据一定的标准进行划分归类，给予相应关押、管理、监督和矫正的活动；强调防止恶性较大的罪犯侵害感染偶犯初犯，是监狱机构应当关注的头等问题；并明确指出罪犯分类的实施，应当在不同的场所，或同一场所的不同区域进行。而监狱分类分级制度与罪犯分类分级制度，属于一枚硬币的两面，紧密联系，不可分割。因此，监狱分类分级制度与罪犯分类分级制度建设工作视为同一类工作内容。也可以说，监狱分类是分类管理的大前提，属第一级分类，监区分类是第二级分类，罪犯分类是第三级分类。三者构成由大至小、由粗至细的分类管理体系，缺一不可。

风险管理是通过风险识别、风险分析、风险应对和风险监控来实现的。而监狱和罪犯的分类分级，就是管控罪犯风险的实践路径。监狱与罪犯的分类分级是科学管控罪犯的基础和条件，也是科学管控罪犯的方法和手段，是刑罚执行中惩罚与改造博弈的结果，是把管理对象由笼统抽象的类群变为具体可寻的个体，增强了管控与矫正的指向性和科学性。从而实现了看似对立的监狱管理与矫正罪犯的目标，确保了社会想有更安全的监狱和最终降低再犯率的实现。

帕累托法则是 19 世纪末 20 世纪初意大利经济学家帕累托提出的。1963 年，现代管理学之父彼得·德鲁克将这一方法推广到全部社会现象，使分类管理法（ABC 分类法）成为普遍应用的管理方法。他认为，在任何一组东西中，最重要的只占其中一小部分，约 20%，其余 80%尽管是多数，却是次要的，因此又称二八定律、关键少数法则和最省力的法则。监狱和罪犯的分级分类就体现了该法则的精髓，控制住少数高度危险罪犯的风险，就确保了监狱和社会的安全，保障了社会刑事司法资源的高效配置和有效使用。

第一节 分类制度的演变和发展

分类制度源远流长，把握先贤的探索和追求，不仅感知他们的智慧和情怀，更可以站在他们的肩膀上奋力前行。从理论和操作层面讲，分类制度包括监狱的分类分级，罪犯的分类分级和分级处遇，监狱工作人员的分类分级。

一、监狱分级分类的演变

监狱分级分类是指按照科学、合理、统一的标准将监狱分成若干类，在监狱建设、管理、矫治等方面有所区别，并据此关押不同的罪犯，给予不同处遇的制度。

随着社会、经济的发展，人们对监狱行刑目的的认识趋向科学化，对罪犯矫正规律认识不断深入，各国都在探索如何保证监狱安全，如何矫治罪犯。因此，设置不同类型的监狱，如从警戒程度分为高度戒备、中度戒备、低度戒备监狱，从功能区别分为入监监狱、出监监狱、女犯监狱、未成年犯监狱、老年犯监狱、病犯监狱等。对监狱实行分类设置，进而对罪犯实行分类关押，是世界现代监狱制度的一个基本特征。

国外监狱的分类制度在经历了漫长演化过程后，逐步趋向科学化。在监狱分类上，一是突出安全需求，按照关押罪犯的危险程度，将监狱按照高、中、低等不同戒备等级进行设置，或者在一个监狱内设置不同戒备等级的监区，如英国的监狱就是按照不同戒备等级设置为 A、B、C、D 四级，其中 A 级为高度戒备监狱；

澳大利亚的监狱按照不同戒备程度分为三种类型：最高戒备监狱、中度戒备监狱和最低戒备的矫正中心。二是体现人道主义，对罪犯中的女犯、未成年犯、病犯、老年犯、残疾犯等监狱中的弱势群体集中关押、实行特殊的保护措施。三是展示开放趋势，设立开放式监狱，有利于罪犯重返社会。如美国监狱类型中有中途训练所，我国香港地区监狱设有3所中途宿舍，对那些即将刑满释放的罪犯进行训练辅导，增强他们适应社会的能力。

对监狱进行分类，是目前世界上许多国家普遍采用的一项基本的监狱管理制度，不同类型的监狱在警戒设施、技术装备、警力配备、管理办法、罪犯活动范围、劳动方式等都有不同的管理和矫正手段，对保障监狱安全、提高教育质量、降低行刑成本都有着重要意义。

我国监狱分类经历了几个阶段：1953年4月，公安部十一局在《关于劳改工作中几个问题的请示报告》中提出了划清管理范围，规定监狱、劳改队、看守所关押对象的具体意见。1954年国务院公布并实施的《劳动改造条例》将监狱类型规定为监狱、劳动改造管教队、看守所和少年犯管教所；1982年公安部制定的《监狱、劳改队管教工作细则》提出女犯应当单独设立女监或女分监；1994年颁布的《监狱法》将监狱类型规定为男犯监狱、女犯监狱和未成年犯管教所。近几年，随着监狱布局调整和监管改造的需要，监狱类型逐渐丰富，功能不断细化，进一步推动了女犯监狱、未成年犯管教所、病犯监狱或者监区和出入监监狱的建设，监狱分类建设得到加强。应该说，我国监狱分类体现了行刑理念的发展变化，取得较好的效果。

与发达国家相比，我国的监狱分类还有待进一步完善，我国主要按照罪犯的性别、年龄及刑期长短等，对监狱做了比较简单的分类。虽然新《监狱建设标准》对高度戒备监狱的建设做出了规定，但高度戒备监狱的关押对象、管理方式、警力配备、技术装备等还没有具体的标准要求。同样，对低度戒备监狱的建设、管理、关押对象也没有具体的规定，等等。可以说，建立一套完整的监狱分类体系已迫在眉睫。

二、罪犯分类演变过程

（一）国外罪犯分类演变过程

从国际分类发展的脉络看，罪犯分类是对人性及矫正真理的靠近与把握。伴随着起源于欧洲十六世纪现代意义上的监禁刑的滥觞，行刑个体化打开了整齐划一的严格监管惩罚的缺口，以惩罚、人道、效率为指引，蹚出一条罪犯分类的道路来。

1. 萌芽阶段。1595 年，荷兰政府将阿姆斯特丹的维兹拉修道院改为女子监狱，率先实行男女罪犯分押，成为罪犯分类制度的萌芽。18 世纪中期，英国监狱改革家约翰·霍华德（John Howard）提出根据罪犯的性别、犯罪的严重程度、精神健康状况等，对罪犯实行分别关押。1773 年，美国建成沃尔特街监狱，根据罪犯的犯罪性质实施分别关押。尤其是在美国诞生的具有监狱改革里程碑意义的“宾夕法尼亚制”和“奥本制”，对世界罪犯分类产生了广泛影响。

为具体了解早期罪犯分类情形，在此以英国伊丽莎白·弗赖（Elizabeth Fry）对女囚的分类制（classification system）为例做以说明。分类制是澳大利亚殖民时期女囚工厂为管理女流放犯而实行的罪犯分类制度，贯穿女囚工厂发展始终。这种分类制对女流放犯的惩罚和改造具有非常重要的作用，是女囚工厂中女流放犯管理的基本制度。

（1）女囚工厂分类制的渊源。英国工业革命时期的监狱改革运动不仅体现了英国刑罚方式的转变，同时促进了英国监狱的现代化转型。可以说，监狱改革是英国刑罚制度走向现代化的最重要的标志和体现。18 世纪，英国境内有大大小小的监狱近 300 个，这一时期的英国监狱状况非常混乱。问题主要表现在以下几个方面：其一，不分原则混合关押，包括不分罪行轻重、不分性别以及不分年龄；其二，监狱中恶劣的环境使得罪犯生存状况堪忧；其三，缺乏监管使得监狱秩序混乱不堪。

在 18 世纪后期英国的监狱改革中，其中影响较大的监狱改革家有霍华德和弗赖，霍华德在 18 世纪后期对英国地方监狱的改革为之后英国监狱改革奠定了重要的基础，而弗赖对英国监狱改革的突出贡献则主要体现在其对英国女囚的管理和改造方面。

对于监狱不分原则的混合关押，霍华德提出关于罪犯分类关押的思想，这是关于英国监狱罪犯分类的最早设想。他认为，英国监狱中不分类别的混合关押不仅不利于罪犯的改造，而且还会造成道德的沦丧。因此，应该讲监狱中的囚犯按性别、年龄以及犯罪性质进行分类关押。

相比霍华德罪犯分类制思想，弗赖的分类制更具有针对性，主要是对女囚的分类。1813 年，当弗赖第一次走进纽盖特监狱时，那惊人的场景、声音和气味使她毛骨悚然，污浊的空气使她几乎不能呼吸，她看到了已经被改变得像野兽一样的女人们。在1817年的新门监狱改革中，弗赖隔离出专供女犯活动的监舍区，创办了织工房、学校以及类似的日常活动场所，并指派了一名女舍监，结束了管理者只有男性的局面。弗赖认为，将监狱中的罪犯进行分类管理，不仅有利于维持监狱中的秩序，同时可以增加监禁惩罚的有效性。此外，弗赖指出，不应该仅仅根据罪犯所犯的罪行将其分类，而应该综合考虑罪犯的道德品质和犯罪程度。一个犯了轻罪的顽固的罪犯和一个犯有同样罪行的初犯，很显然，他们两个是不适宜被划分为同一类别的。根据弗赖的分类标准，监狱中的女囚被分为第一等级、第二等级和第三等级：第一等级包括犯罪行为较轻且无明显道德污点的妇女，第三等级包括最顽固和最堕落的罪犯，第二等级处于这二者之间。弗赖的这种分类制极大地激发了女犯改造积极性。

除此之外，弗赖及其成立的女士协会还到全国各地去走访那些即将被流放到澳大利亚的女囚，她们不仅给这些女囚提供物质和精神支持，同时劝诫女犯抛弃邪恶，努力成为对社会有用的人。弗赖不仅关注女犯流放之前的处境，而且关注她们到达澳大利亚的生活状况，虽然弗赖从未去过澳大利亚，但她却无时无刻不在关注着女犯的生活，同时英国政府关于女流放犯的管理政策也深受弗赖思想的影响。

（2）女囚工厂分类制的主要内容。澳大利亚殖民时期女囚工厂中的分类制基本采用弗赖关于女犯分类制的思想。根据弗赖的思想，即对于许多妇女来说，一旦她们踏入工厂的改造世界，她们过去的生活和罪行将不再是决定因素。

1821 年帕拉马塔女囚工厂建立后，前来调查流放制度的约翰·比格（John Bigger）专员提出应该实行一种更加系统和有效的惩罚方式。为了将那些惯犯与初犯隔离开来，麦夸里总督将女囚工厂中的妇女分为两大类，即“犯罪类”和“其他类”。“其他类”妇女主要包括年老的、已婚的以及年轻的女流放犯。如果妇女在“其他类”中表现良好，在经过 6 个月之后，将被选为“良好类”成员。此类妇女在完成工厂分配的工作之后，还可以兼职做一些其他工作，如果她们 12 个月之内持续表现良好，将会得到配给和获准结婚的资格。与此相反的则是“犯罪类”妇女，主要包括那些在殖民地犯罪以及违反工厂纪律的妇女。

1826 年，达令总督根据弗赖的分类制，引进了新的分类制，使女囚工厂的分类制更趋完善。达令总督将女囚工厂中的妇女严格地划分为三个类别，不同类别的妇女待遇不同，最明显地差别就是第一类和犯罪类妇女。第一类别的妇女主要包括那些在流放途中表现良好的以及初到殖民地的女流放犯，还有那些无辜的穷人。首先，这类妇女在工厂中通常从事一些比较轻松的工作，如纺织、梳羊毛、洗衣、编草帽等，而且她们还可以从中得到一些薪水。第二类别的妇女主要包括那些在配给服务或在工厂中行为不当的妇女。通常来说，第二类别的妇女是没有配给资格的，而且她们不可以外出，但是如果她们想要从第二类别上升到第一类，三个月的良好表现是前提条件。此外，此类妇女可得到其工作薪水的二分之一，剩下的二分之一在她们离开工厂时返还。第三类别的也就是犯罪类妇女，主要指在殖民地二次犯罪的妇女，还有在女囚工厂中屡教不改的妇女。这类妇女被认为是工厂中道德品质最差的一类妇女，同时待遇也是最差的，而且她们在工厂中的工作常常是没有任何经济价值的，即为工厂建筑砸碎石。

（3）女囚工厂分类制的影响。女囚工厂中的分类制是女流放犯管理的基础，合理有效的分类制度不仅有利于提高其改造积极性，同时有助于提高女囚工厂管理的效率。

首先，分类制提高了女囚工厂的管理效率。分类制以女流放犯的道德品质以及行为表现为划分标准，不同类别的妇女给予不同的待遇，极大地方便了女囚工厂对女流放犯的管理。在女囚工厂中，每一类别的妇女将被置于不同的监禁处，同时配有相对应的管理人员。除此之外，每一类别的妇女将以 12 人一组分为不同的小组，表现最好的妇女将被选为她们组的监管员，负责监管其他 11 名妇女的行为。这意味着女流放犯将处于全方位的监管之下，不仅如此，选用女流放犯充当监管人，还为政府节省了一笔雇佣职员的开支。

其次，分类制促进了女流放犯的改造，激发了其改造积极性。不得不说，分类制的实施为女流放犯提供了一种获得“新生”的渠道。分类制并不是一个静止的、固定不变的系统，任何良好的表现都将获得奖励，违反规则的也必将受到惩罚。因此，第一类别的妇女也可能成为犯罪类妇女，她们在工厂中的行为表现决定其在殖民地的处境。如果她们持续表现良好，将获得结婚的资格。在新南威尔士，婚姻对女流放犯和前女流放犯来说都是最大的经济机会。婚姻不仅可以为女流放犯提供财富和生存保障，同时它也可以提升女流放犯在殖民地的社会地位，女囚工厂的分类制恰恰为女流放犯提供了这种机会。

最后，分类制也使一些妇女变得更加顽固和堕落，加深了她们的苦难。分类制是根据女流放犯的行为表现将其分类的。因此，那些被政府官员认为是顽固不化的女流放犯将被归为第三类，也就是犯罪类。在整个女囚工厂的发展历程中，犯罪类妇女在工厂的处境是比较恶劣的。在分类制下，犯罪类妇女受到了严苛的对待，任何一点越轨行为都将受到严厉的惩罚。对犯罪类妇女严苛的待遇不仅没有促进其改造，相反却使其愈发堕落和顽固，她们成了殖民地社会居民眼中的无药可救之人。

2. 发展阶段。1872 年，国际监狱会议广泛探讨了罪犯分类制度、累进处遇制度等行刑制度，推动了罪犯分类制度的发展。1928 年，美国成立分类委员会，由专职人员对罪犯进行个别调查，根据调查结果确定个别化处遇。1931 年，美国监狱协会成立了罪犯个别调查及分类处遇委员会，制定了《矫治机构分类纲要》。这一时期，英国、德国、日本等国家均大力推进以罪犯分类制度为主要内容的监狱制度改良。二战后，罪犯分类理论、方法、体系得到了进一步创新和完善。

3. 规范阶段。1950 年，在第十二届国际刑法和刑务会议上，规范了分类制度概念，即“首先按年龄、性别、前科、精神状态等因素的不同，将罪犯分别集中关押在特殊的监狱内，然后再在各监狱内将罪犯细分成各种小组”。经过长期的发展，以美国、加拿大为代表的国家形成了较为成熟和科学的罪犯分类制度。虽然各个国家对分类制度的理解和界定不尽相同，但是罪犯分类制度已成为西方国家监禁刑执行的一项基本制度。

（二）中国的罪犯分类演变过程

1. 清末新政阶段。我国真正具有现代意义上的监狱和监禁刑始于清末监狱改良运动。清朝末年的监狱改良运动使现代意义上的监禁刑制度登上了中国的历史舞台。而我国罪犯分类管理缘于清末改良运动，是“西法东渐”的产物。光绪二十八年（1902年），山西巡抚赵尔巽奏准设罪犯习艺所，后改称收容习艺所，以罪行轻重而定时间长短，中国近代徒刑从此诞生。宣统二年（1910年），清政府组织编订了《大清监狱律草案》，仿照西方国家制度规定了分类拘禁制度，其中把监狱分为男监、女监以及徒刑监（拘禁处徒刑者）、拘役场（拘禁处拘役者）、留置所（拘禁刑事被告者，即拘留未决者）。同时，《草案》要求对接收的罪犯必须调查其相貌、年龄、出生、职业、经历、性格以及社会关系等，从而确定对罪犯行刑处遇的标准。还有对罪犯的教诲也体现了教育行刑个别化原则，如根据罪犯的表现，分别给予增加接见次数、自备文具、阅读自带书籍等奖赏，或斥责、禁止接见、停止运动等惩罚。

2. 民国阶段。民国北京政府时期，于1912年颁布《暂行新刑律》，规定自由刑分为徒刑、拘役两种，皆采用劳役制。其后陆续颁布了一些监狱改良制度，其中最重要的是1913年制定的《中华民国监狱规则》，规定各徒刑监、拘役监、幼年监、女监等，在同一区域内，应严分界限。民国南京政府时期，进一步借鉴西方国家罪犯分类制度，于1946年制定了《监狱行刑法》，将羁押少年犯的少年监狱、羁押未决犯的看守所与普通监狱分离，还设立了军人监狱、反省院、集中营和感化院等特殊监狱体系。同时，将独居与杂居两种方式结合起来，还实行了累进处遇和计分考核制度。

3. 中华人民共和国成立后

（1）初创阶段。初创阶段从新中国成立初期至 1980 年前后。1954 年《中华人民共和国劳动改造条例》颁布，其中规定对已判决的犯人应按照犯罪性质和罪行轻重，分设监狱、劳动改造管教队、少年犯管教所关押改造。1956 年，公安部十一局《关于对犯人实行分类分押制度中的几个问题的通知》，规定“对犯人实行从严、一般、从宽三种不同管理制度”，实行分级处遇。1962 年，公安部制定的《劳动管教工作细则（试行）》进一步规定“对各类罪犯分别编队、分别关押、区别对待，并对不同性质的罪犯分别的、有步骤地进行政治、文化和技术教育”，罪犯分类制度逐步步入正轨。

（2）发展阶段。发展阶段从 1981 年至 1994 年。1981 年召开了第八次全国劳改工作会议，开始进行劳改工作改革。1982 年公安部制定的《监狱、劳改队管教工作细则》专列“分管分押”一节，明确规定对反革命犯、普通刑事犯、累犯、惯犯、偶犯、过失犯实施“分别编队，分管分教、区别对待”。1989 年，司法部初步确定了“分押、分管、分教”的罪犯分类和处遇模式，并将其作为新形势下强化监管改造工作、提高改造质量的重大举措推广。1991 年，司法部劳改局在《对罪犯实施分押、分管、分教的试行意见（修改稿）》中明确了“横向分类、纵向分级、分级处遇、分类教育”的基本思路，全国监狱罪犯“三分”工作全面开展，在监狱内部按财产型、暴力型、性犯罪和其他犯罪实施分类关押。这是我国罪犯分类工作的一次狂飙突进，具有里程碑意义。

（3）创新阶段。创新阶段自 1994 年至今。1994 年颁布实施的《监狱法》规定：“监狱对成年男犯、女犯和未成年犯实行分开关押和管理，对未成年犯和女犯的改造，应当照顾其生理、心理特点。监狱根据罪犯的犯罪类型、刑罚种类、刑期、改造表现等，对罪犯实行分别关押，采取不同的方式管理。”这是第一次以法律的形式将罪犯分类制度确定为监狱工作的重要制度。2003 年颁布的《教育改造工作规定》与2007 年颁布的《教育改造罪犯纲要》，均提出相关规定。至此，我国监狱的罪犯分类制度基本成型：按照罪犯性别、年龄，把罪犯分为男犯、女犯和未成年犯分别关押；按照罪犯刑期长短，把罪犯分为重刑犯和轻刑犯分别关押；监狱按照财产型、暴力型、性欲型和其他类型的犯罪性质相对分押分管分教；按照罪犯改造表现和服刑时间，结合犯罪性质和危险程度，对罪犯实行严管、考察、普管、宽管等四级分级处遇。2007年，司法部等五部委《关于进一步推进监狱布局调整工作的意见》中，提出“根据对罪犯管理和改造的需要，逐步按照高度、中度、低度三个戒备等级对监狱进行分类建设和管理；根据押犯构成情况，按照分押分管的要求，新建或改建部分关押女犯、未成年犯、涉毒犯、特殊病犯、老残犯等监狱和监区”。各地参照新的《监狱建设标准》，新建或改建了一批中度戒备、高度戒备监狱（监区），分别关押不同危险程度的罪犯，采取不同的管理教育措施。多数省（区、市）因地制宜进一步推进了专门的老残犯、艾滋病犯、涉毒犯、职务犯、新收犯、出监等功能型监狱或监区的建设。

三、监狱的分类

（一）国外监狱分类典型模式

1. 美国监狱分类标准。美国监狱一般包括监狱、感化院、刑罚场所、看守所和拘禁中心等。按照地域和审判法院的管辖级别，可以划分为联邦监狱和州监狱。在各个州，根据监狱警戒程度的不同，分为最高警戒、中等警戒和最低警戒三个等级。有的地区为了实现管理过渡，在每个等级监狱之间再设立很高警戒监狱和很低警戒监狱。最高警戒监狱的戒备程度最高，但不一定关押人身危险性最大的罪犯，一般罪犯都先关押在这种监狱中。这种分类方法适用于男性罪犯，女性罪犯一般按地区统一关押在一个监狱中。

此外，美国还设立了社区矫正中心和特殊犯监狱。社区矫正中心收容即将释放的罪犯，而特殊犯监狱相当于精神病医院和各种治疗中心，专门用于关押心智不健全者、性犯罪者、吸毒者和嗜毒者。

2. 日本监狱分类制度。根据日本现行监狱法规定，监狱可以分为惩役监，用于惩罚罪犯并要求其服劳役；监禁监，仅监禁罪犯不要求服劳役；拘留场，拘禁不超过 30 天；拘置监，类似我国的看守所，关押未决犯和等待执行死刑的拘禁场所；留置场，附属于警察局，不得连续拘禁 1 个月之上；另外还有少年监狱。此外，日本还设置了世界上独一无二的专业化监狱，即交通犯监狱。

3. 英国监狱分类标准。英国监狱的分类管理在横向上，按照性别年龄标准，可以分为成年男犯监狱、成年女犯监狱、未成年犯监狱，按照开放程度可以分为封闭式监狱、半封闭式监狱、开放式监狱。开放式监狱罪犯不受严密而持续的监视，自由地接受有责任心的训练，从事教育和劳动。关押的罪犯大多是短期徒刑和即将期满的罪犯。在纵向上，依据罪犯的人身危险性把监狱分为四个等级，即最高警戒度监狱、中等警戒度监狱、低警戒度监狱和开放矫正机构。

（二）我国监狱分类

我国监狱分类的法律依据是《监狱法》第 39 条和第 74 条，规定了监狱对成年男犯、女犯和未成年犯实行分开关押和管理制度，即我国监狱分为三大类，成年男犯监狱、女犯监狱和未成年犯管教所。还有老残病犯、入监、出监等功能性监狱。实践中，成年男犯监狱又分为重刑犯和轻型犯监狱。过去根据罪犯劳动性质,实务部门也将监狱分为农业监狱、工业监狱和混合生产型监狱。

四、罪犯的分类

（一）国外罪犯分类典型模式

1. 美国罪犯分类标准。以对罪犯的分类调查为前提，按照个体品行分类、着眼人身安全分类、个人和特定环境相互作用的需要分类。分类调查报告包括社会调查报告、病历、身体现状、精神症状、教育和职业技能，以及犯罪情节的总结，这类总结有助于进行初步分类、重新分类和释放前分类。初步分类通常在接收中心完成，中心是监狱的一个独立单位，任务是使罪犯适应新环境和对罪犯进行测试，进行对罪犯的安全等级和人员分派。重新分类是罪犯在监狱中安顿之后，根据纪律程序再分配。释放前分类是重新分类的继续，将罪犯的档案资料交给假释委员会考虑，不需要特殊的安全考虑。

2. 日本罪犯分类制度。日本 1908 年的《监狱法》初步确立了收容分类的原则，1933 年的《行刑累进处遇令》确立了科学的调查分类原则。二战之后受美国罪犯调查分类制度影响，开始借鉴并采用美国的罪犯分类制度，于1948年实施《受刑人调查分类纲要》，正式确立科学的分类制度。规定设立分类中心，负责调查分类，调查时间为60天，分3个阶段进行。第一阶段15天，调查身体和犯罪情况；第二阶段25天，将受刑人送到综合适应性试验工厂参加劳动，根据劳动情况分配其后的劳动任务；第三阶段10天，综合调查结果，决定最适合受刑人的矫正处遇方法，并移送矫正机构服刑。

3.英国罪犯分类标准。与监狱分类相适应，罪犯分为四类，即：A类，可能从监狱脱逃对公众、警察及国家的安全造成极大危险的罪犯，此类罪犯应关押在最高警戒度监狱；B类，不必使用最高警戒度防范，但也不能使其逃跑的罪犯，此类罪犯应关押在中度警戒度的监狱；C类，尽管不具备逃跑能力，但在自由条件下生活令人不放心的罪犯，此类罪犯应关押在有一定自由度的非开放监狱中；D类，在自由条件下能令人放心的罪犯，此类罪犯置于开放式矫正机构服刑。

4.西班牙罪犯分类标准。西班牙监狱分为三类：第一类是审前羁押监狱，主要关押未决犯；第二类是正式服刑监狱，主要关押已决犯；第三类是特殊监狱，如精神治疗中心、医疗康复中心。在第二类的正式服刑监狱中，西班牙主要根据刑期长短、有无前科、心理与人格特征、人身危险性把罪犯分为三级：一级罪犯行为受到高度控制，三级实行半自由管理，二级属于中间级的普通管理。不同级别的罪犯分别投入有外围警察戒备的普通监狱和没有外围警察戒备的半开放式监狱。一级、二级罪犯一般投入普通监狱和监区，罪行较轻或在普通监狱服刑过半的三级罪犯投入半开放式监狱。同类别的罪犯可以相互接触，不同类别的则绝对不可以接触。

（二）我国罪犯分类

根据罪犯的犯罪性质，综合考虑犯罪手段、恶习程度和改造表现等分为四类：一是财产型罪犯，包括盗窃犯、诈骗犯、走私犯、贪污犯、敲诈勒索等；二是性犯罪罪犯，包括强奸犯、引诱容留强迫卖淫犯和重婚犯等；三是暴力型罪犯，包括故意杀人、故意伤害犯，抢劫犯和放火犯、投放危险物质犯等；四是其他罪犯。实行从严、一般、从宽的三等五级的分级管理制度。现在，按照人身危险性程度，分为极高度危险等级、高度危险等级、中度危险等级和低度危险等级四级。按照在犯罪可能性高低，将刑释人员分为较高危险等级和较低危险等级。

五、罪犯的处遇

罪犯的分级处遇是分级管理的核心内容，是在罪犯分类的基础上，对不同类别的罪犯实行不同处遇管理的一种方式。

（一）国外罪犯处遇

1. 西班牙罪犯处遇。西班牙将罪犯分为三个处遇级别，级别越高管理越宽松。在押犯中一级占 2.48%，二级占 72.9%，三级占 13.33%，还有 11.29% 的未决犯待判决后确定处遇级别。分级不同，服刑地点和方式不一样，实施改造的空间和条件也不相同，在出狱探亲、生产劳动、亲情会见等方面享有不同的处遇。三级罪犯的服刑地点为半开放或开放式监狱，白天可以出去工作，晚上回来。罪犯分级处遇不是一成不变的，实施动态管理，一般半年之内重新评估一次，根据评估结果确定处遇级别。

2. 瑞士罪犯处遇。在瑞士，一般罪犯会经历监禁机构评估设定的各个阶段。随着阶段的转移，其自由度越来越大。第一阶段为单独监禁阶段。一般单独监禁的时间很短，除非是有脱逃危险和对社会有危害的罪犯。第二阶段为集体监禁阶段。在判决时，经评估认为没有逃跑企图和危害社会倾向的罪犯可从一开始就送入开放或半开放式监狱。第三阶段为转入半自由的生活。这一阶段的开始须在星期过半之后，且在一个半开放的监狱服刑。这一阶段同时是假释的前期阶段。对于刑期少于 1 年的罪犯，其服刑可采取不同的方式，可处于半自由、半监禁状态。一是可以白天从事社会公益劳动，晚上和周末回监居住即可。二是不超过 3 个月的监禁徒刑经批准，可以做相应公益劳动来抵偿。三是试行家中服刑，由电子跟踪系统监视。

3. 韩国罪犯处遇。韩国根据罪犯的改造表现将刑期划为从严到宽的不同阶段。不同的服刑阶段，罪犯与外界的联系包括探视、信件、电话和在线探视等处遇都不尽相同。表现较好的罪犯，可以通过计算机网络在线探视，实现罪犯与家人的互动，收到非常好的效果。

韩国在分类的基础上，对罪犯处遇措施细化，体现宽严相济的形势政策。处于最低安全警戒级别的罪犯活动空间最大，可以进行监外劳动、亲情住宿；处于中等安全警戒级别的罪犯在监狱内可以进行劳动，活动空间相对自由；处于最高安全警戒级别的罪犯，活动空间、会见、通信受到限制，有的甚至被剥夺参加狱内劳动的权利。

（二）中国罪犯处遇

我国对罪犯处遇主要从警戒、监控、管束、活动范围、通信、会见、文体活动等方面，给予不同处遇。

对罪犯的处遇分为从严管理、常规管理、从宽管理。对从严控制的罪犯，严格限制其活动范围并落实包夹等措施，通信、会见受到次数限制，不得单独活动，适当限制文体活动等。对常规管理的罪犯，允许一定范围内活动自由，通信、会见适度放宽，保障其参加文体活动的正常时间。对从宽管理的罪犯，活动范围、通信和会见适度放宽，可以亲情会餐，符合条件的可以离监探亲，文体活动可以适当延长时间等。

监狱充分考虑处遇本身的政策效应，在处遇上对罪犯处遇内容留有调控余地，如对未成年犯、老病残犯一般不实行从严处遇，对危害国家安全罪犯、累犯、狱内又犯罪罪犯等一般不实行从宽处遇。

六、罪犯分类机构

（一）国外罪犯分类机构

国外许多国家的监狱管理机构层面都设有罪犯分类中心，监狱层面都设有专门的分类部门，由专业人员组成调查分类队伍，从事新收犯的调查分类工作。

比利时司法部狱政管理司下设一个处，专门负责罪犯的定性分类。罪犯被判刑以后，狱政管理司根据每个罪犯的犯罪事实、情节轻重、刑期长短、初犯、累犯，分别决定送到开放型、半开放型和封闭型三种监管措施宽严程度不同的监狱，实行分类监管。

同案犯尽量不关在同个监狱。各监狱又根据罪犯的不同情况，实行分管分押、区别对待。

日本在全国8个矫正管区（东京、大阪、名古屋、广岛、福冈、仙台、札幌、高松）设置了分类中心机构，充分运用医学、心理学、教育学、社会学等专门知识和技术，按照分类标准如性别、国籍、罪名、年龄、刑期、犯罪倾向程度、身心健康程度等，对罪犯进行分类，确定合适的处遇计划，将罪犯按照收容分类级别转送到相应的处遇设施，以便对罪犯进行有目的的教育，促进其自发的努力改恶从善。

美国在许多州都设有分类中心，几乎所有的美国监狱都设立了入监诊断中心，新入监罪犯必须在中心接受调查、测试、考核和评定，以便为矫正工作提供科学依据。如对青少年罪犯，法律专门规定，要求监狱管理局应设置分类中心和代理机构，负责对罪犯情况的调查归类、调查分析，30天后对新收青少年罪犯做出分类关押及其处遇的决定。此外，在监狱普遍设有分类委员会。分类委员会的建议对整个监狱具有约束力，监守人和监督人在委员会中担任重要职务，委员会的其他成员是那些参与评价罪犯并和罪犯一起劳动的工作人员。委员会可以做出下列决定：是否将罪犯调至其他监狱；需要对罪犯进行多长时间的看守；分配劳动；提出教育方案；决定由牧师进行训诫；提出娱乐方案。

（二）我国罪犯分类机构

我国没有现代科学完整意义上的分类机构，但分类业务由相关业务部门承担。我国罪犯分类业务称作收押释放工作，司法部监狱管理局制定政策和制度，省监狱管理局按照年龄、性别、刑期、地域、国籍等要素进行初次分类，各监狱相关业务部门根据分类原则进行二次分类至监区。罪犯的动态分类也有上述部门完成。

在目前监狱管理实践中，由于监狱、罪犯分类不到位的问题，导致监狱警戒水平都有提升的要求，都存在警力紧张的问题，容易出现以下问题：一是对危险性较高的罪犯难以实现过硬的防范，存在防范不足的问题；对于轻刑犯、过失犯等危险性较低的罪犯，管理又存在防范过剩问题。二是矫正资源存在漫灌有余和滴灌不足问题。三是警力使用上，存在警力配备标准上的一刀切，不能实现警力使用上高戒备监区配备警力多，低戒备监区配备警力少的优化配置方案。

七、监狱工作人员分类

（一）国外监狱工作人员分类

对监狱工作人员分类，提高工作的专业化程度，是国外监狱的普遍做法，主要分类方式有：

1. 根据岗位性质分类。有的国家将监狱工作人员分为看守人员、行政人员、专业人员三类，如英国、美国、俄罗斯等。有的国家将监狱工作人员分为文职人员和警备人员两类，如韩国、墨西哥等国家。

英国的专职监狱工作人员分为三大类：着制服人员（看守人员）、行政人员、专业人员。其中，着制服人员属于国家公务员，但不是警察，分为监狱长（高级主管）、监狱长助理（中级主管）、主管狱官（中级主管）、高级狱官（一线主管）、初级狱官（罪犯管理人员）、运营支持官员（罪犯监管人员）六个等次。着制服人员主要从事罪犯的直接管理工作，为防止与罪犯过于熟悉而影响管理和执法公正，每三年岗位轮换一次。行政人员主要从事行政管理事务。专业人员主要包括心理咨询师、技术辅导、护士、医生和牧师。此外，在监狱中工作的还有缓刑官和教师等，这些人员隶属于当地的缓刑委员会和教育学院，为监狱提供相应服务。监狱根据工作需要与当地缓刑委员会和教育学院签订合同。

法国和比利时的监狱工作人员均为国家公务员，主要分为监狱管理人员、监狱看守和辅助工作人员三类。监狱管理人员承担监狱事务的管理任务，素质要求较高，如监狱长必须大学毕业、通过会考并接受监狱学校培训。监狱看守负责监狱的安全警戒工作，通常只要求初中毕业并接受六个月的普通培训即可。辅助工作人员是依据司法部与政府有关部门签订的合作协议，由政府合作部门派驻监狱，从事医疗、教育、文化和职业培训等工作，均具有职业资格。辅助工作人员的行政关系不在监狱，只作为政府公务人员派驻监狱，且有明确的服务年限要求，一般服务期为两年。

墨西哥监狱工作人员分为文职人员和联邦警察。文职人员属于国家公务员，要求具备大专学历，基本素质较高，从事对罪犯的刑罚执行、教育矫治、生产劳动、医疗卫生和执法监督等工作。联邦警察主要负责监狱的安全警戒。

2. 根据身份分类。有的国家根据身份，将监狱工作人员分为公务员和政府雇员两类。如西班牙、意大利等国家。

西班牙监狱工作人员分为公务员和政府雇员两部分。公务员分为三类，A 类为法学、犯罪学、教育学、心理学、医学等专业的大学本科毕业以上人员，这类人员可以被提拔到监狱领导岗位或做监狱监督工作。B 类对专业没有要求，具备专科学历即可，其职责是监狱的日常事务处理和对罪犯的管理，这类人员也可以被提拔到领导岗位或做监狱监督工作。C 类完成高中教育或中等教育即可，其职责是从事监狱看守、罪犯跟踪、康复等工作，这类人员通过考核可以提拔为部门负责人。这类人员占监狱公务员的绝大多数。政府雇员是监狱聘用人员，在监狱内主要从事膳食、厨师、电工、水暖维修、卫生清洁、洗衣、护士、运动教练等辅助性工作。政府雇员与公务员一样，也按学历分组，共分八个组，分别从事不同的工作。

除此之外，意大利还有诸多社会志愿者为监狱服务，主要从事罪犯的文化、技术教育等方面的工作，协助监狱对罪犯实施矫正。

3. 监狱工作人员的待遇分类。国外监狱工作人员的待遇与分类直接挂钩，岗位分类不同，待遇标准也不同。一般来讲，监狱看守类人员、行政人员多属于国家公务员，待遇大多与公务员一致，矫正官员待遇高于一般公务员，如韩国，矫正官员由中央政府直接管理，工资福利待遇高于一般公务员。西班牙公务员的待遇标准由国家统一规定，由政府拨款解决，但由于每类工作人员的工作性质不同，工资标准也不同。有的专业人员和监狱是雇佣关系，待遇可以与监狱协商后确定，有的专业人员是由相关政府部门派遣，其待遇也与公务员一致。政府雇员的待遇由聘用单位协商，不同地区的监狱待遇有所区别，一般讲政府雇员工资低于公务员，但有的待遇相差较大。

（二）我国监狱工作人员分类

我国监狱工作人员分为监狱人民警察和监狱企业工人两类。

监狱人民警察承担监狱管理、监管和改造罪犯工作，属于国家公务员。工人主要在监狱辅助管理岗位、监狱生产关键要害岗位、罪犯技术辅导岗位工作，还有一部分工人是监狱企业为发展经济的需要在社会招录的人员，承担企业的相关工作。我国监狱大门看守、围墙的警戒由现役武警部队负责，在管理上由所在辖区的武警总队管理。

《监狱法》规定，监狱的管理人员是人民警察。监狱人民警察是警察序列中的一个警种。我国监狱警察目前没有实行分类管理，监狱围墙以内的警戒、应急处突等任务以及行政管理、刑务管理、医疗卫生、职业技术培训、罪犯劳动作业组织管理等由监狱警察承担。

监狱警察同时实行公务员序列的管理和警衔序列的管理。由于没有实行分类管理，在教育、医疗卫生、心理矫治、工程技术等专业技术领域，按照行政序列晋升。在待遇上，监狱警察实行国家公务员的工资制度，在工资、福利上与当地公务员享受同等待遇。

我国监狱企业工人是历史原因形成的。新中国成立初期的监狱多位于山区和荒漠地带，监狱承担了办社会的功能，警察家属的安置和子女就业以及罪犯刑满释放后流场就业的安置，形成了监狱企业工人来源的主体。实施监狱体制改革后，监狱企业和监狱分开运行，工人实行合同制，由监狱企业管理。监狱工人在企业缴纳养老保险和医疗保险，其合法权益得到有效保障，管理和考核与监狱脱钩。根据监狱工人岗位分类设置和管理的规定，实行定编定岗不定人的政策，工人只能从事监狱辅助管理岗位、监狱生产关键要害岗位、罪犯技术辅导岗位三类岗位，严格禁止其参与执法活动。

监狱分类、罪犯分类就必然需要监狱管理人员的分类，这是有机联系不可分割的一个整体。

第二节 分级与处遇是罪犯危险管控的核心

按照国际通行标准来讲，实行罪犯分类的目的旨在保护罪犯基本人权、保障监管安全、实施分类管理、实施矫正治疗和提高罪犯管理效益。也就是说，罪犯分类就是实现优化行刑资源、降低行刑成本和提高行刑绩效。从本质上讲，罪犯分类分级是风险管控的核心。但基于各国不同的刑罚执行理念与监狱发展水平，各国罪犯分类工作在分类应用上还是有一定的差异性。

一、当下我国罪犯分类的特点

纵观我国监狱系统罪犯分类工作，同新中国成立以来的相关规定特别是 1991 年《司法部劳改局对罪犯实施分押、分管、分教的试行意见》相比，近年来，明显有了变化与发展。

1. 在分类流程上，突出身份甄别和危险程度评估。部分省份专门设立新收犯监狱，大多数监狱都建立了入监监区。对公安机关投送的罪犯，都要集中在新收犯监狱和入监监区进行身份甄别及危险程度的评估。身份甄别主要通过监狱警察的谈话了解、向罪犯原籍地公安机关发函调查、商请监狱所在地公安机关网上比对、罪犯家属来监接见时了解等四种方式进行甄别。危险程度主要通过心理测量和警察谈话了解进行评估。经过入监教育阶段，监狱基本掌握罪犯的基本情况、恶习程度和危险程度。此外，成立出监监狱或省级罪犯回归中心也是一种趋势，以取代目前各监狱的出监监区。实践表明，不同类型罪犯间并非一定会有交叉感染，而且，以危险程度为标准进行分类，能最大限度地防止深度感染。

2. 在分类标准上，突出按罪犯危险程度分类。目前监狱对罪犯按照年龄、性别、刑期、地域进行分类后，监狱根据罪犯危险程度和改造能力的强弱，分别建立了功能各异、各具特色的监区。如针对狱内危险犯、反改造罪犯不断增多的趋势，本着重点防范和重点攻坚的原则，及时设立了高危犯监区，对普通监区关押管教难度较大的“危中之危”的高度危险罪犯和犯罪恶习较深、改造难度较大的“难中之难”的顽固犯，实行集中关押、管理、矫正。同时，对各类有现行的严重违反监规纪律的罪犯，实行严管、集训和禁闭，及时有效地打击和惩处严重违纪违规罪犯，维护狱内监管改造秩序。

3. 在二次分类上，探索新的分类标准。针对当前监狱老残病犯、职务犯、邪教类犯、艾滋病犯、外籍犯等罪犯人数不断增加的情况，一些监狱在 1991 年《司法部劳改局对罪犯实施分押、分管、分教的试行意见》的基础上，结合实际推进二次分类工作，如有的监狱将性犯罪中的强奸罪犯单独分离出来；在暴力犯中，以犯罪动机为标准，将暴力犯分为利欲型、性欲型、称霸型、激情型等，为分类改造奠定基础。在此基础上，也加强了动态分类工作。实践表明，在二次分类中力戒过细，不宜将矫正分类凌驾于安全分类之上，否则，会造成人力、物力上的不经济和浪费。

4. 在分级处遇上，突出区别对待。监狱在对危险犯、老年犯、病残犯、邪教类罪犯和普通罪犯分别关押的基础上，进行了具有针对性的分类管理和教育。对危险较大的罪犯和反改造尖子侧重点是严格的行为整训，安排适宜的手工劳动任务，推行个案矫正，主要考核其行为规范程度和恶习改正情况以及再犯危险事件的可能性；对老年犯、病残犯，本着充分保障罪犯权益、公平考核的原则，成立老年犯、病残犯监区，对原分散关押的老年犯、病残犯实行相对集中关押，管理和矫正，注重解决其医疗问题以及由此产生的思想问题，侧重于规范遵守和力所能及的劳动情况考核；对邪教类罪犯关键是解决其思想认识问题，侧重于考核其问题的认识深度；对普通类罪犯主要是对其认罪悔罪的教育和行为整训、教育，突出职业技能培训教育，注重思想改造和劳动完成情况的考核。在考核的基础上，把考核结果与处遇工作结合起来，推行特优会见、亲情电话、周末学习等不同处遇，加强了对罪犯的分别激励和约束。

二、当下我国罪犯分类的困境

从总体来讲，分级与处遇当下面临的困境是“形”“神”俱散。回头看几十年罪犯分类工作，令人们情绪低落和悲哀的是，从概念演绎概念，从形式推进到形式，低水平上的简单和粗放依然是我国监狱分类工作的主色调。

1. 法规体系散乱漂浮。目前罪犯分类工作虽有法律、法规以及规范性文件作为基本支撑，但尚未形成自成一体的操作性较强的完善的制度体系。特别是法律权利分配不科学。监狱机关虽想尽力，但涉及罪犯真正利益的自由（减刑、假释）却不在监狱的权利范围之内。况且实践中，减刑、假释的幅度还受到行政机关的比例制约。分级处遇为什么效益甚微，恐怕不是制度设计层面上的问题，它涉及自由度的大小才是问题关键。

2. 机构和人员粗糙混搭。国家层面上基本没有严格意义上的分类机构和具备专业知识的专职工作人员。基层监狱不仅分类机构和人员不健全，管理人员专业素质欠缺也较为突出。从目前调研看，分类机构已不复存在，人员四散飘零，新参加工作的警察有的已不知罪犯分类为何物。

3. 标准程序模糊混乱。分类标准和程序不够科学规范，罪犯处遇等级设置不合理，动态分类缺乏。监狱现有三等五级的分类，又有极高度、高度、中度、低度的分级，还有犯罪类型和刑期的分类，概念不清，标准不一，莫衷一是。令监狱和警察实际困惑是，以什么样标准对罪犯进行分级划分？这是一个根本问题。从当今发展来看，如何评估和消除其犯罪的主观恶性、人身危险性和再犯可能性已是趋势，但在现行罪犯分类标准找不到答案。

4. 监狱等级划分停滞不前。自从 1994 年《监狱法》规定监狱和劳改队统称监狱后，管理罪犯不论刑期长短、罪行轻重实施统一的行为规范和管理模式，弊端日渐增多。虽然按照刑期长短划分也有道理，但依然还未触及罪犯危险等级的本质。这就造成全国监狱一个样，监狱同质化问题日益凸显。监狱等级的划分本质上是不同级别监狱和罪犯实行不同的管理制度。在这里，我们要强调一点，原重刑犯监狱与高度危险等级监狱、出监监狱与低度危险犯监狱在本质上是不同的，这是一个值得思考的问题。尤其是当前，最为明显的是限减犯和刑期一两年的罪犯适用同一套管理办法。这就好像对即将退休和刚参加工作的同志同标准要求一样，在实践上是根本行不通的。

5. 处遇内容简单空洞。处遇的本质就是惩戒和激励的区别对待。当前，分级处遇制度流于形式，处遇内容不确定，奖惩范围和幅度狭窄，处遇级别之间的差别不明显。从根本上说，就是现行规定没有解决给予与满足之间的矛盾。重新获得自由是罪犯服刑的目标，那么，监狱的权力能够在多大程度上作用于罪犯的自由（减刑假释）？诸如警戒、监控、管束、活动范围、通信、会见、接受物品、文体活动、给养等，以上与罪犯真正的自由相关吗？这些都是要考虑的问题。

6. 警察分类有名无实。监狱警察专业化建设原地不动。现今警察皆“万金油式”，要值班能值班，要管理能管理，要教育能教育。俗语所言，样样精通，必是件件稀松，其弊端日渐突出。据调研看，个别监狱实行的值班、带工警察和行政班警察分开制度，也因一些依据、待遇、职责模糊问题，实际效果与预期目标相差甚远。

实现监狱、罪犯、监狱工作人员的科学分类，必须在科学界定分类标准的基础上，满足矫正罪犯的目的要求，遵循矫正罪犯的客观规律，对不同类别的罪犯采取针对性的矫正计划，从而最大限度地发挥监狱的监禁和矫正功能。

三、国外罪犯分类特点

1. 分类理论上，由粗疏到深刻。国外罪犯分类制度发展与刑罚思想、刑罚理论、科学技术的发展密不可分。在刑事古典学派时期，每一名罪犯都是一个抽象、正常的人，不同罪犯不存在任何具体的区别，男女老少罪犯实行混居制，因此分类就显得粗疏随意。在刑事实证学派时期，行刑个别化逐渐受到重视，目的刑（教育刑）观念兴起并对西方的刑罚制度产生了重大影响，刑罚个别化、行刑社会化思想在罪犯分类中得到了贯彻和体现。刑罚个别化思想强调刑罚的适用，尤其行刑应充分考虑罪犯的特点、人格。在此影响下，西方国家在矫正实践中创造了医疗模式、康复模式，罪犯进入监狱，犹如病人到医院就医，必先诊断病症、分析病因，才能寻求对症的药剂。随着犯罪学、社会学、心理学特别是生物学的理论被广泛应用于罪犯分类，同时对罪犯分类本身的研究也进入一个全新时期，许多更为科学的分类方式得到了研究和实践。如安全分类、需要分类、个性分类、处遇分类等。

2. 分类操作上，由简单到复杂。分类制度之初是男女分监、老幼分监、刑期长短分监，其后逐步发展为未决犯、已决犯、初犯、累犯分监等。再后根据安全警戒等级将罪犯划为不同危险等级，参与分类的因素越来越多，使用的分类工具也越来越广，而且随着生理学、心理学、社会学，尤其是计算机技术的发展和应用，欧美国家的罪犯分类进入量化阶段，步入罪犯危险性评估轨道。这些国家大都建立了从事罪犯分类的专业化机构，有专业的人员进行分类。分类操作上，不仅按照性别、年龄、刑期分类，而且按照罪犯的精神、智力、教育状况、心理状态（恶习状态）进行分类，并制作成量表，同时吸收心理学家、社会学家、精神病学家的广泛参与。除了分类工具复杂、分类标准多元、分类人员参与广泛外，国外罪犯分类的组织和分类程序变得更为复杂，是在几个层面上运作的复合性工程。如美国的罪犯分类：首先，由国家或州矫正管理部门层面创立分类政策和程序，以适应国家或州的矫正资源、目标和需要。其次，在州县层面或监狱层面设立新收犯分类中心，进行分类调查和个性测试，评估其危险程度，做出初次分类的决定，将罪犯分流到高、中、低戒备等级监狱或监区。在监狱或监区层面，根据罪犯改造表现、矫正需要和劳动需要，间隔一段时间对罪犯进行重新分类组合。

3. 分类技术上，从经验到科学。国外罪犯分类的初期，按照性别、年龄等客观属性进行分类，是一种自然分类、客观分类。而且早期在分类技术上更多地依靠管理者主观经验，在准确性和精确性上不够。后来随着犯罪性质、罪犯特征、精神特征、危险性、心理特征等主观性要素纳入分类标准，分类科学性较之前加大，首先由专业人员采用专业工具对罪犯的社会背景、犯罪史、身心健康史、教育、交友、家庭等情况进行调查，运用各种评估测试工具（如人格量表、心理量表、危险性评估量表）对罪犯人格、精神、心理特征、智力进行测试。其调查测试多由犯罪学、心理学、精神病学、社会学、医学、信息工程等应用型专业人士进行。最后，根据调查和测试结果对罪犯进行分类。这种分类机制减少了个人经验在分类中的比重，精确性、客观性、科学性得到增强。

4. 分类标准上，由一元标准到多元标准。罪犯分类初创阶段，由最初的按照性别要素实行男女分监，发展到按照性别、年龄要素设立男女监狱及未成年犯监狱甚至老年犯监狱（奥地利），乃至后来的按照性别、年龄、犯罪性质等因素的分类。在罪犯分类的形成时期，罪犯的体质、人格、精神状况、罪犯的社会背景等要素纳入分类体系中，如依据罪犯的精神状态分为常态罪犯和精神病罪犯。20 世纪 50 年代开始，罪犯分类制度在传统基础上，根据社会的安全需要和监狱的矫正需要，将罪犯的危险性和罪犯的矫正需要纳入罪犯分类标准，将罪犯分成不同危险等级（如英国按照罪犯的危险性将男性成年犯分为 ABCD 四个等级），并作为现代罪犯分类制度的重要标准。当前，由于行刑个别化的需要，罪犯分类标准越来越多样化，参与分类的要素也越来越多元化，如西班牙根据罪犯的个性、个人经历、家庭状况、刑期、罪犯重新融入社会的环境以及每次矫正所需的资源、设施和面临的困难和所需时间等因素进行分类。

5. 分类程序上，由静态分类到动态分类。教育改造罪犯是一个复杂而漫长的过程，罪犯危险程度、心理状态、身体状况、思想认识等因素不是一成不变的，而是随着改造过程的进展不断变化的，甚至因突发事件会出现突然波动。因此，科学合理的罪犯分类应该贯穿罪犯服刑的全过程。国外罪犯分类，经历了由静态分类到动态分类的发展。静态分类主要是入监分类，是指监狱对新收罪犯按照一定的分类标准进行初次分类，罪犯分流到监区直到释放不再分类。在罪犯分类的初创和形成时期，罪犯的分类基本上都以静态分类为主，该分类忽视了罪犯思想行为的发展变化，挫伤了罪犯改造积极性，不符合矫正教育规律。随着行刑个别化、社会化、社会复归理论的传播发展，许多国家都开始对罪犯实施动态分类，将罪犯分类贯穿于罪犯服刑的全过程。第一层级，在新收犯阶段实施初始分类，确定关押监狱；第二层级，在分押到指定监狱之后进行二次分类，确定关押监区；第三层级，在矫正过程中，定期或根据罪犯实际情况和工作需要，适时调整分类；

第四层级，罪犯刑释前，根据评估结果和刑释后需要，采取刑释前分类。如，韩国、日本监狱内设机构中都设有分类审查科和分类审议室，对罪犯的分类调查评估工作做得比较细致，而且实行动态管理。

四、中外罪犯分类简要比较

1. 关于分类法律依据。从国外来看，对罪犯的分类都有明确的法律依据。而中国罪犯分类法律依据滞后，目前指导分类工作的还是 1991 年《司法部劳改局对罪犯实施分押、分管、分教的试行意见》，而监狱实际同近 30 年前相比，已经发生了很大的变化，现有规定明显滞后，迫切需要修改。同时，从国外来看，分类工作得到了起诉和审判机关的配合。而中国罪犯尽管经过公检法的侦查、起诉、审判程序，留下了为数极多的对监狱有用的资料和数据，但由于种种原因，监狱无法利用，单位之间协作不够。

2. 关于分类机构。从国外来看，美、加、英等发达国家都有专门的罪犯分类机构，中国尚未设立专门的科学技术意义上的罪犯分类调查机构，只是一种行政机构。我国罪犯第一层次的分类，即性别（男犯女犯）分类、年龄（成年犯与未成年犯）分类、刑期（长刑犯与中短刑犯）分类由省局监狱机关相关部门组织实施，而罪犯的第二层次分类，由监狱实施。监狱设有入监监区，对罪犯进行入监教育后再对罪犯进行分类，关押于不同监区。我国罪犯分类实践的可取之处在于对罪犯第一层次的分类方面，不足之处在于对罪犯的第二层次分类，即按照犯罪性质进行分类。犯罪性质的分类还是外在的形式，尚未触及现代分类所强调的罪犯的危险性。

3. 关于分类调查。国外监狱一般要对罪犯进行生物学、心理学、社会学、教育学方面的分类调查，这些内容被写入法律中。我国目前的不足之处在于分类调查工作考虑罪犯个体情况不充分，对诱发罪犯个体的犯罪因素摸得不是很清楚。虽已全面推行罪犯危险性评估，找到了前进的方向，但要体现危险性评估的本应之意，还存在不少距离。

4. 关于罪犯处遇。大体而言，国外监狱无论从宽从严，法律都规定罪犯在不同级别的处遇内容。我国在实践中也对罪犯实施分级处遇管理，与很多国家做法相同，但又推行工作时间短，经验不足，还需要完善。如我国监狱对安全工作的要求很高，致使分级处遇很难在安全措施上真正拉开档次，半开放式监狱更是不可想象。同时，从国外看，不同类别的罪犯，经费保障标准也不同。而我国现有的国家财政保障办法，对罪犯按照东中西部标准保障，没有考虑罪犯的类别。因此，经费问题也是完善罪犯分类制度的一个障碍。

5. 关于分类工作人员。从国外看，分类调查、分级处遇都由专门的人员进行，我国监狱警察同国外相比，除数量少外，科学的职务序列和职称序列尚未建立，警察队伍中心理学、社会学、教育学、精神病学等各种专家缺员较多，影响我国的罪犯分类工作走向科学化、规范化。

五、中国罪犯分类的发展方向

通过上述分析对比不难发现，我国监狱罪犯分类分级当下之困境，不仅在于罪犯分类治标不治本的浮皮潦草上，更在于罪犯分类后所衍生的后续系统问题的束手无策上。那么，如何实现突破与救赎和回归监狱本质的彻底与精进呢?

从理论上和实践上看，要从根本上解决问题，就必须将罪犯分类管理工作作为一个系统工程对待，研究和完善法律权利分类、警察分类、监狱分类、罪犯分类、完善处遇、监管矫正分类 ，也只有这六位一体，才有可能实现分类的价值。

1. 加强法制建设，健全法律体系。要建立和完善罪犯分类工作的基本制度体系，为罪犯分类工作法制化、规范化提供制度保障。“徒刑的期限不应该是罪行的交换价值的量化，它应该根据罪犯在监禁期间的有效转变来调整。”分级处遇制度必须跟减刑、假释这些与自由实质相关的制度相连接，这就意味着当下刑事法律权力的解构与重新分配，罪犯的减刑假释应由监狱减刑假释委员会独立做出判断决定。因而要大力推动《监狱法》的修改和完善，乃至研究制定统一的《刑事执行法》，解决罪犯分类工作遇到的规定过于原则、内容落后时代发展等问题。着力解决不同等级、类别的警戒设施、管理、处遇等分门别类的规章制度。

2. 加快警察分类，建设专业队伍。为顺应监狱发展方向，借鉴国外有益做法，可以考虑根据岗位的性质和任务，将监狱人民警察分为罪犯管理类（负责直接管理、教育罪犯）、行政管理类（负责监狱行政事务）和专业技术类（负责罪犯评估分类矫正等相关技术含量较高业务）等三类，按类别提出不同的任用资格，实施不同的管理要求，对应不同的待遇标准和晋级渠道，解决分工和队伍专业化、管理模式统一化问题。

在分类的基础上，强化相对专业的与罪犯分类工作相适应的评估矫治人力资源建设，明确评估矫治从业人员的任职资格条件，不断强化罪犯分类业务培训，提高分类工作的专业化水平，确保分类和矫正工作高质量发展。进而组建罪犯评估分类委员会，配备足够的专家，包括精神病医生、心理学家、犯罪学家等。分类委员会除负担调查分类任务外，还负责向监狱的分类机构提供专业指导，帮助培训分类工作人员，提供其他援助。建立面向社会公开招聘矫正队伍机制，降低监狱管理成本。让具有矫正技能的人员参与到监狱矫正工作中来已是不能回避推脱之事。

3. 完善监狱等级设置，划分戒备等级监区。犯罪预防理论表明，在正式的刑事司法制度之外，还有三种可选择的犯罪预防方式。一是发展预防，指通过早期介入，改变儿童的生活机会，从而防止他们走上犯罪生涯；二是社区预防，指实施各种计划和政策，改善引发违法行为的各种社会及社会建制的状况；三是情境预防，指通过改进和控制物理环境、产品、制度等，来减少日常犯罪机会。监狱监区的分类分级，就是这三种犯罪预防精神的体现。

监狱就是把违背社会秩序的人监禁起来。极高危和高度危险罪犯就是“罪犯中的罪犯”。高度戒备监狱或监狱中的高度戒备监区就是“监狱中的监狱”。把极高度等级危险犯和高度等级危险犯集中控制起来，从更广泛地意义上讲，就是“监禁中的监禁”，也就是特殊预防。剥夺其犯罪条件，阻止其重新犯罪。通过将犯罪人关押在特定的场所，这就在一定时期内剥夺了其再犯罪的条件。同时也使监狱其他中度、低度危险等级罪犯和监狱工作人员免于受到侵害。同时也可发挥一般预防作用，对于狱内的不稳定分子，即自我控制能力较差、免疫力较低，容易受犯罪诱惑或容易被犯罪人教唆、拉拢，具有犯罪倾向的人也是一种威慑和警示。

加速实施高中低戒备等级监狱及功能分类，实施不同的管理制度和模式。要构建符合关押不同危险程度罪犯的超高戒备、高戒备、中戒备、低戒备、半开放式监狱。加大建设监狱中心医院（医疗监狱，关押老弱病残犯）、外籍犯监狱及特殊病犯监狱（关押精神病犯、性病犯、涉毒犯等）等功能性监狱。在此基础上，监狱继续类中分层，划分专门功能的宽管和严管监区（狱中之狱）。普通监区承担对考察、普管级罪犯的管理和教育。宽管级罪犯分押宽管监区，严管级罪犯分押严管监区，实施相应处遇与警戒。建立和完善相应的管理办法。当前，建立并实施白天可以到监狱外劳动，晚上回归监狱的开放、半开放式监狱或监区已不容回避。

在此，要引起人们注意的是，随着监狱布局调整的完成，当前监狱在硬件设施上应该满足监狱分级和关押极高度（高度）危险等级罪犯的需求，不应在这方面纠结和纠缠，而应把心思和注意力放在如何管理的软件上。

4. 完善分类体系，明确分类标准。在现代犯罪学中，犯罪人分类的标准多种多样，每一种分类方法都适应和服务于特定的犯罪学理论和实践的需要。有人把形形色色的犯罪人分类方法归纳为心理学类型、罪犯社会角色类型和社会学类型三大标准；有的学者则把犯罪人分类方法归纳为用于量刑与行刑统计的刑事学类型、服务于鉴别和鉴定目的的诊断学类型和服务于治疗处遇目的的技术学类型三大标准。按照上述标准，可以划出若干具体犯罪人类型。

目前，尚不存在一种统一的犯罪人分类的综合性标准，较为常见的犯罪人分类有以下 11 种：①根据性别，分为男性犯罪人和女性犯罪人；②根据犯罪人经历，分为初犯、再犯与惯犯，或者分为职业犯罪人和业余犯罪人；③根据年龄，分为未成年犯罪人和成年犯罪人；④根据精神状态，分为正常犯罪人和精神病犯罪人；⑤根据犯罪方式，分为暴力犯罪人和智能犯罪人；⑥根据犯罪性质，分为暴力犯罪人、财产犯罪人（含经济犯罪人）和性犯罪人；⑦根据犯罪心态，分为故意犯罪人和过失犯罪人；⑧根据身份，分为白领犯罪人、蓝领犯罪人、政治犯罪人和普通犯罪人；⑨根据组织形态，分为犯罪自然人和犯罪法人；⑩根据罪行轻重，分为重罪犯人和轻罪犯人；⑪根据刑法规定进行的犯罪人类型的划分。

而监狱应在性别、年龄、刑期、犯罪类型分类的基础上，以罪犯危险性评估作为基本手段，把罪犯分为极高度、高度、中度、低度四个危险等级。对极高度和高度危险等级罪犯，再进行矫正分类，实施分类矫正。还有，当下对限减犯、老弱病残犯、精神病犯分别集中关押已迫在眉睫，到了非搞不可的地步了。

5. 推行动态分类，实时调整方案。大力推行动态分类调整模式，将罪犯分类贯穿服刑改造全过程，不仅在新收犯阶段由犯罪学、心理学、精神病学、医学等应用型专业人士组成调查委员会，对新入监罪犯进行调查评估，确定分类类别，实施初始分类，确定关押监狱；监狱再二次分类，确定关押监区，即可防止交叉感染，又可防止深度感染；在此基础上，也可根据矫正需要继续分类。同时要定期或根据罪犯实际情况，适时调整分类；还要根据再犯可能性评估结果和刑释后需要，采取释前分类，与社会相衔接，谋求效益最大化。

6. 规范处遇流程，深化处遇内容。积极落实阶梯式累进处遇激励模式，规范处遇划分，设置分类处遇和分级处遇；按照先分类再定级的原则，细化处遇评定，并实行类、级处遇动态调整；严格执行处遇规定，及时兑现罪犯处遇。罪犯处遇的本质是一种差别化的待遇激励措施，但据实践经验和罪犯实际，如果处遇内容缺乏对自由的给予，这个处遇就会实行不下去。美国联邦监狱局依据罪犯危险程度的大小将罪犯关押于不同戒备等级的监狱并给予罪犯不同的活动自由，高度危险罪犯只限于在监禁场所内活动，中度危险罪犯可允许在狱外活动，低度危险罪犯可以参加社区矫正。新西兰惩教署依据罪犯脱逃风险的高低，给予罪犯在监管、劳动、矫治、外出、释放等五方面的不同处遇。

进一步依据处遇性质和特点，丰富和深化处遇内容。一是刑事处遇，主要有减刑、假释以及人道主义性质的暂予监外执行。二是行政处遇，主要有监狱表扬、记功和监狱改造积极分子，以及各种因改造表现积极的加分及荣誉激励，或者是离监探亲等。三是物质处遇，主要有物质激励，或者购买物品在种类、数量、数额和次数上的待遇差异。四是会见处遇，主要有会见通信的方式、时间和频率。五是报酬处遇，罪犯参加监狱劳动是法定的义务，但监狱要遵循多劳多得原则，依照罪犯创造的劳动价值按照处遇等级、规定比例提取和发放。六是文化处遇，主要是监狱为罪犯提供教育、娱乐的便利和待遇，诸如，拓展教育形式和范围，使用网络资源，提供娱乐场所、时间、形式以及关押生活环境的改善等。同时，加大处遇级差并使之处于使60%以上罪犯能得到的合理状态，使其具有科学性、可操作性和激励性。处遇级差是指不同等级的罪犯之间的处遇存在主观设置的差别。合理和充满吸引力的处遇级差就像势能一样,可以转化为罪犯自我改造的动能。克服目前罪犯处遇级差不明显、针对性不强和无视罪犯需要的主观思维和做法。

罪犯在监狱最关注的就是两件事：一是什么时候能出狱？二是在服刑期间“自由度”大小。影响前者的是减刑、假释制度，影响后者的是罪犯分级处遇制度。从目前情况看，这两种制度在各地执行过程中还有相当的差别，执法标准不统一在某种程度上影响了监狱均等化发展目标的实现。

我国是单一制国家，法制统一是宪法要求，执法标准统一是法制统一的内在要求。《刑事诉讼法》《监狱法》最高人民法院司法解释以及司法部的有关规定对罪犯分级处遇及减刑、假释等执法制度都有相应的规定。但总的来说，一些规定过于原则，不够细化，还很分散，不够统一，造成各地在执行过程中存在差异。从长远看，要制定统一的刑事执行法，从实体和程序两个方面对刑罚执行进行全面、细致的规定，以最终达到执法标准的统一。从当前看，要对罪犯分级处遇的内容、标准、程序等进行细化，改变对罪犯分级处遇随意性、片面性，体现执法一致性和稳定性的基本要求，力求在执行过程中能做到统一。

第三节 欧美罪犯危险的适度管控简介

一、加拿大危险罪犯和长刑犯标定制度

第二次世界大战后，特别是 20 世纪 70 年代后，维护社会安全在刑罚裁量、刑罚执行中被置于最重要的位置。社会达成一种

共识，矫正罪犯虽然重要，促进罪犯重返社会也非常重要，但是矫正和促进罪犯重返社会的前提却是保证公众的安全。在这种理念引导下，形成了危险罪犯和长刑犯标定制度。

1. 危险罪犯的标定制度。加拿大1947年颁布的《惯犯法》就规定了危险罪犯制度（惯犯制度是由1904年的“持续的危险犯”这一概念发展而来的）。这部法律针对曾经被指控过三次以上的犯罪与被认为具有顽固性犯罪行为的罪犯。而罪犯一旦被认为是惯犯，司法机关将采取预防性拘禁的法律措施和适用不定期刑。这部法律在施行30年后的1977年才被修改。

1948年，加拿大通过性罪犯心理疾病法，主要适用于试图或者实施攻击、强奸他人的罪犯。1953年通过的该法修正案将适用对象扩大到鸡奸、兽行等犯罪。该法认为性罪犯心理疾病者是缺乏控制性冲动能力、对他人显现危险的人。对于这种罪犯，法律规定可以适用两年以上的不定期刑。但这部法律由于受到广泛批评后被废除，取而代之的是《1960年性危险犯法》。该法认为危险的性罪犯是试图控制自己性欲望而失败的人，规定这类罪犯仍然适用不定期刑罚。但是社会依然认为，上述法律一方面只根据罪犯的精神状态就认定罪犯的危险，将没有危险的人错定为有危险的人，另一方面有危险的人没有被纳入法律控制的范围。

1977年，《刑法修正案》废除了所有的预防性措施，而在刑法中规定了危险罪犯条款。该条款认为，危险罪犯是指有严重伤害他人危险的罪犯，包括性侵害与非性侵害，其犯罪具有反复性、顽固性。法院根据专家的评估报告，并具备以下四点，就会被认定为危险罪犯。一是严重的伤害犯罪，如性攻击和伤害等；二是实施反复、持续的可以导致他人伤害乃至死亡的行为；三是控制性冲动失败具有导致伤害的可能性；四是行为的野蛮性表明行为人很难控制行为的再次发生。同时，如果一个罪犯因为暴力或者性犯罪被三次定罪，该罪犯必须接受危险罪犯的认定。对于被认定的危险罪犯，法院可以判处不定期的拘禁刑罚，而且罪犯七年内不能假释，这在刑法中是最严厉的刑罚。七年后是否适用假释，由假释委员会以释放后能否融入社会为标准予以决定。同时，释放到社区后还要接受跟踪与监督。截至 2006 年 7 月，已经有 351 名罪犯被认定为危险罪犯。其中 18 人在假释中，有 333 人仍在监禁中。

2. 长刑犯的标定制度。长刑犯的标定制度创建于 1997 年，这一制度指向不符合危险罪犯标准的性罪犯与暴力犯。一旦罪犯被法院认定为长刑犯，法院将判处最低为两年的定期监禁刑，其在释放后需要在社区接受最长期限不超过十年的监督。根据统计，法院决定的监督期平均是八年。但违反监督的行为在刑法中是一种独立的可诉之罪，可以被判入狱十年。截至 2005 年 2 月，有 300 名被认定的长刑犯，其中 187 人在监狱，113 人在社区。其中多数被认定者是性犯罪者，也有实施严重攻击的罪犯、放毒者、驾驶致人伤害的罪犯被纳入其中。

当然，对于危险罪犯和长刑犯的标定制度，很多人持谨慎的赞同态度，认为这种制度可以提高公众安全，但担心评估认定不准确。同时，鉴于预防措施容易滥用，欧洲人权法院对预防措施的使用就表示担心人权容易遭到侵犯。对危险评估持赞同意见者认为，对于公序良俗持蔑视态度、反社会的行为方式、具有违反规范史的、低自控能力、易冲动等都可以用以预测危险。况且，与以前使用非结构的临床性的危险评估工具相比，现今使用的结构性的统计危险评估工具，更使评估的精度有了显著的提高。他们得出的结论是，危险评估是准确的，担心是多余的。

二、延长高度危险罪犯的监禁期

所谓延长高度危险罪犯的监禁期，是指司法机关通过加重罪犯监禁刑的方式，将有高度危险的罪犯隔离于社会，从而控制罪犯出狱后可能带给社会的危险。根据犯罪生涯理论的研究，罪犯随着年龄的增加，重新犯罪的可能性会下降。根据一项对包括加拿大、美国、英国三国的成年男性罪犯的研究，性犯罪者的重新犯罪率随着年龄的增长而降低。延长高度危险罪犯监禁期的表现形式主要是加重累犯刑罚。累犯被认为是高度危险的罪犯，而加重刑罚是延长其监禁刑的合法方式。各国加重累犯的处罚的立法不尽相同，但都有关注和倾斜。如瑞士、意大利、法国、俄罗斯等，甚至东亚国家也有这方面规定。比如《韩国刑法典》(1988 年修订) 第 35 条第 2 款规定：“对于累犯的处罚，得加重至本刑的二倍。”

在延长高度危险罪犯监禁期措施中，立法影响比较大的是美国累犯打击法。1994 年，加州立法机构通过了修改量刑法规定。其目的是：第一，延长危险罪犯刑期，延长剥夺罪犯自由的时间，控制他们的犯罪能力。第二，威慑其他实施犯罪的罪犯。这一修改所形成的法律条款被称为“三次打击法”。根据法律规定，对于以前有过三次严重犯罪或者暴力犯罪被判处重罪的罪犯，法官可以判处被告人 25 年的有期徒刑或者无期徒刑。其法律基本特征是：第一次打击，罪犯现在犯的罪是重罪或者罪犯以前犯有一次以下暴力性重罪或者严重的重罪（所谓暴力犯罪，指加州刑罚典定义的暴力犯罪，如谋杀、抢劫、强奸等。所谓严重犯罪，指加州刑罚典定义的相关犯罪，严重犯罪不仅包括暴力犯罪，而且包括诸如夜盗等犯罪），必须适用监禁刑。第二次打击，如果在罪犯以前犯有严重的或者暴力性的重罪，罪犯现在犯有重罪（不是严重的重罪或者暴力性重罪），法官适用刑罚要加倍。第三次打击，如果罪犯以前曾经被定过两次或者两次以上的严重的重罪或者暴力性重罪，如果被告人被定任何一种新的重罪（不仅是严重的重罪、暴力性重罪），罪犯将被判处最低服刑 25 年刑期的监禁刑。同时规定，对罪犯的惩罚要连续计算，如两个第三次打击，刑罚应当是两个 25 年的监禁刑。

三、性犯罪者登记、公示制度

为了控制性犯罪，美国最早制定了性犯罪登记制度，其主要内容是性犯罪者需要向警察登记所居住的地址，警察可以进行社区公告。这一制度设立的目的是发生性犯罪后随时可以了解性犯罪者的动态，还可以实施威慑。第一个性犯罪者登记项目始于 1944 年的加州。20 世纪 60 年代，美国有 3 个州采纳了性犯罪者登记制度，在 1985 年到 1989 年又有 7 个州采纳这种制度。而到今天，美国所有的州都使用了性犯罪者登记制度。虽然各州的规定不一样，但根据美国联邦的规定，对居住在美国的妇女与未成年人实施过性侵犯的 21 岁以上的性犯罪者都要进行登记。1989 年，为了通过市民行动对性犯罪者达到更有效的控制，美国华盛顿州通过的社区保护法规定，出狱后的性犯罪者向警察登记后，如果社区认为其有危险性与再犯可能，可以有选择地进行通告。

1997 年，英国的性犯罪法规定，性犯罪者要到当地警察局登记，时间段为 5 年至终生，时间段长短取决于犯罪的危险程度。从实践上看，大多数性犯罪者在出狱后 5 年内都要向警察报告当下的住址。法院也可以限制性犯罪者迁移，违反者将被送入监狱。后来，英国进一步完善了这一制度，规定每年警察局对性犯罪者进行公告，每次公告时，被公告人需要接受指纹检查，并进行拍照留底。

法国为应对近年来性犯罪案件不断上升的趋势，处理日益增多的性犯罪问题，强化政府与性犯罪者的斗争，在全国范围内创建了性犯罪登记数据库。数据库包括罪犯姓名、住址、职业和 DNA 样本。并且，性犯罪者刑释后仍将受到密切监控。这些措施不仅能对性犯罪者起到威慑作用，而且可以为调查人员提供便利。

当然，对于性犯罪登记和公示制度，社会自然会有不同看法。一方面认为，性犯罪登记与公示制度应当取消。其理由是罪犯出狱后在不同程度上仍然受到公开与不公开的监视，加重刑释人员与社会的对立，容易造成罪犯与社会分裂。另一方面认为，性犯罪登记与公示制度有利于社会安全。其理由是因为性罪犯存在专业化问题，大多数性累犯倾向于加害同种类型的被害人和使用同类型的行为。研究表明，对男性实施性侵害的罪犯再次侵害男性的可能性比侵害女性的可能性高出 180 倍。

四、澳大利亚危险罪犯的继续羁押或监督制度

澳大利亚昆士兰州于2003年制定了《危险罪犯（性犯罪分子）

法》。该法的制定源于昆士兰州一个臭名昭著的性犯罪累犯福格森（Ferguson），其于1987年因绑架、性侵3名儿童被判入狱14年。福格森的刑满出狱，使澳大利亚社会产生了巨大恐慌，他也的确在出狱后再次犯案。福格森的刑满出狱对社会造成的负面影响，最终促使昆士兰州议会通过了上述法律。该法的主要目的有两点：一是对于特定类别的罪犯进行继续羁押或监督以确保社会安全；二是对于特定类别的罪犯提供持续的控制、关怀和治疗措施以促进他们的“更生”。该法对于“罪犯”的定义为：因实施严重性犯罪被处以一定刑期监禁或所实施犯罪中包含因严重性犯罪被处以一定刑期监禁的罪犯。该法第5条规定，州总检察长可以根据相关程序在该罪犯刑期的最后6个月内向法院提出继续羁押或监督申请，由法院进行初步听证后决定该罪犯是否对于社会构成危险。初步听证中，检方和罪犯双方都可以向法院提交各自意见以及证明各自主张的证据。在初步听证中，如果法院认为存在合理理由认定该罪犯的释放对于社会将构成严重危险，应当确定日期开展正式听证。正式听证前，法院可聘请精神病学专家对罪犯本人进行风险评估，州总检察长应就罪犯危险性问题向法院提交正式报告，原案受害人有权就该罪犯危险性发表自己的意见。

《危险罪犯法》第13（2）条规定，罪犯满足下列条件时，法院会认定罪犯对社会构成重大危险：当罪犯获释或获释后不受监督，存在实施严重性犯罪的极大可能。这一认定必须基于充足证据所得出的罪犯再次实施性犯罪的高度可能性。这些证据通常包括检方意见、精神科医师评估意见、涉及罪犯犯罪倾向的信息、罪犯是否存在固定的犯罪行为模式、罪犯的矫正情况及其效果、罪犯的前科劣迹、罪犯再犯罪的风险以及保护社会公众的需要等内容。

据此，法院将针对该罪犯制发继续羁押令，将其不固定期限地羁押以继续管控和矫治；或制发监督令，在规定相关监督条件的基础上释放该罪犯。如果法院制发监督令，监督令上必须载明其有效期限。该期限不得少于5年，以监督令制发或罪犯获释时二者中较晚者起算。同时，明确了继续羁押令的年度复核程序、监督令的延长程序以及违反监督令的处置方式。

昆士兰州这一预防性羁押罪犯的立法在澳大利亚并非首例。在20世纪90年代早期，维多利亚州和新南威尔士州已就预防性羁押罪犯进行了立法。但受到了现实挑战，澳大利亚联邦终审法院认定其导致新南威尔士州最高法院行使非司法的职能，违反澳大利亚宪法的原则。联邦终审法院担忧，这种无罪监禁的方式将产生如下的观感:法院成为行政权力的工具,证据规则将彻底失效。但联邦终审法院同时指出，各州可以制定通过州法院的普通司法程序实施且具有防护条款的通用的预防性羁押立法。这一观点成为昆士兰州《危险罪犯法》得以出台的原因。

然而，昆士兰州《危险罪犯法》受到了联合国人权委员会的关注和否认，重点指出，根据罪犯过去的罪行预估其对社会未来的风险，这一逻辑存在问题。它往往基于观念而非事实。虽然精神病学专家对罪犯做出了评估意见，但精神病学并非一门精准的科学，法院只能根据罪犯过去的行为对其未来可能的行为进行判断。为避免武断，当事国应当证明除了继续监禁没有其他更有效的更生措施。同时指出，只有在两种情况下，对一个人的人身权利进行限制才是正当的，即此人因犯罪应被拘捕至法院进行审判或法院判定此人有罪而其必须为此接受刑罚。

但联合国人权委员会的意见对澳大利亚没有强制约束力，基于人身自由与预防性羁押的理性权衡，相关的立法在澳大利亚仍呈扩张趋势，澳大利亚法律体系在这一领域未来是否会发生变革，有待进一步关注和研究。

五、生物控制

虽然有关研究表明，可以对性罪犯通过性激素治疗进行矫治，但接受治疗的人员重新犯罪率仍然相当高。尽管如此，欧美一些国家仍有运用生物方法也就是化学阉割来控制重新犯罪的主张和措施。化学阉割不同于生物阉割，是通过向身体注射药物来实现，其比外科阉割要文明。同时，有研究者认为，即使化学阉割的成本比较高，但如果化学阉割有效果和副作用小，降低重新犯罪的效果明显，还是可以接受的。

英国于 1973 年开始对实施保护观察的部分性罪犯使用能够降低性冲动和性要求的药物，这种药物治疗可以减少罪犯以后再次犯罪的风险。当今英国已决定对已经被捕的患恋童癖的罪犯实施化学阉割，这种药物可以控制他们在见到青春期前的小男孩时睾丸素的分泌量。当然这一措施需要被监禁的性犯罪者同意，自愿接受药物治疗。

俄罗斯认为，化学阉割是借助可阻隔雄性荷尔蒙作用的药剂彻底压制人的性欲，不排除将以立法的形式推出对获刑的恋童癖患者实施化学阉割，因为大多数涉及恋童癖患者的犯罪案件都是惯犯所为。并强调，罪犯接受化学阉割后，可能会重获自由，呼吁民众不必为他们走上街头而不安。

法国主张不能放任那些病态的、杀害和威胁儿童生命的人，认为在儿童性犯罪者服刑结束后应由医生做出诊断，如有再犯危险，应将其送入隔离设施。如罪犯本人同意，还应用荷尔蒙疗法对其实施“化学阉割”，经“治疗”后那些人才可离开医院，但必须随身佩戴电子标签。

美国是从 1997 年 1 月开始推行化学阉割制度的。加州规定，性罪犯出狱前一直持续到假释期间都要接受这种药物治疗，如果罪犯不愿意可以选择外科阉割。蒙大拿州规定，对于第二次被以强奸定罪的罪犯，或者特别恶劣的性犯罪人，在其出狱前一个月开始进行化学阉割，时间延续到矫正局认为不必要使用药物。艾奥瓦州规定，如果被害人是 20 岁以下的人，罪犯获得假释的条件就是接受化学阉割。特别强调的是，在得克萨斯州，1997 年到 2005 年已经有 3 名罪犯接受了外科阉割。

六、中途之家或保护观察旅馆制度

传统上的中途之家是由社区矫正机构或者其他机构比如慈善机构建立的，旨在帮助刑释罪犯重返社会的设施。这种意义上的中途之家的基本功能是保障被假释和释放的人员，在重新回到社会上时有个住宿的地方。现代的中途之家不仅向从监狱回到社会的人员提供帮助，而且向社区服刑的其他人员提供帮助。帮助和支持主要体现在生活、学习和工作方面。也有研究者认为，中途之家是一种半监禁刑。

虽然中途之家不是监狱，但为了保证社区和公众安全，中途之家对住宿者也有严格的控制措施。主要措施有：住宿者必须接受监管，对住宿者的活动进行登记和查证，实行宵禁，外出需要经过一定审批程序并经允许，接受戒毒治疗和精神病医生帮助，支付住宿费用等。

正是中途之家增加了住宿监管元素的特征，确保了释放人员的活动、交往都受到监控，同时拉近了矫正机构管理人员与刑释人员的空间距离，增加了相处时间，为释放人员从监狱向社会过渡提供了很有成效的过渡。

七、电子监控

电子监控是根据电子技术掌握社区中加戴电子镣铐罪犯的方位的监控方式。电子监控不是一种惩罚，但是，在社区刑或者说社区性刑罚执行中，电子监控已成为刑罚的有机组成部分，是强化监督的重要方法。电子镣铐的基本功能是显示加戴电子镣铐人员的方向和位置，社区矫正机构便可以利用其进行追踪和定位，以实现对社区中罪犯的监控。

电子监控，不仅可以独立使用于监控社区中的罪犯，而且可与其他监控要素结合，用于判断罪犯报告情况的真实性，进而判断罪犯的危险性，对提高社区罪犯监控的力度和应对危险的快捷反应都有不可或缺的作用。

虽然对上述危险控制的方法进行逐条逐项罗列，但我们一定要认识到，实践中的危险控制还是多种手段综合运用的。同时，虽然这些控制方法对于危险控制是可行有效的且很重要的，但我们绝不能忽视矫正控制仍然是一种很重要的和治本性的危险控制方法。

【本章小结】

1. 管理是不是一种手段、管理能不能起到矫正作用，这是我们应该深刻思索的一个问题。2. 没有一种万全之策，只能在可见的方法中选择，然后权其轻重利弊。3. 对罪犯危险的干预与控制指向的是高度危险等级罪犯，对中度和低度危险等级罪犯的控制干预是无效的，而且是适得其反的。4. 矫正控制从理论上讲是最有效的，但矫正本身的局限性决定了矫正控制不是终极手段。5. 并不是对高度危险罪犯实施控制干预就能消除重新犯罪，只是增加了减少重新犯罪的可能。6. 犯罪和对付犯罪的手段（如监禁），都是特定时空，即特定的自然、社会与历史条件的产物，其间永恒对立而实则相反形成的相依为命的紧张状态，实以“必要的张力”为机制，而且，理智地说，能够形成和保持“必要的张力”是一种理想状态。所以，可以说，既不应奢求刑罚监禁等手段的全然有效，因为倘若全然有效则不会有犯罪发生，也不必哀叹刑罚监禁等手段全然无效，因为倘若全然无效，社会早已因犯罪而解体了。6. 威慑理论实质上是一种社会心理学理论，因为它假设，政府的刑罚处罚会通过人们对于刑罚确定性、严厉性和快速性的感知来影响犯罪人和潜在犯罪人。但感知威慑研究的结果并不一致，研究结论并不有力。

贫乏与欠缺：矫正需要及其评估

对于一个医生来说，了解一个患者，比了解一个患者患什么病重要。

——古希腊哲学家希波克拉底

【本章提要】

本章认为矫正需要评估与罪犯危险性评估本身的价值取向根本一致，评估方法相同，评估内容同出一门。本章阐述了矫正需要即犯罪性需要的内容、原则、方法及评估工具，达到掌握矫正需要，把握矫正方向的目的。实践证明，犯罪性需要的发现，为科学矫正罪犯、降低重新犯罪提供了方向和无限可能。

管控和矫正是刑事执行的两大任务，通过罪犯危险性评估，明白和掌握了罪犯的危险类别和危险等级，根据危险类别和危险等级实施不同戒备等级的管控，这才完成罪犯危险性评估任务的前半段或者重要的一部分。评估的价值在于精准认识罪犯，在评估的基础上，如何矫正和改造罪犯就成为摆在我们面前的一个问题，进一步讲，如何使矫正有效，又是一个必须直面的问题。这就产生了矫正需要评估和矫正项目。

第一节 矫正需要的概念及产生背景

一、矫正需要的概念

矫正需要也就是犯罪性需要（学术标准上称为犯因性需要），是指罪犯因对犯罪生活的依赖或者对犯罪行为的习惯而形成的需要。也可指为矫正罪犯而根据犯因性因素科学筛选出的可改变的因素。简单地说，也就是需要矫正什么。确定了罪犯的矫正需要就确定了干预前提。

矫正需要是欧美矫正项目设计者使用“Criminogenic Needs”这一概念表述的。其中“criminogenic”是指犯因性因素或可诱发犯罪的因素，有的也称为犯罪源生因素。一般是指“犯罪原因性的”“具有犯罪原因性质的”“起犯罪原因作用的”因素，指那些与犯罪行为有直接关联的因素，或与犯罪人犯罪相关的可改变的动态性因素。而 Criminogenic Needs 直译为汉语是“犯因性需要”。其英文原始概念不仅包含矫正需要的内容，而且包含罪犯犯罪原因方面的内容。美国学者沃偌斯等认为，罪犯的 Criminogenic Needs 包括：反社会交往、反社会态度、反社会行为、解决问题技能存在缺陷等。而这些内容既是需要对罪犯进行矫正的地方，也是罪犯犯罪的重要原因所在。由此可看出，Criminogenic Needs 是一个语义容量非常大的概念，其承继了刑罚个别化、矫正个别化的传统，吸收了近年矫正领域研究的最新成果，融罪犯的犯罪原因、矫正机构的矫正罪犯需求及罪犯自身的矫正需要于一体，浓缩了现代罪犯矫正原理的精华，为项目矫正奠定了理论基石与实践基础。但由于在汉语中很难找到一个与Criminogenic Needs 相匹配的词语，而使用“犯因性需要”一词在汉语语法上也很难说通。因而在实践上普遍运用约定俗成的“矫正需要”或“犯罪性需要”来表达 Criminogenic Needs 所包含的语义。前者侧重矫正方法的选择，后者侧重反映罪犯的犯罪原因。可是，犯罪性（criminality）是个人进行犯罪行为的内在倾向，其中既有心理的成分，也有生理的成分。其还不足以涵盖诱发个人犯罪的全部原因。同时，“needs”有“需要，必须；（表示应该或不得不做）有必要”含义，加之为直观起见，笔者认为Criminogenic Needs 应意译为“需要矫正因素”或“有必要改变因素”或“必须改变因素”，既直接明了、通俗易懂，也涵盖了Criminogenic Needs 的原始含义。此处“因素”为“可诱发犯罪的因素”，但为行文方便和读者接受考虑，本书采用约定俗成的表述。

进一步而言，对“矫正需要”内涵更简单的表述是，它是与导致罪犯的可能重新犯罪行为相关的需要。犯罪性需要除不涉及历史因素，如犯罪史之外，其他绝大部分因素与再犯风险因素都是重合的。

比如，有的学者使用元分析法对 24 项围绕青少年犯的研究成果进行研究，这项研究涉及 15000 名青少年犯，发现 5 类危险性因素在预测重新犯罪上有很好的作用。其中 4 类是动态性因素，或者是犯罪性需要：家庭与社会性因素，如存在家庭问题、业余时间使用不当、有不良交往等；教育因素；有毒品使用的历史；

有严重的精神健康问题。

二、矫正需要产生的背景

20 世纪 70 年代始，罪犯的矫正政策在西方国家进入低谷，普遍认为，19 世纪以来的矫治模式被事实证明是错误的，其不再为刑事司法机关所遵循。随着实践的发展，到了 20 世纪 90 年代，矫治理论开始复活与重新兴起。矫治之所以再次兴起是因为“多元分析法”的使用。多元分析法对矫治结果的分析表明，矫治在遏制重新犯罪上所起的作用虽然小，但却是显著的。经过分析认为，运用矫治方法后，重新犯罪降低率在 10% ~ 12%。

也就是说，自 20 世纪 70 年代以来，矫正运动经历了三个阶段：从“矫正无效”到“什么有效”再到“如何是有效”。1974 年马丁森发文指出“矫正无效”，使监狱甚或刑事司法界陷入对教育矫正的普遍悲观绝望中，但后续研究证实，并不是所有矫正项目都是“无效的”，有的项目是比较有效，甚至是非常有效的。有的研究者开始关注“什么有效”问题，即发现和揭示那些能够对抑制重新犯罪起到积极作用的原则和方法。当学者发现了越来越多有效矫正项目之后，政府和公众对矫正的信心得到了有限的恢复，一些更为乐观积极的人士开始设想“如何使矫正有效”。于是，在此种社会思潮下，矫正需要的探索与矫正项目的研发开始登上历史舞台。

三、矫正需要的内容

矫正需求评估的实质就是犯罪性需要评估。罪犯的犯罪性需要有很多，其中加拿大学者郑祝等人对1970年的131个研究成果进行元分析，在罪犯的犯罪性需要与重新犯罪之间找出了1141个关系。经过r系数分析，他们的结论是：下列犯罪性需要与重新犯罪关系比较密切，包括罪犯的态度、价值；支持罪犯生活态度的行为；犯罪史；罪犯所受的教育、培训与就业；年龄、性别、种族；家庭因素。下列犯罪性需要与重新犯罪的关系比较弱：罪犯的智力因素；个人焦虑、自尊等因素；个人的社会地位。因此，罪犯的犯罪性需要对重新犯罪作用力存在差别，影响或轻或重，或有或无。正因为如此，罪犯的犯罪性需要评估要有选择性。经过筛选与过滤，犯罪性需要评估主要包括以下内容：

1. 犯罪人以前服刑的情况。通过对重新犯罪与犯罪史的关系考察研究表明，重新犯罪与犯罪史关系相当密切，监禁增加了罪犯重新犯罪的可能。有研究指出，75%的因盗窃、夜盗而服过短期监禁刑的罪犯在释放两年内又实施了犯罪而被定罪。1/3的人在监禁中丧失了他们的房屋；2/3的人因为判刑丧失了工作；超过1/5的人陷入经济困难；超过2/5的人与家人关系破裂。此外还有研究证明，入狱监禁的罪犯生理健康、心理健康日衰，生活技能衰退。更多的实证研究认为，反社会行为史与重新犯罪密切相关，是犯罪性因素的重要内容。

2. 出狱后的住宿。实证研究表明，住房问题是与重新犯罪密切相关的因素。英国的调查发现：被释放的罪犯有42%没有固定住宿。而无家可归的罪犯被重新定罪的比有住宿的罪犯重新犯罪率高2倍。

3. 教育、培训与就业。研究人员对重新犯罪与就业、教育等的关系进行 r 检验，发现 r = 0.13，表明重新犯罪与就业、教育等关系比较密切。有关调查表明：因为缺乏文化与技能，有 66% 的罪犯不能胜任社会上的高达 96% 的劳动岗位。有的报告指出：被释放者有 20% 没有书写能力，35% 的人没有计算能力，50% 的人没有阅读能力或者阅读能力低于 11 岁的孩子。许多罪犯无一技之长，几乎没有就业经验。与常人相比，有 13 倍的失业可能，有 10 倍的逃学可能。

4. 理财能力。很多罪犯不会理财，导致欠有债务，包括罚金、与法院相关的费用等，所以他们往往依靠非法收入维持生活。

5. 人际关系。罪犯通常与家庭成员关系很差，很少感受到关心。研究人员对重新犯罪与家庭因素的关系进行 r 检验，发现 r = 0.09。这表明重新犯罪与家庭和人际关系因素关系密切。

6. 生活方式与社会联系。罪犯的生活方式与社会联系缺乏结构层次，罪犯在社会上的生活方式往往是混乱无章法的，如应当休息而混迹于娱乐场所，应当工作而不工作。在人际交往中倾向于与有前科劣迹的人交往，而经常与其他罪犯来往的人更可能重新犯罪。

7. 使用毒品和酒精滥用。很多罪犯都使用过毒品，很多罪犯的犯罪都与酗酒有关，结果容易导致他们重新犯罪。

8. 心理与精神健康状况。研究表明，监禁人口比公众的心理疾病患病率高 3—4 倍。甚至有的罪犯存在 2 种或 3 种以上心理失常的表现，特别是在人格、精神或精神失常方面表现明显、问题突出，这既有犯罪前因素，又有犯罪后因素。无论是罪犯在狱外所遭受的社会排斥，还是狱内所接受的社会隔离，都增加或强化了他们的心理与精神紧张，降低了他们行动策略选择的正确性，增大了发生危险行为的可能性。

9. 思考与行为方式。罪犯的生活态度、对他人的态度与重新犯罪有相关的密切因素，很多罪犯不能彻底考虑行为本身的性质和后果。研究人员对重新犯罪与罪犯的思考和行为关系，包括态度、价值与支持犯罪生活方式的行为，进行 r 检验，发现 r = 0.18，这表明重新犯罪与罪犯的思考和行为方式的关系非常密切。“犯罪性思考方式心理问卷”是一种精神测验方式，有学者用此问卷对英国 6 个不同监狱的 255 名罪犯的思维模式与犯罪生活方式的关系进行了测验，这些罪犯的罪行主要是暴力犯罪和盗窃。经过 80 项测量发现测验对象存在以下情况：一是混乱方面，表现为精神紧张，精神错乱，贫乏的阅读能力。二是具有强的防卫心理方面，表现为试图掩盖困难或者缺陷；无耻与不在乎外在的谴责，犯罪具有计划性。三是较低的挫折忍耐方面，表现为倾向于使用毒品后采用犯罪行为以排除阻碍或是失败感，或者使用脏话骂人。四是倾向于错误定位需要方面，有控制他人的倾向，尽管卷入了犯罪活动，但是从感觉和信念看“行为人”是好人。五是思维认识方面，认为犯罪所产生的消极后果可能避免，懒于思考问题，缺乏反思性理性，思想与行为不一致。得出的结论为被调查者的思维方式与犯罪行为之间存在密切关联。

四、扎耶克关于矫正需要的 7 个主客观基础

美国学者扎耶克（G.Zajec）认为罪犯的矫正需要的主客观基础包含以下内容：

1. 反社会的态度、信念与价值。罪犯反社会的态度、信念与价值，是罪犯之所以犯罪的一个重要原因，通常以下面的形式表现出来：一是罪犯认为犯罪理所当然，对自己所犯罪行不以为然。如有的罪犯宣称，“被定罪、被判刑的人又不是我一个，犯罪有什么了不起的”。二是对犯罪所造成的危害结果不以为然。如有的罪犯宣称，“没有人受到伤害”，“他们的安全已经得到了保证”。三是否定道义责任。如有的罪犯宣称，“我已经受到了惩罚”。

2. 犯罪性思维。如有的罪犯认为，犯罪具有刺激性与挑战性，具有挑战司法机关的心理要求。有的罪犯认为，“我非常精明，他们抓不住我”。

3. 具有反社会的关系网。很多罪犯所交往的朋友多是具有反社会或者反社会倾向的人。

4. 个人决策能力与解决问题的能力差。有的罪犯之所以犯罪，是因为生活遇到小的困难，没有能力运用合乎法律与道德的途径和方法解决，只能运用犯罪的手段解决其遇到的困难。例如，“由于我需要送我的孩子上学的费用，所以我开始买卖毒品”。

5. 所受教育水平低，职业技能水平弱。这就导致认识问题带有极大的局限性，就业范围窄或无业可就。

6. 自控能力差或自我管理能力差。有的罪犯在解释自己的犯罪原因时，所使用的主要理由便是“我太愤怒了”“我管不了那么多了”。

7. 使用毒品。

总之，矫正可以通过对于罪犯重新犯罪相关程度高的因素进行干预，也就是将与罪犯重新犯罪相关程度高的因素纳入矫正需要范围。一方面，可以避免矫正人力、物力的浪费，避免矫正的低效、无效；另一方面，由于将矫正干预集中于与罪犯重新犯罪程度高的因素，可以提高矫正的有效性。对与罪犯重新犯罪相关程度不高的因素，因与重新犯罪研究价值不大，没有必要纳入矫正需要的范围。从形式上看，矫正需要就是矫正机构及矫正工作人员对罪犯需要矫正的地方进行矫正，如罪犯与他人的交往。从实质上看，矫正需要就是将具有矫正价值的与罪犯重新犯罪相关程度高的因素纳入干预范围。由于每个罪犯个体或某类罪犯群体的与罪犯重新犯罪相关程度高的因素不同，所以每个罪犯个体或某类罪犯群体的矫正需要的范围就不同，也就是说每个罪犯个体或某类罪犯群体的矫正需要是不同的。

第二节　满足矫正需要的规范即矫正有效原则

在确定矫正有效的基础上，如何使矫正有效就摆在人们的面前。在此认识的基础上，怎样确保或者说用什么样的原则和条条框框规范如何使矫正有效，促使矫正效益的最大化，又成为一个不容回避和绕不过的问题。

一、具有普适性的 RNR 原则

基于对实践的总结与经验材料的理论研究，目前，获得普遍认可并得到广泛运用的是 RNR 原则，也就是说，有效矫正必须遵循以下三个原则：风险原则（risk），需求原则（needs）和响应原则（responsivity）。

1.风险原则。风险原则声称犯罪行为是完全可以被预测的，而且干预应该针对高风险罪犯。矫正罪犯需要把握罪犯的危险性，或者说，干预要考虑罪犯的危险性。所谓危险，主要指罪犯重新犯罪的可能。对罪犯的干预应当与罪犯所具有的危险性即危险程度相对应。危险越大，干预力度越大；危险越小，干预力度越小，甚至在某种程度上不需要干预，让其自然愈合。也就是说，对低度危险罪犯进行矫正是低效的。这样，就对罪犯需要进行评估，并通过危险性评估把握干预力度，从而在危险与干预之间建立了关系。根据研究，违背危险原则对罪犯实施的矫正，不但效果不好，而且适得其反。比如对低度危险罪犯实施强度大的矫正，不仅不能很好地矫正罪犯，反而易使矫正无效，甚至促进或加速罪犯重新犯罪。对高度危险罪犯使用低强度的干预，对降低重新犯罪是无效的。

2.需求原则。强调在干预设计和应用中，犯罪需求的重要性。矫正要考虑罪犯的矫正需要，矫正需要不同，矫正内容与方式就应当有所不同，矫正项目也就不同。对罪犯矫正干预的范围很大，所以与罪犯重新犯罪相关的因素都可以作为干预对象。但是，只有对罪犯重新犯罪相关的重要因素进行干预，才能取得显著的成果。研究发现，如果将对接受体现矫正需要原则的矫正项目与没有体现矫正需要原则的矫正项目的罪犯相比，重新犯罪率下降5%，还表明，如果对罪犯使用没有体现矫正需要原则的矫正干预项目，这种矫正不仅不能降低重新犯罪率，反而增加罪犯的重新犯罪率。

需要强调的是，有的学者将“矫正需要”等同于“危险因素”，虽然矫正需要从理论上或者从严谨的立场看，它是罪犯个体上可以改变的动态性的危险因素。

3. 响应原则。该原则描述了干预应当如何被提供。也就是这一原则关注罪犯与项目之间的关系，力图使矫正最适合罪犯。具体讲，实施矫正，首先要看罪犯的基本情况，包括个性、优势、长处等。其次，根据罪犯的特点，选择相适应的矫正项目。最后，是否在矫正人员与罪犯之间可以形成互动的关系。

以上就是 20 世纪 80 年代得到发展、90 年代逐渐理论化的风险需求响应原则（简称 RNR 原则）。RNR 原则也可以这样理解：风险原则，标出罪犯再犯风险的风险等级；需求原则，评估犯罪需求，并把它们作为治疗的目标；响应原则，通过提供认知行为治疗和根据罪犯的学习类型、动机能力和自身优势来设计最有针对性的干预目标。

二、其他矫正有效性原则

除 RNR 原则外，还有许多学者和研究机构从不同立场、不同角度、不同方面就矫正有效原则提出了不同的见解和主张，都是非常有价值的，做出了开创性的贡献。他们为人们更好地理解和把握矫正有效原则和促使矫正有更好的效果，提供了一幅全景图。

1. 威廉 · 麦奎尔的六项原则。1993 年，美国耶鲁大学威廉 · 麦奎尔教授提出有效的矫正应当坚持六项原则：第一，指向高度危险的犯罪人。第二，关注与犯罪相关的行为。第三，以社区为出发点。第四，使用以认知行为为基本方法的矫治手段。第五，矫正要有层次性和方向性。第六，矫治手段要进行整合。在此要补充的是，在 20 世纪 50 年代，麦奎尔首先提出认知相符的概念。

他认为，人有一种动力倾向性，其信念、观点或态度如果与其他观点或行为有矛盾，只要他意识到，就会自发地去调整自己原来的观点，去与正常逻辑关系相符。这种认知相符倾向的观点是把人作为理智人的见解。在这一共同思想的基础上，许多社会心理学家展开了大量研究，形成了各自的理论，并统称认知相符理论。

2. 哈伦的七项原则。1996年，哈伦提出矫正要坚持七项原则：第一，矫正应当有一定强度与行动性。第二，矫正应当指向高度危险罪犯的犯罪性需要。第三，矫正应当与罪犯性格相适应。第四，矫正的权变性与策略应当有一定强制性，但应当是公平的。第五，矫正人员需要接受有关培训，而且对罪犯矫正要有建设性的态度。第六，矫正应当对罪犯的违法行为与思维具有破坏性。第七，要提供防止重新犯罪的措施。第八，矫正者与被矫正者相互感受与积极的关系，以及矫正者能否了解不同的被矫正者，对有效矫正至关重要。

3. 郑祝等人提出的四项原则。加拿大学者郑祝等人的有关罪犯矫正的研究在现代西方国家矫正研究中具有代表性。1996年，他们提出了四项原则：第一，矫正罪犯需要通过干预影响罪犯重新犯罪的因素进行。第二，影响罪犯重新犯罪的因素需要筛选。第三，有效的矫正是通过干预与罪犯重新犯罪相关程度高的因素进行的。第四，干预与罪犯重新犯罪相关程度高的因素的方法是，矫正机构与矫正人员使用矫正项目对罪犯进行矫正。

4. 安德鲁与博塔的五项原则。1998年，加拿大学者安德鲁与博塔就如何使矫正有效，提出了五项原则。他俩界定的矫正有效五原则成为矫正有效问题研究的一个立足点，很快被很多学者全部承认和接受。从此，矫正有效的原则被纳入分析矫正有效的思维范围，以后关于矫正有效原则的研究均以此为基础和出发点。第一，风险原则。第二，矫正需要原则。第三，对应原则。第四，整体性原则，这一原则要求矫正具有整体性。第五，专业性原则。罪犯矫正具有专业性，矫正机构对罪犯所开展的矫正应当由专业机构支持指导、专业人员实施。

5. 安德鲁的十八项原则。2001 年，加拿大学者安德鲁对提高矫正有效性和降低重新犯罪进行了专门论述，提出了十八项主张。第一，对罪犯的矫正干预理论应当建立在犯罪行为理论的基础上。第二，要以在犯罪行为危险因素基础上的个人与社会相互学习为视角。第三，避免使用报复的、恢复正义的、威慑的政策。第四，要充分考虑人的社会性。第五，要评估罪犯的危险水平，将罪犯分到与其危险相当的设施中。第七，关注罪犯的犯罪性需要。第八，使用有效的方法评估罪犯的危险。第九，在相互交往中，要将矫正与罪犯的学习方式、动机、能力对应起来。第十，在制定干预政策中要考虑罪犯的年龄、性别、种族、语言。第十一，要对矫正的方法进行评估。第十二，发展矫正与关心相结合的监督政策，防止罪犯旧病复发。第十三，界定与明确矫正人员自由裁量的场合与权限。第十四，制定能够执行原则的、有用的矫正计划或者指导规则。第十五，建构监督项目、矫正完整的程序。其中的要素应当包括矫正人员的选择、训练、监督、信息记录等。第十六，关注矫正人员的技术发展，包括发展关系、奖励、目标等。第十七，要保证主要管理人员有前瞻的能力、广博的知识。第十八，将矫正要置于整个社会制度中，关注不同的变量。

6. 扎耶克的八项原则。2004 年，美国学者扎耶克提出矫正的安排实施应当遵循以下原则：第一，根据罪犯的犯罪性需要进行资源安排。第二，通过对罪犯的评估将矫正干预指向高度危险的罪犯。对罪犯的评估应当包括危险性评估和犯罪需要评估。第三，矫正应当建立在有效的理论基础上。实践表明，社会学习理论、认知行为理论可以支持矫正。而通常有些流传甚广的理论是被视为有问题的理论，是不能支持矫正的，比如罪犯缺乏创新精神，罪犯缺乏纪律意识，罪犯需要更好的食物与服务，将罪犯视为病人进行治疗，男性罪犯需要接触女性罪犯，罪犯需要接受戏剧疗法，罪犯需要学习种植蔬菜，罪犯需要发现他们心中的英雄等。第四，使用认知方法矫正罪犯。好的认知方法不仅教会罪犯适应社会的行为，而且帮助他们模仿、尝试、练习，促使罪犯形成好的、与社会相适应的习惯和行为。好的认知方法应包括转变思维方法的内容。罪犯学习社会交往技能的是有极高的回报价值。恰恰监狱中罪犯之间、罪犯与管理人员之间的交往是罪犯学习和提高社会交往技能的机会，管理人员之间的交往成为罪犯学习的样本。第五，破坏罪犯原有的与其他犯罪人的关系网。有效的干预应当为罪犯交往提供结构性的帮助，应当使罪犯理解交友不良的后果，角色互换能够帮助他们去建立新的友情。使用非治疗的方法帮助罪犯形成新的习惯。第六，矫正的内容与方法应与罪犯的人格与学习方式相一致。这一原则又称对应原则。矫正者的技能要符合矫正正项目的要求，在干预计划中要充分发挥在罪犯的能力，如阅读能力。第七，防止被矫正的罪犯复发。首先提供强有力的服务。有效的干预向罪犯提供服务的时间应当要持续 3—9 个月，占用罪犯每日时间的 40%～70%，实际时间往往决定于干预目标与罪犯的需要情况。其次要反复演练罪犯所学习到的技能，如解决问题的技能，并且不断增加难度。在防止复发的过程中，矫正机构应当争取罪犯家庭成员与朋友的支持。最后接受矫正干预的罪犯在释放后应当通过社区矫正环节帮助罪犯融入社会，研究表明，接受这种帮助罪犯的重新犯罪率比没有接受这种帮助罪犯的重新犯罪率低。第八，强化干预的整体性和系统性。对所要实施的矫正方案应当进行评估，评估是干预的不可或缺的有机组成部分，应当注重干预的纵向顺畅与横向平衡。

7. 伯根与阿姆斯特朗的三项原则。2005 年，美国学者伯根与阿姆斯特朗认为，要使矫正有效，对罪犯的矫正需要坚持三项原则：第一，对高度危险的罪犯进行矫正的强度要高于低度危险的罪犯。第二，矫正方案设计应当与罪犯的犯罪性需要相结合。矫正项目与罪犯的犯罪性需要相结合比与其非犯罪性需要相结合更有效。罪犯的犯罪性需要包括罪犯的反社会态度、使用毒品、与犯罪团伙成员交往、罪犯的非犯罪性需要包括焦虑、自尊、消沉等。第三，矫正项目与罪犯的学习方式、生活态度和传授实质技能的认知行为方法相联系，可以更有效地矫正罪犯。

8. 澳大利亚犯罪研究院的五项原则。2005 年，澳大利亚犯罪研究院向澳大利亚政府提交了一份研究报告，明确主张有效的矫正应当坚持五项原则：第一，危险原则。根据这一原则，矫正机构要对罪犯的危险进行系统法的评估，评估工具要使用第三代评估工具。第二，矫正需要原则。矫正要考虑罪犯动态的因素，如犯罪前态度、价值观、信念、是否使用毒品、能不能很好解决问题。第三，矫正的对应性原则。矫正的对应当包括一般对应与特别对应。一般对应是指矫正应当与罪犯的矫正需要一致，矫正要有清楚的结构、认知行为的内容（包括替代焦虑、问题解决训练）、预见行为的结果。特别对应是指矫正应当与罪犯的性格相适应。第四，项目整合原则。第五，专业性原则。矫正要由接受过训练的专业人员实施完成。

总之，所谓矫正，就是矫正机构及矫正人员遵照有关原则和理论，通过“干预或者作用”与罪犯重新犯罪相关的因素，从而影响罪犯在狱内和刑释回归社会后不再犯罪。“干预或者作用”的主体是矫正机构及矫正人员，“干预或者作用”的客体是影响罪犯重新犯罪的犯罪性需要。研究表明，在矫正过程中，坚持上述原则，有助于促进矫正效能的提高，充分发挥矫正的功效；如果忽视上述原则，所谓的矫正就不能发挥其应有的作用，可能导致矫正无效，甚至适得其反。

第三节　矫正需要评估的基础与欧美典型矫正需要评估工具概览

用什么样的方法进行矫正需要评估，进而取得罪犯的矫正需要，是处于由矫正需要到矫正项目实施的中间环节和不可或缺的重要步骤。

一是矫正需要评估方法。矫正需要评估的方法应该是和危险性评估方法一致的。不外乎档案分析、结构性面谈、量表测试、行为观察、社会调查、统计分析、定量分析与定性分析法、综合诊断等方法。各方法的具体内容参照本书第四章。

二是矫正需要评估阶段与周期。从大的方面讲，分为入监评估、中期评估、出监评估和即时评估。入监评估用于提供矫正方案，中期评估用于检验矫治效果，修正矫正方案，出监评估用于对矫正效果的总体评价，给社会提供罪犯的矫正需要，为罪犯出狱后社会的继续矫正提供参考。即时评估用于对罪犯出现异常或应激状态后的评估，为疏导和教育提供参考。

三是矫正需要评估与危险性评估的关系。矫正需要评估与危险性评估关系是既有联系又有区别。

1. 联系。其在于五个方面：一是两者同属于罪犯评估体系中，处于不同阶段，二者缺一不可。二是两者存在顺延关系，危险性评估是基础，矫正需要评估是应用，没有危险性评估，就不可能有矫正需要评估。三是二者均服务于降低重新犯罪，评估指标都与重新犯罪相关。四是都有量化的指标体系。五是两者的预测因子范围基本相同。例如，加拿大矫正局所使用的“社区危险与需要管理量表”（CR-NMS）所确定的罪犯矫正需要的因子有：罪犯就业问题；婚姻与家庭问题；交往问题；滥用毒品问题；对社区的要求问题；个人情感问题；态度问题。而这些因素往往是危险性评估的根据，是危险预测的因子。LSI-R 是一种重要的危险评估量表，这个量表所选择的预测因子有：犯罪史；业余时间或者休闲时间；教育与就业；交往同伴；经济生活；酗酒或者吸食毒品；家庭或者婚姻情况；情感；住宿；态度。研究也表明，对于具体的罪犯而言，危险程度越高，矫正需要也就越高。重新犯罪的可能性也就越大。

2. 区别。其在于四个方面：一是矫正需要评估的是动态因素，不涉及过去生活史，也就是不涉及静态因素。危险性评估是既评估静态因素，又评估动态因素，并使二者科学的组合在一起。二是矫正需要评估有时涉及有利的因素，激励罪犯发扬其优点，以优点和长处为牵引，准确评估其不足的需要。三是矫正需要评估致力于改变和干预，危险性评估专注于发现和控制。四是罪犯危险性评估是一种国家立场，致力于犯罪的控制；而矫正需要评估则是犯罪人立场，关注需求、帮助和改变。

基于矫正需要评估与危险评估价值取向的一致性，有的矫正需要评估测量与危险评估合二为一。典型的量表是英格兰与威尔士的罪犯危险评估系统（OASys）。OASys 设计的第一目的是确认重新犯罪的可能；第二目的就是希望确定罪犯的需要，包括人格或者性格上的、认知上与行为上的、社会上的需要。因而，在英格兰与威尔士罪犯危险评估系统中矫正需要评估与危险评估合二为一是符合设计要求的。

在 OASys 中，重新犯罪的预测因子共有 12 个：第一是以前的犯罪。研究表明，犯罪史是非常重要的犯罪预测指标。第二是现行的犯罪。现行犯罪在预测伤害他人与自我伤害上具有意义。第三是住房情况。内容包括是否有房，房的质量、房的位置，这些因素对于预测是否重新犯罪有意义。第四是教育、训练、就业情况。研究表明，罪犯群体绝大多数在社会中是接受教育少，接受训练少，就业率低，甚至没有就业经历的人。第五是个人财务管理与收入情况。研究表明，个人钱财使用和处理可以反映罪犯的需要。第六是与人的关系。通过与人的关系处理这一因子可以看出行为人的稳定性与他的类型。第七是生活方式与交往。犯罪行为在他生活中的地位，如何安排时间。第八是是否使用毒品。第九是是否酗酒。第十是情感状况。研究表明，焦虑者与压抑者容易犯罪。第十一是思维与行为。研究表明，行为不思考、不考虑别人看法的人，容易犯罪。即认知缺陷者容易犯罪。第十二是态度。这里的态度包括对犯罪的态度，对监督或者监管的态度。研究表明，犯罪前的态度是犯罪预测的非常重要的指标。重新犯罪的危险评估同时也是矫正需要评估。

下面，再对加拿大、美国、英国等使用的矫正需要评估量表简述。

一、加拿大的评估量表

加拿大的《有条件释放监督标准规则》第五部分规定：矫正局个案管理工作人员需要使用系统性的方法，评估罪犯接受矫正的需要与重新犯罪的危险。为此，社区危险与需要管理量表被设计出来。这个表格重点确立关系的根据是罪犯的犯罪史与矫正需要。1991 年 8 月，矫正局的矫正策略处提出：罪犯的矫正需要应当考虑罪犯重新融入社会的需要。罪犯的矫正需要分析应当在罪犯进入矫正机构时评估。

该量表的矫正需要领域包括：罪犯就业问题、婚姻与家庭问题、交往问题、滥用毒品问题、对社区的要求问题、个人情感问题、态度问题。

该量表确定的矫正需要具体指标包括：就业有 9 项指标；婚姻与家庭有 7 项指标；交往有 6 项指标；滥用毒品有 2 项指标；

对社区的要求有 6 项指标；情感有 12 项指标；态度有 4 项指标。

矫正需要评估表（Case Needs Identification and Analysis）

（一）就业方面需要的确定与分析	
1. 罪犯文化程度低于 8 年级	是 不是 不知道
2. 罪犯没有高中文凭	是 不是 不知道
3. 是否没有学习能力	是 不是 不知道
4. 是否有身体上的缺陷	是 不是 不知道
5. 罪犯是否对自己工作不满意	是 不是 不知道
6. 工作史的稳定状况	是 不是 不知道
7. 罪犯在工作岗位是否可信，如雇主是否依赖罪犯	是 不是 不知道
8. 罪犯是否很难满足工作的要求	是 不是 不知道
9. 罪犯是否在工作中很难与人交往	是 不是 不知道
·就业需要的印象评价： 1. 能够适应社会 2. 不是需要立即提高（没有引起现在问题的历史原因） 3. 有提高的需要（有引起问题的历史原因，但问题并非特别大） 4. 需要认真考虑提高罪犯的就业能力（存在适应社会问题）	
·就业状态	就业：全职 / 兼职
·职业教育状况：专门参加 / 临时	
是否接受社会福利 其他	
·是否需要干预?	需要　不需要
·干预内容： 1. 基础教育 2. 特别技能或者培训 3. 职业咨询 4. 同事相互交往 5. 工作习惯 6. 寻找工作技能	 低　中　高 低　中　高 低　中　高 低　中　高 低　中　高 低　中　高

续表

<table>
<tr><td colspan="2">· 补充
干预参与的动机水平
低（自己不愿意参与）
中（愿意按照个案管理人员的要求参与到干预中）
高（具有较高的参与积极性）</td></tr>
<tr><td colspan="2">（二）婚姻与家庭方面需要的确定与分析</td></tr>
<tr><td>1. 是否在孩提阶段有过滥性生活</td><td>是 不是 不知道</td></tr>
<tr><td>2. 婚姻关系是否不稳定</td><td>是 不是 不知道</td></tr>
<tr><td>3. 是否虐待配偶</td><td>是 不是 不知道</td></tr>
<tr><td>4. 是否是配偶虐待的受害人</td><td>是 不是 不知道</td></tr>
<tr><td>5. 是否因为儿童时的受虐而不可自拔</td><td>是 不是 不知道</td></tr>
<tr><td>6. 为人父母不大合格</td><td>是 不是 不知道</td></tr>
<tr><td>7. 家庭关系不好</td><td>是 不是 不知道</td></tr>
<tr><td colspan="2">· 婚姻与家庭需要的印象评价：
1. 能够适应社会（家庭关系稳定）
2. 不是需要立即提高（没有引起现在问题的历史原因）
3. 有提高的需要（有时关系不稳定）
4. 需要认真考虑（家庭关系非常不稳定）</td></tr>
<tr><td>· 是否需要干预？</td><td>需要 不需要</td></tr>
<tr><td colspan="2">· 干预内容：
1. 对过去的被害情况咨询 低 中 高
2. 婚姻咨询 低 中 高
3. 为人父母的技能 低 中 高
4. 虐待配偶 低 中 高
5. 虐待孩子 低 中 高
6. 其他 低 中 高</td></tr>
</table>

续表

<table>
<tr><td colspan="2">·干预参与的动机水平
低（自己不愿意参与）
中（愿意按照个案管理人员的要求参与到干预中）
高（具有较高的参与积极性）</td></tr>
<tr><td colspan="2">（三）社会交往方面需要的确定与分析</td></tr>
<tr><td>1. 是否不愿意与他人交往，比较孤立</td><td>是 不是 不知道</td></tr>
<tr><td>2. 是否有很多罪犯朋友或者熟人</td><td>是 不是 不知道</td></tr>
<tr><td>3. 与酗酒者、使用毒品者有比较密切的交往</td><td>是 不是 不知道</td></tr>
<tr><td>4. 是否可以使用“利用”描述与他人的关系</td><td>是 不是 不知道</td></tr>
<tr><td>5. 是否很容易被他人影响</td><td>是 不是 不知道</td></tr>
<tr><td>6. 是否是那种不愿意提出个人主张或者拒绝他人要求的人</td><td>是 不是 不知道</td></tr>
<tr><td colspan="2">·交往需要的印象评价：
1. 能够适应社会（没有不良交往）
2. 不是需要立即提高（大多数交往还是积极的）
3. 有提高的需要（与一些不良人员有交往）
4. 需要认真考虑（交往人员多数是社会不良人员）</td></tr>
<tr><td>·是否需要干预?</td><td>需要 不需要</td></tr>
<tr><td colspan="2">·干预内容：
1. 提出自己主张的训练 低 中 高
2. 社会交往训练 低 中 高
3. 需要志愿帮助 低 中 高
补充说明</td></tr>
<tr><td colspan="2">·干预参与的动机水平
低（自己不愿意参与）
中（愿意按照个案管理人员的要求参与到干预中）
高（具有较高的参与积极性）</td></tr>
</table>

续表

（四）滥用毒品方面需要的确定与分析	
1. 罪犯的生活史证明，其使用毒品影响到了自己的婚姻、就业、守法、身体、经济等	是 不是 不知道
2. 罪犯的生活史表明，其使用酒精影响到了自己的婚姻、就业、守法、身体、经济等	是 不是 不知道
·交往需要的印象评价： 1. 不是需要立即提高（现在的问题与个人生活史没有关系） 2. 有提高的需要（有中度的不适应社会问题） 3. 需要认真考虑（有严重的不适应社会问题）	
·是否需要干预?	需要 不需要
·干预内容： 1. 强化地在专门设施内的矫治 低 中 高 2. 在设施外的矫治 低 中 高 3. 维护 低 中 高 4. 健康咨询、毒品教育 低 中 高 补充说明	
·干预参与的动机水平 低（自己不愿意参与） 中（愿意按照个案管理人员的要求参与到干预中） 高（具有较高的参与积极性）	
（五）对社区方面需要的确定与分析	
1. 监禁前是否有住宿	是 不是 不知道
2. 罪犯的自我表现是否很差，如外表不适当、举止不当	是 不是 不知道
3. 罪犯的健康是否很差	是 不是 不知道
4. 是否有理财能力差的问题，如乱付账单等	是 不是 不知道
5. 对有组织的活动，如体育运动、志愿者活动不感兴趣	是 不是 不知道
6. 缺乏有效利用社会服务的能力	是 不是 不知道

续表

·社区方面需要的印象评价 1. 能够适应社会 2. 不是需要立即提高（现在没有适应社会的困难） 3. 有提高的需要（缺乏技能，但是不影响独立生活） 4. 需要认真考虑（缺乏技能，不能独立生活）	
·是否需要干预?	需要　不需要
·干预内容： 1. 监督下住宿，如在精神治疗、住宿矫正机构内　低　中　高 2. 每日到庇护所　低　中　高 3. 生活技能咨询，如卫生、衣服、社会服务等　低　中　高 4. 休闲咨询　低　中　高 5. 需要志愿者　低　中　高 补充说明	
·干预参与的动机水平 低（自己不愿意参与） 中（愿意按照个案管理人员的要求参与到干预中） 高（具有较高的参与积极性）	
（六）情感方面需要的确定与分析	
1. 是否罪犯解决问题的能力很弱，如不能意识到发生问题，或者意识到但不知如何解决	是　不是　不知道
2. 不能确定现实的、长期的目标	是　不是　不知道
3. 不懂同情他人，如不能理解他人的感受	是　不是　不知道
4. 容易陷入冲动，如寻求刺激	是　不是　不知道
5. 控制自己的愤怒很困难	是　不是　不知道
6. 不能很好地处理压抑与挫折	是　不是　不知道
7. 有不当的性史，如未满法定年龄有性伴侣、有过性攻击、性暴力、对孩子有性行为	是　不是　不知道
8. 有性无能等性退化问题	是　不是　不知道
9. 存在智力问题，如脑受过伤、IQ 低等	是　不是　不知道

续表

10. 曾经被诊断有过精神疾病	是 不是 不知道
11. 有过自杀或者自杀史	是 不是 不知道
12. 是否有饮食生活上的混乱问题	是 不是 不知道
·情感方面需要的印象评价 1. 不是需要立即提高（没有现实中的问题） 2. 有提高的需要（情感上有问题） 3. 需要认真考虑（有严重的情感上需要帮助解决的问题）	
·是否需要干预?	需要 不需要
·干预内容： 1. 认知技能训练（问题解决技能、确定目标技能、价值观培养、情感培训）低 中 高 2. 性罪犯矫治 低 中 高 3. 焦虑管理 低 中 高 4. 冲动行为的咨询 低 中 高 5. 有关性问题的咨询 低 中 高 6. 宗教或者精神问题的咨询 低 中 高 7. 自杀自伤预防 低 中 高 补充说明	
·干预参与的动机水平 低（自己不愿意参与） 中（愿意按照个案管理人员的要求参与到干预中） 高（具有较高的参与积极性）	
（七）态度方面需要的确定与分析	
1. 罪犯是否表现出反社会的态度，如对他人财产不尊重、支持个人之间的暴力	是 不是 不知道
2. 是否支持男性支配女性的观点，是否支持不平等的观念	是 不是 不知道

续表

3. 是否认为种族存在优劣，支持对所谓劣等种族歧视的观点与行动	是 不是 不知道
4. 不能为一个长期目标努力	是 不是 不知道
·态度方面需要的印象评价 1. 能够适应社会（能积极参与、回应帮助） 2. 不是需要立即提高（有改变自己的动机，但是态度上需要帮助） 3. 有提高的需要（能够认识到问题之所在，但是在帮助下不能改变态度） 4. 需要认真考虑（不能认识问题之所在，不能接受帮助）	
·是否需要干预?	需要 不需要
·干预内容： 1. 认知性治疗，如态度转变、目标确定、价值观转变　　低　中　高 2. 针对女性暴力方面的咨询　　低　中　高 3. 指向种族问题的咨询　　低　中　高 补充说明	
·干预参与的动机水平 低（自己不愿意参与） 中（愿意按照个案管理人员的要求参与到干预中） 高（具有较高的参与积极性）	
（八）在社区中的需要确定与分析	
1. 监禁前是否有住宿	是 不是 不知道
2. 罪犯的自我表现是否很差，如外表不适当、举止不当	是 不是 不知道
3. 罪犯的健康是否很差	是 不是 不知道
4. 是否有理财能力差的问题，如乱付账单等	是 不是 不知道
5. 对有组织的活动，如体育运动、志愿者活动不感兴趣	是 不是 不知道
6. 缺乏有效利用社会服务的能力	是 不是 不知道

续表

<table>
<tr><td colspan="2">· 在社区中的需要的印象评价
1. 不是需要立即提高（现在的问题与个人生活史没有关系）
2. 有提高的需要（有中度的不适应社会问题）
3. 需要认真考虑（有严重的不适应社会问题）</td></tr>
<tr><td>· 是否需要干预?</td><td>需要 不需要</td></tr>
<tr><td colspan="2">· 干预内容：
1. 强化地在专门设施内的矫治 低 中 高
2. 在设施外的矫治 低 中 高
3. 维护 低 中 高
4. 健康咨询 低 中 高
补充说明</td></tr>
<tr><td colspan="2">· 干预参与的动机水平
低（自己不愿意参与）
中（愿意按照个案管理人员的要求参与到干预中）
高（具有较高的参与积极性）</td></tr>
</table>

二、苏格兰的矫正需要评估表

在苏格兰，罪犯犯罪性需要评估的信息来源渠道有：

1. 法官的审理报告。

2. 判前报告。

3. 危险评估初步报告，这个报告根据逮捕、起诉等有关材料或者与犯罪人的交谈做出。

4. 罪犯基本信息（Core Screen），这方面的信息是通过罪犯的自我报告收集的，在此之前要向罪犯介绍他们可以获得的各种资源。这种收集工作要在监禁期间的前 3 日内完成。

5. 精神与心理报告。在罪犯的档案中，无论罪犯在监禁期，还是在非监禁期，都有精神或者心理报告。精神上的报告是从医学角度，而心理报告是从行为角度上分析的。这一报告能够提供比较详细的关于罪犯背景方面、个人关系方面的材料。很多信息源于罪犯的自我报告。

6. 大厅工作人员报告。苏格兰实施一体化个案管理。大厅工作人员的报告是一体化个案管理中的程序，也是临时释放所需要的。

7. 特别工作人员的报告。这一报告包括：社会工作人员的报告、车间或者社区中劳动调配部门工作人员的报告、生活联系部门的报告、培训中心的报告、培训中心的报告、健康中心人员的报告、禁戒中心的报告、禁戒个案管理文件、瘾癖评估记录、学习困难的报告等。

上述信息是罪犯犯罪性需要评估的基础。

（一）评估的范围

1. 关于毒品滥用

（1）毒品滥用证据，开始使用年龄，滥用的类型、程度，持续时间、频率；

（2）是否有使用不同毒品或者与酒精滥用的历史；

（3）是否有在特殊场合使用毒品的证据，如在焦虑或者交往环境下；

（4）是否有与毒品滥用相关的犯罪，如滥用毒品，或者醉酒驾驶；

（5）在监禁状况下使用毒品的证据；

（6）干预以及反应；

（7）与禁戒联系及他们的看法，如个案会议的建议；

（8）与社会机构联系及他们的看法；

（9）犯罪中是否使用过毒品或者实施过与之相关的行为；

（10）滥用毒品与其他犯罪性需要之间的关系；

（11）罪犯是否表示过使用毒品的愿望。

2. 精神健康状况

（1）记录是否显示过罪犯具有人格异常或者精神疾病的诊断，包括日期，诊断时的年龄，症状、类型、信息来源；

（2）在监禁期间与心理或者精神机构联系的情况；

（3）在监禁期间与心理或者社区接受治疗期间的情况；

（4）在监禁中有关暴力和使用毒品的不正常和奇怪的行为；

（5）自残或者自杀、试图自杀的记录；

（6）犯罪行为是否有与人格异常相关的证据；

（7）与人格异常或者精神疾病相关的资料；

（8）罪犯是否有与精神疾病治疗部门合作的愿望。

3. 学习情况

（1）在学校，包括大学的成绩情况；

（2）在监禁期间获得有关证书的情况；

（3）已开始尚未完成的学习情况；

（4）是否接受基础教育，情况如何；

（5）缺乏教育是否导致行为人犯罪的因素之一；

（6）从一体化个案管理角度看学习与另外的犯罪性因素，如就业，有无关系；

（7）罪犯是否在判刑前或者定罪时表示过学习的愿望。

4. 技能与就业情况

（1）工作史，包括工作的类型、改变工作的原因、就业情况；

（2）犯罪时是否有业可就，每次的情形；

（3）在监禁前职业训练的资格情况；

（4）在监禁中接受职业训练的情况；

（5）缺乏就业能力与犯罪的关系；

（6）从一体化个案管理角度看缺乏就业能力与另外的犯罪因素，如经济能力，有无关系；

（7）罪犯是否显示出为就业准备的意愿，如技能、工作类别；

（8）罪犯是否存在就业的障碍，如经济因素或者能力因素。

5. 住房问题

（1）监禁前住在哪里，包括住房类型，租金，是否与家人在一起、多长时间；

（2）犯罪时罪犯住在哪里，包括住房类型，租金，是否与家人在一起、多长时间；

（3）每次犯罪前的住房史，包括住房类型，租金，是否与家人在一起、多长时间；

（4）以前是否接受过住房上的帮助；

（5）在住房与犯罪性需要之间有无关系；

（6）住房状况是否与犯罪行为有关系；

（7）诸如责任感、被害人等因素与住房状况是否有关；

（8）罪犯释放后关于住房的考虑，是否有接受帮助的意愿；

（9）是否需要考虑诸如位置等因素。

6. 理财情况

（1）在监禁前，收入来源是工资，还是福利；

（2）入狱前是否有债务；

（3）犯罪时主要的收入来源；

（4）犯罪前是否存在过经济紧张；

（5）在经济紧张时是否接受过帮助，什么时候，谁予以了帮助；

（6）经济状况与犯罪行为有无关联；

（7）是否有诸如赌博等因素影响罪犯的经济状况；

（8）经济状况与其他犯罪因素，如住房，是否有关系；

（9）是否有请求经济上帮助的意愿；

（10）生活是否依赖犯罪所得。

7. 重新安置问题

（1）现在是否有人予以帮助，包括家庭、朋友等；

（2）现在什么人与罪犯保持联系；

（3）在监禁前，是否有人予以帮助，包括家庭、朋友等；

（4）犯罪时，是否有人予以帮助，包括家庭、朋友等；

（5）犯罪前，是否有人予以帮助，包括家庭、朋友等；

（6）犯罪前，或者犯罪时，是否受到朋友，如有前科的、吸毒的朋友消极的影响；

（7）是否有与儿童接近的困难；

（8）是否有证据表明罪犯可能得到社区组织，诸如社会工作、房屋协会的帮助；

（9）是否有证据表明罪犯可能得到监禁机构工作人员，如牧师的帮助；

（10）在监禁中与家庭、同伙联系情况；

（11）家庭、同伴与其他犯罪性因素的关系，如住房、毒品使用等；

（12）在犯罪行为中，家庭、同伴扮演了什么角色；

（13）在监禁期与接近离开监狱时，是否有意愿与他人合作，寻求帮助；

（14）在监狱内与释放前与家人、同伴保持联系的动机。

8. 暴力行为

（1）在现行的犯罪中使用暴力的情况与程度；

（2）在社会上所有的非性暴力的情况，包括日期、年龄；

（3）每一次的暴力犯罪有关被害人年龄、性别以及与罪犯关系等内容的记录；

（4）无论是监内还是监外使用武器的记录；

（5）所有在监狱内攻击性与暴力行为的记录，包括严重程度与密集程度；

（6）在监狱内外对焦虑或者挫折情况下愤怒控制困难的证据；

（7）对暴力行为原因认识的情况；

（8）对态度与行为的干预及后果；

（9）暴力与其他制罪因素，如吸毒之间的关系；

（10）对暴力或者愤怒控制的态度。

9. 不适当的性行为

（1）现行犯罪中的性的因素；

（2）以前在社会上的性犯罪的信息，包括年龄、日期；

（3）被害人年龄，罪犯与被害人的关系；

（4）在监禁期间不适当的性关系，包括严重程度、密度；

（5）对性犯罪的原因认识的情况；

（6）干预对态度与行为的改变情况；

（7）不适当的性行为与诸如使用毒品、住宿等因素的关系；

（8）对不适当性行为的态度；

10. 其他犯罪行为

（1）以前犯罪的次数与不同犯罪各类的次数；

（2）违反监规纪律问题；

（3）生活态度消极，有问题不处理，对于不好的结果无所谓，不考虑寻求帮助等；

（4）犯罪前的生活态度行为；

（5）对解决问题能力的认识情况，如对困难的认识情况，对不足需要改善之处的认识等；

（6）冲动情况，如偶然犯罪情况；

（7）与他人关系的位置，例如，剥削他人或者交往被动等；

（8）干预对行为和态度影响的结果；

（9）失业、使用毒品等因素对犯罪对犯罪行为的影响。

11. 责任感

（1）拒绝犯罪的证据；

（2）学习困难的证据；

（3）体弱；

（4）存在交往障碍，如母语不是英语；

（5）智商低；

（6）是否反社会人格；

（7）自伤或者自杀史；

（8）文化中的特别因素；

（9）性别中的特别因素；

（10）性取向中的问题；

（11）关于性别、种族等的消极态度；

（12）关于干预的情况，如保密情况、多长时间；

（13）感情焦虑情况等；

（14）有证明他们是被害人的证据。

（二）评估分值设计

0 分 = 适应社会

1 分 = 不需要

2 分 = 有点需要

3 分 = 很需要

所谓“有点需要”指需要与罪犯讨论下列事宜：需要多少人员的帮助；在什么情况下罪犯需要；什么形式会引发需要；什么样的变化会导致罪犯有更高的帮助需要。

所谓“很需要”指监狱应当提供以结构性的正式的帮助。

具体解释如下：

（1）滥用毒品、酒精等

1 分者，成功戒毒，尿样检验正常，药物使用稳定，以前与瘾癖中心联系过。2 分者，在戒毒中，仍饮酒；接受瘾癖中心的计划；接受咨询；在社区滥用毒品的时间不超过 31 日；偶尔使用大麻。3 分者，使用毒品的种类不确定；滥用酒精；在监狱仍然注射毒品；怀孕中仍然滥用毒品；毒品检验结果持续呈阳性；精神健康存在一定问题。

（2）精神健康

1分者，在最近12个月中没有精神健康问题，在药物使用方面稳定。2分者，在最近3个月中有反社会行为；最近3个月的反社会行为有2处原因是不清楚的；在过去6个月中进行精神健康评估。3分者，最近有精神疾病；最近3个月反社会行为明显；出现毒品滥用。

（3）学习方面

1分者，有自己的兴趣与习惯；接受了较好的教育。2分者，接受了基本的教育，但是写东西方面存在一定的问题；使用数字，如百分比，24小时换算有困难；兴趣很有限；希望完成教育，入狱前在学习方面做过努力。3分者，在学习方面有困难；没有完成初中教育；在识字与习数方面有问题；缺乏个人兴趣与爱好。

（4）技能

1分者，罪犯已经接受过有关劳动技能的培训；有证据表明掌握没有证书的劳动技能；在当前重要的、机会比较多的领域接受过相关的训练；罪犯在很多领域有自己的兴趣。2分者，能够完成基础的劳动，完成有限的非证书劳动训练；罪犯所掌握劳动技能的行为就业机会少；由于兴趣、爱好有限，行为人的使用技能少。3分者，没有接受过正式的劳动训练课程；没有获得过有关培训证书；没有个人兴趣、爱好，没有技能。

（5）就业

1分者，最近2年接受过一项或者多项工作；知道找工作的程序；明确保持工作的态度与技能要求；有较多的兴趣与爱好可以帮助行为人找到工作；犯罪记录不影响罪犯找到工作。2 分者，从就业史看罪犯有过短时间的就业；对找工作的程序有一般性的了解；对保持工作的态度与技能要求有一定的了解；促进罪犯找到工作的兴趣与爱好有限；犯罪记录对罪犯找到工作有重要影响。3 分者，从就业史看罪犯没有过就业；对找工作的程序基本不了解；对保持工作的态度与技能要求基本不了解；罪犯兴趣与爱好对其寻找工作无益；犯罪记录对罪犯找到工作有非常重要的影响。

（6）住宿

1 分者，释放时无住房的需要；有寻找住房的需要。2 分者，有过临时住房的经验；曾经依靠家庭或者朋友为解决临时住房。3 分者，释放时有住房的需要；因为监禁失去租房；罪犯有过无家可归的经验；犯罪性质，如性犯罪，影响自己住在某处。

（7）经济状况

1 分者，没有经济帮助需要；释放时有家庭的帮助；曾经工作时，有些收入。2 分者，有债务；管理债务的能力差；依靠家庭或者朋友的帮助。3 分者，有很多债务；曾经使用非法的钱财；没有管理钱财的技能；罪犯的犯罪行为直接与钱财缺少有关。

（8）再安置

1 分者，与家庭有着良好的关系；没有确定的家庭需要；有积极利用社区资源的记录；没有提高为人父母技能的需要；没有培养与人相处关系的需要。2 分者，与家庭的接触和联系少；有确定的家庭需要；有一定的提高为人父母技能的需要；有培养一定的与人相处关系的需要。3 分者，家庭关系是不稳定的、有问题的；罪犯希望重建家庭关系；反社会的家庭态度直接与犯罪有关；提高为人父母技能的需求高，培养一定的与人相处关系的需求高。

（9）暴力行为

1分者，没有暴力犯罪史；最近的暴力犯罪评估中实施暴力行为的危险低；在监禁中没有暴力行为的报告。2分者，除非谋杀，只有一次暴力犯罪；没有暴力犯罪史；虽然经常有暴力行为，但是没有造成严重的后果；暴力犯罪评估中实施暴力行为的危险中度；有其他的暴力行为，但是没有造成严重后果；有控制自己情绪的证据。3分者，实施过谋杀等严重暴力的犯罪或者具有经常的实施暴力史；暴力犯罪评估中实施暴力行为、重新实施暴力犯罪的危险度高；以暴力方式经常或者严重违反监狱规则；有暴力升级的证据；有使用武器的证据；在实施暴力行为中愤怒控制弱起着重要的作用。

（10）性犯罪

1分者，没有性犯罪史；最近的性犯罪评估中没有性犯罪的危险；在监禁中没有不合适的性行为。2分者，从犯罪史看，有至少一次性犯罪；最近的性犯罪评估中性犯罪的危险是中度；在监禁中或者社区中有不合适的性行为，但是未到对其采取法律行为的程度；有一次性犯罪行为；诉辩交易中有性犯罪。3分者，有严重的或者多次的性犯罪史，如强奸三次以上的性犯罪；最近的性犯罪评估中有高度的重新犯罪的危险；在监狱或者社区有不合适的性犯罪行为引起刑事调查或者起诉；有超过一次的性犯罪。

（11）其他犯罪行为

1分者，第一次被判监禁刑；危险评估的结果是低度危险；

没有证据表明行为人解决问题的能力低；没有在设施内实施不当行为的报告；没有反社会或者犯罪前态度的报告。2 分者，具有多次比较严重犯罪的记载。曾经 2—3 次入狱；危险评估的结果是中度危险；解决问题的方法简单，不思考就行动，不考虑选择或者行动的结果；在监狱中有的行为有问题；具有反社会或者犯罪前态度的报告。3 分者，具有严重犯罪的历史；危险评估的结果是高度危险；解决问题的方法简单，不思考就行动，不考虑选择或者行动的结果；与罪犯或者管理人员的关系差；在监禁中有不当行为的报告；具有全面与深刻的反社会或者犯罪前态度的报告。

三、美国印第安纳州的成人罪犯需要评估工具

美国印第安纳州矫正局所使用的罪犯需求评估工具是一个独立的量表，即成人罪犯需要评估工具（Proposed Adult Needs Assessment Instrument）。这个需要量表的适用对象是在社区服刑中的罪犯。与前面的罪犯需求评估最大的差别在于这个量表没有设置矫正项目。

该表包括：接受社区矫正者的姓名、原因、因素分、与犯罪行为的关系、总分。

1. 专业技能 / 职业能力

0 有较高的技能，能够满足社会的要求

1 技能水平需提高

2 技能水平急切需要提高

2. 就业 / 自立的途径

0 有业可就

1　工作不满意，自立难度大

2　无业可就

3. 使用的东西

0　没有收到异议

1　具有一定的不良性

2　具有严重的不良性

4. 情绪稳定状态

0　没有问题

1　有些问题

2　有严重的问题

5. 钱物管理

0　没有问题

1　有些问题

2　问题很大，入不敷出，有坏账、破产问题

6. 家庭／婚姻关系

0　稳定

1　有些紧张

2　非常紧张

7. 交往关系

0　没有不良交往

1　偶尔与不良人员交往

2　经常与不良人员交往

8. 健康状况

0　健康

1 有点健康问题

2 健康问题很严重

其他＿＿＿＿＿＿＿＿＿＿＿

与犯罪行为的关系

0 没有关系

1 有点关系

2 有直接关系

如果被测量者一项总分值达到 3 分，则需要特别注意，需要使用强化项目。

四、美国宾夕法尼亚州的罪犯犯罪性需要评估工具

美国宾夕法尼亚州的罪犯犯罪性需要评估包括两部分：其一：犯罪感程度评估（Criminal sentiments scale modified）；其二：愤怒/敌意评估（Hostile In-terpretation Questionnaire）。

（一）犯罪感程度评估分为 5 个具体项目：

1. 对法律的态度，在守法行为上设有 10 项；

2. 对法院的态度，对法院与量刑设有 8 项；

3. 对警察的态度，设有 7 项；

4. 对违法的容忍，关于理性认识、宽恕犯罪行为倾向，设有 10 项；

5. 确认其他犯罪人的态度，关于同情或者接近其他犯罪人方面设置有 7 项。

犯罪感程度评估旨在判断罪犯反社会的态度或者犯罪前态度，为改变罪犯反社会的态度或者犯罪前态度的项目实施

提供根据，这些项目包括转变思维方式项目（Thinking for a change），改变性格项目（Character Development）。

（二）愤怒／敌意评估包括：

第一，测量是否具有敌意的性格。

1. 敌意的归因，将原因归结在交往他人的数量（共7个项目）；

2. 指责，想要指责别人的倾向（共7个项目）；

3. 敌对的反应，对并没有惹自己的对方有愤怒反映（共7个项目）；

4. 在较大的范围内，有假想敌意的倾向（共7个项目）。

第二，关系与敌意。

1. 相识关系：在相识者之间产生敌意；

2. 陌生关系：对陌生人产生敌意；

3. 权威关系：对与权威机构的人交往容易产生敌意；

4. 亲友关系：对亲友交往产生敌意；

5. 工作关系：对工作中的同事产生敌意。

上述评估能够帮助人们了解罪犯与他人的敌意深浅程度，为适用能够消除敌意与反社会态度的项目寻找根据，如"愤怒管理"项目、"暴力预防"项目、"思维改变"项目适用。例如，罪犯在危险评估中分值高，而"愤怒／敌意评估"中分值也高，可以使用暴力预防措施。

评估与矫治方案案例表

评估	矫治方案
LSI-R：20分低中度危险 CSS-M：20分中度问题 对违反的容忍 HIQ：53分 有指责他人的倾向 有假想敌意的倾向 监狱中的表现：最近有攻击倾向 犯罪性质：夜盗 临床印象：语言具有侵犯性，与他人交往状况不好	1. 需要实施暴力预防方案； 2. 在方案没有到位前需要监督行为人的行为； 3. 攻击行为可能源于最近创伤事件，而不是愤怒； 4. 可以考虑思维转变项目，关注对犯罪的态度转变。

【本章小结】

1. 矫正需要或者犯罪性需要的发现是罪犯矫正史上的一座里程碑，意义极其重大。2. 运用矫正需要是需要矫正有效性原则保护的，没有矫正有效性原则的照顾，矫正需要的发现是没有价值的。3. 矫正需要的内容应该是多样的和无法探究穷尽的，目前掌握的只是在有限的认知里筛选出认为有效的。4. 对已知的矫正需要的挖掘是需要通过科学的手段进行归纳和演绎。5. 矫正需要的满足或者价值是需要通过矫正项目来体现和实现的。

第七章

给予与满足：矫正项目的研发与实施

刑罚（包括量刑与行刑）应当考虑罪犯自身的特点。同样的犯罪，从人类学和社会学方面说由于犯罪的原因不同，对各种人格的罪犯需要采取不同的治疗方案。

——意大利犯罪学家　恩里科·菲利

改造能改造好的，不能改造的不使之为害。

——德国刑法学家弗兰茨·冯·李斯特

【本章提要】

本章认为矫正的过程就是根据矫正需要与矫正有效性原则设计和实施矫正项目的过程。这中间还有一种内在的逻辑递进关系。也就是矫正需要回答了“矫正什么”，矫正需要评估解决了如何寻求“矫正什么”，那么矫正项目就是“用什么去矫正”。也就是说，矫正需要评估是医生诊断，矫正项目就是治疗药物。本章阐述了矫正项目的基本内涵、研发及实施，简单介绍了欧美矫正项目的种类及成与败，以便提高中国本土研发和运用矫正项目进行矫正的积极性，达到矫正控制和罪犯重新融入社会的目的。

矫正项目的出现与发展源自监禁教育刑思想，作为监狱系统专门用来实现罪犯某个具体矫正目标的系统化、程序化、规范化、可操作性的干预措施或课程。矫正项目具有科学性、专业性、多学科性、规范性、整合性和开放性等特征，是矫正罪犯比较先进的一种新型手段和有效载体，对于提高矫正质量具有重大借鉴价值和广泛应用前景。

第一节 矫正项目的基本内涵

一、矫正项目的出现与发展

矫正项目（correction program）最早源自监禁教育刑思想的兴起。随着20世纪初监狱刑罚执行理念从报应刑到教育刑的转变，将罪犯教育矫正好，进而使其释放后顺利回归社会，便逐渐成为监狱的关注重点。在这种背景下，监狱系统围绕将罪犯教育矫正好的目标要求，提出了许多教育矫正罪犯的措施做法、方法手段和处遇方式，并进行了积极的实践探索和工作尝试。这些旨在教育矫正罪犯的措施做法、方式手段和处遇方式，就形成了早期的矫正项目。

一个错误引发的正果，也就是“歪打正着”。随着时间的推移，人们开始对矫正项目的有效性产生了兴趣。为了考察和检验矫正项目对于改造罪犯是否有效，以及为进一步改进和完善矫正项目提供参考，研究者们开展了效果评估研究。1974年，美国学者马丁森发表了题为《是否有效——关于监狱改革的问题与答案》的研究报告，提出了矫正对减少重新犯罪没有明显效果，即“矫正无效”的结论，成为震撼矫正界的著名的“马丁森炸弹”。不过，马丁森这一全面否定矫正的结论随后受到了许多研究人员的批评。批评者认为马丁森所采取的研究方法不充分，同时没有考虑矫正项目的执行情况。关于矫正是否有效的问题引起了强烈的争论。后来，马丁森宣布放弃自己原来的结论，认为一些矫正项目对累犯的确有明显效果，一些矫正项目的确是有益的。1980 年，美国犯罪学家威尔逊对有关争论进行了全面的评价。他认为，不能对罪犯矫正项目一概而论，而应当明确对适当的罪犯采用适当的矫正项目是非常重要的；对不适当的罪犯采用不适当的矫正计划，就很有可能是无效的。

20 世纪 90 年代，应美国国会的要求，美国国家司法研究所资助以马里兰大学教授舍曼为首的研究小组，对全美 500 多个犯罪预防项目的成效进行了评估，并于 1998 年出版了题为《预防犯罪：哪些有效？那些无效？那些还在进行中？》的研究报告。该研究报告中关于矫正项目有效性的结论是，那些结构化的、目标明确、重点突出的、使用多种矫正措施的、注重培养技能（社会技能、学业和职业技能）的和采用认知—行为学干预方法的矫正项目是有效的。在效果方面，最好的矫正项目可减少重新犯罪率 10—20 个百分点。而那些执行水平差、针对低危险性罪犯、采用模糊不清的行为目标的矫正项目在减少重新犯罪方面是无效的。

自 20 世纪 60 年代以来，通过一再反思、总结有效经验以及积极引进和借鉴监狱学、教育学、心理学等相关学科的理论、技术和研究成果，早期的矫正项目不断得到调整、修正、改进、优化和发展完善，经过实证研究和实践验证，逐渐形成了一种目标更加具体明确、体系更加完整、内容更加规范、程序更加清晰、操作更加可行的新型矫正项目，并在 20 世纪末 21 世纪初得到了较大的发展和应用。这种现代意义上的矫正项目与早期的矫正项目相比，在科学性、规范性、专业性、实践操作性和有效性方面均有明显增强，成为矫正界的一个新亮点。以矫正项目比较发达的加拿大为例，在经过多年的发展和修订后，加拿大矫正系统在21世纪初，已基本形成了涉及文化知识、职业技术、药物滥用、暴力行为、生活技能等多方面内容的一系列矫正项目，并依靠这些矫正项目来实施对罪犯的改造。研究与实践证明，这些矫正项目效果较好，对于罪犯的矫正具有显著的积极作用。这些矫正项目不仅在加拿大矫正系统被普遍运用，而且有的还被美国、英国、澳大利亚、新西兰等国家以及香港等地区矫正机构采用或借鉴，在国际矫正界享有较高的声誉和较大的影响力。近些年来，我国有些学者开始研究探索运用矫正项目来教育改造罪犯和劳教人员，如利用团体训练课程来提高未成年暴力犯的自我控制能力、借助“罪犯自杀预防项目”来降低罪犯的自杀危险性、通过结构化团体教育矫治活动来提高劳教人员的自我认知能力、情绪调控能力和人际交往能力，增强自信心和对未来生活的希望等，均取得了积极效果。

二、矫正项目的概念与作用

尽管在广义上任何旨在实现矫正目标的措施做法、方法手段和处遇方式都可笼统称为矫正项目，但从狭义上看，矫正项目则是专指那些根据矫正需要，遵照矫正有效原则，经过严格设计、操作系统规范的矫正方法。具体来说，所谓矫正项目，是指监狱系统专门用来实现罪犯某个具体矫正目标的系统化、程序化、规范化、可操作性的干预措施或课程。其中，矫正目标是指罪犯经教育改造后要达到的状态或程度，或者理解为罪犯在服刑期间需要改造的方面和地方。事实上，罪犯总的矫正目标已经确定，即

"成为守法公民"。然而，鉴于这一总目标过于宏观、抽象和笼统，不易操作把握和考核评估，加之罪犯多种多样，情况千差万别，因此，从科学性、有效性和可行性出发，很有必要将这一总的矫正目标进行分解细化。例如，"有一定的文化程度"是"成为守法公民"分解后的具体细化，而"扫盲"又是"有一定的文化程度"分解后的具体细化，这样，"扫盲"就是一个非常具体、明确的矫正目标，实现这一具体目标的矫正项目就是扫盲矫正项目。一般而言，矫正目标越具体，矫正项目就越容易把握，设计起来更有针对性，操作可行性就越强。因此，矫正项目常常选取比较具体、针对性较强的矫正目标。

矫正项目的特征除了依据罪犯犯罪性需要、遵照矫正有效性原则外，最显著的特征就是"份额化"。"份额化"体现在矫正项目实施的深浅、力度的把握上。也就是说，矫正力度不够，不足以破坏和摧毁犯罪性需要，不能矫正罪犯；但是，矫正力度过度，矫正效果却过犹不及，适得其反。因此，矫正项目很重视矫正力度的把握权衡与适宜。比如，加拿大设计的在 20 世纪 80 年代开始被欧美国家广泛使用的"理性化矫正项目"，该项目是促进罪犯转变结构认知行为方法。这种方法关注罪犯的思维技巧，旨在使用行为前思考替代和更换已有的认知模式。这一项目的主要目标是提高罪犯自我控制能力，行动前先思考。矫正课程一般安排次数是 36 次，每次 2 小时。阶段性主题安排包括：认识到问题、做出决定、采取行动、维持新的行为、预防复发。

矫正项目在监狱工作中的作用是显而易见的。上述矫正项目的概念定义就已经明确指出，矫正项目的目的就是为了实现罪犯的矫正目标。也就是说，矫正项目是监狱系统用来教育改造罪犯、实现罪犯矫正目标的有效手段和载体。打一个通俗的比方，患者到医院看病，首先做化验诊断，之后开出处方，然后按处方拿药吃药。其中，诊断和开处方固然重要，但直接对治病发挥作用是患者所用的药。试想一下，如果诊断是准确的，处方开的也对，但是处方上的药却出了问题，比如药是假的、过期了或者恰好缺货（也有具体实施者未能准确把握和理解矫正项目的真谛，操作出现失误即歪嘴和尚把经念歪了的情况），甚至相应的药还未研制出来，那么疾病自然就治愈不了。因此，在很大程度上可以说，医院实际上是借助药品的效力才将患者的病治好的。从中可见，药在疾病的治愈过程中扮演着非常重要的角色，它才是治愈疾病最直接、最根本，也是真正发挥作用的要素。与此相类似，监狱为罪犯制定矫正方案即相当于医院的处方，而矫正项目即相当于处方上那一幅幅“良药”。显然，矫正方案这张“处方”即使开得再好，如果没有矫正项目这些“良药”的话，罪犯个体的矫正也是很难实现的。正如医院治愈疾病主要凭借的是各种药品，监狱将罪犯改造好主要凭借的就是矫正项目。由此可见，矫正项目在罪犯教育改造中发挥着至关重要的作用，处于促使罪犯痛改前非、发生积极改变的核心地位。

三、矫正项目的组成要素

从国内外矫正项目的实践来看，一个完整的矫正项目一般应包括以下几方面组成要素：

1. 项目名称，既本矫正项目的名称。矫正项目既可用该项目拟实现的矫正目标来命名，也可用该项目的适用对象来命名。前者如文化教育项目、军事化管理项目（队列与内务训练）、药物滥用矫治项目、暴力预防项目和生活技能项目等，后者如性犯罪罪犯矫正项目、妇女家庭暴力受害综合征矫正项目、少数民族罪犯矫正项目等。

2. 项目目标，即本矫正项目拟达到或实现的具体矫正目标，如树立法制观念、扫盲、提高生活技能等。

3. 适用对象，即本矫正项目适合哪些或者什么样的罪犯参加。

4. 工作原理，即本矫正项目运用什么样的作用机制和基本原理来达到或实现既定的目标。工作原理是否正确显然是矫正项目是否有效的重要基础。

5. 干预方式，即本矫正项目具体采取哪些方式方法开展教育矫正活动。根据实现矫正目标的需要，在一个矫正项目中，可以灵活地采取多种多样的方式方法，包括讲解、示范、讨论、游戏、案例分析、角色扮演、团体训练等。

6. 进度安排，即本矫正项目的内容安排和时间进度。为了实现既定的目标,矫正项目需要设置哪些教育矫正内容、环节和任务，需要花费多长时间来完成以及如何使用这些时间。

7. 关键要点，即本矫正项目需要重点关注的若干关键性问题。这些关键性问题常常会影响到矫正项目的效果。

8. 考核评估，即考核和评估本矫正项目效果的方法预计措施，如知识考核、任务测验、模拟考试等。

9. 备注说明，即本矫正项目需要注意和补充说明的其他事项，包括对项目主持人、参加人数规模以及评估工具的要求等。

为了便于理解和把握上述各组成要素，表一以目前在矫正领域比较成熟的“暴力预防矫正项目”为例进行了比较详细而直观的阐述和说明。

矫正项目的组成要素（以“暴力预防矫正项目”为例）

组成要素	介绍与说明
项目名称	暴力预防矫正项目
项目目标	提高罪犯参加者的技能，进而减少其将来再次实施暴力犯罪行为的可能
适用对象	拥有暴力犯罪史或者明显具有在将来实施暴力犯罪行为的可能的罪犯
工作原理	社会学习理论和社会信息加工理论，以预防重新暴力犯罪为重点的认知行为干预和技能训练，其中强调自我控制、社会问题解决、教育、自我管理、角色扮演等的运用
干预方式	主要有讲解、示范、看录像、案例分析、角色扮演（心理剧）、游戏活动、讨论（辩论）、表达（分享）、模拟练习、行为与拓展训练、家庭作业、个体咨询或治疗等
进度安排	共有 124 个单元课程（每单元课程约 2 小时），具体划分为以下 10 个模块： 1. 促使改变：定位和变化过程（8 个课程） 2. 暴力认知：探究暴力的个人根源（16 个课程） 3. 愤怒控制：控制愤怒和焦虑情绪的基本技能（8 个课程） 4. 问题解决：社会化的问题解决和信息加工技能（16 个课程） 5. 社会态度：探究和改变支持暴力行为的观念（16 个课程） 6. 积极关系：减少受害和亲密人士间的暴力行为（8 个课程） 7. 解决冲突：沟通和协商技能（8 个课程） 8. 积极生活方式：改变激发暴力行为的生活方式（8 个课程） 9. 自我控制：建立短期、长期的自我控制机制（16 个课程） 10. 暴力预防：形成一个全面的暴力预防方案（16 个课程） 这 124 个单元课程中包括 120 个团体课程和 4 个个别课程。每天安排 2 个单元，每周 4 天，通常需要 16 个星期左右的时间

续表

组成要素	介绍与说明
关键要点	罪犯参加者要检讨他们暴力行为的模式、形成改变的动机；学习愤怒控制、问题解决、冲突解决、冲动控制和人际交往方面的技能；考察与重要他人之间的关系以提高生活质量；认清生活方式、犯罪、药物滥用和使用暴力之间的关联
考核评估	结束时要求罪犯参加者设计一个包含所学策略的暴力预防的个人预案。该预案建立在对以前攻击性行为的理解和将来可能导致发生攻击性行为的高危险环境的认识的基础上
备注说明	项目主持人或指导者由 1 名项目矫正官员和 1 名心理学家担任；一个矫正项目团体的罪犯参与者人数规模最好为 8—12 名，不宜过多或过少；评估工具很重要，如通过暴力危险性测验和结构化访谈式评定量表，可获知罪犯参与者先前暴力的性质、未来暴力的风险、发生改变的动机、暴力预防相关知识掌握和技能应用等情况

四、矫正项目的价值

矫正项目作为近些年发展成熟起来的比较先进的教育改造的一种新型手段和有效载体，对于我国监狱工作具有重大的参考借鉴价值，在未来监狱工作中有着广泛的应用前景。

首先，矫正项目及其思路的本质所在就是提高罪犯改造质量。矫正项目这把“利器”存在的目的就是要促进罪犯各个具体矫正目标的实现，进而将罪犯改造好，使其不再重新犯罪。

其次，矫正项目及其思路有利于促进监狱工作的科学化和规范化水平。矫正项目的规范实施将有助于改变监狱以往主要依靠矫正人员个人主观经验与能力素质来改造罪犯的工作方式，实现由经验型、粗放型、随意型向科学型、精细型、规范型的转变。

再次，矫正项目及其思路有助于教育改造工作的创新。现行教育改造在观念、内容、机制、方法、载体等方面存在一些与将罪犯改造好的要求不适应、不符合的突出问题，急需改进和创新。矫正项目的理念、思路和做法恰好能为教育改造创新提供可资借鉴的参考。比如，可以借鉴矫正项目的有关思路与模式对传统的“三课教育”加以改进和创新，进而提高“三课教育”的科学性、规范性、可操作性和有效性。

最后，矫正项目及其思路还有助于监狱矫正岗位的科学设置和矫正队伍的能力建设，促进监狱工作人员队伍的专业化和职业化。矫正项目要求监狱独立设立一类项目矫正官员来专司负责矫正项目的实施。罪犯的具体改造任务主要由项目矫正官员通过提供矫正项目来完成，但罪犯一般性的日常管理则由其他类监狱工作人员来负责。这样一来，监狱工作人员就由以前“全包全管全揽”的“通才”转变为只专门负责其中一两项工作（如有的专门负责评估，有的专门负责日常管理，有的专门负责矫正项目）的“专才”，专业化和规范化程度不断上升，实际操作技能和业务水平逐步提高，工作强度明显下降，效益和效果显著提高。

矫正项目的根本价值在于降低重新犯罪率，安排矫正项目并促进矫正项目完成被认为是矫正机构的目标。更进一步说，基于降低重新犯罪的目的，监狱工作思路与运行就是围绕矫正项目展开新系列工作。

第二节 矫正项目的研发和实施

一、矫正项目的研发与步骤

关于矫正项目的研制与开发，一般需要经历以下几个步骤或环节。第一步，选择适当的矫正目标，进行矫正项目立项。理论上，与影响“成为守法公民”有关或者与重新犯罪相联系的因素都应属于罪犯改造的内容目标。然而，其中有些犯罪高危因素如年龄、性别、犯罪史等属于静态性质，无法在矫正中加以改变，因此不能被选择为矫正目标。同时，还有些犯罪危险因素如罪犯自尊等不属于犯罪源生因素（criminogenic factors）也不宜被选择为矫正目标。实践表明，以非犯罪源生因素为目标的矫正项目并不特别成功。因此，应选择那些可以改造、改变（动态）的、犯罪源生（犯因性）的因素作为矫正目标，进而立项为矫正项目。第二步，对矫正项目各个组成要素进行设计编制。其中，“进度安排”这一要素的设计编制不仅是重点，工作量也最大。不仅要对总体的干预课程做出规划安排，同时，还要为每次干预课程制定出实施方案。比如，作为复吸预防矫正项目中的一次干预课程，应付渴求感（即毒品心瘾）被设计依次由什么是渴求感、渴求感的诱发因素、渴求感产生的原因、渴求感波动曲线、如何应付渴求感和总结六个环节组成，每个环节均包括具体实施程序、干预原则、操作要点和器具使用等内容。第三步，对初步研制好的矫正项目开展临床应用实验，以检验矫正项目的可行性和有效性，发现其中可能存在的问题和不足，然后对矫正项目进行修改完善，这样经过数轮临床试验并获得可以接受的成效结果后，矫正项目基本定型。第四步，对基本定型的矫正项目进行标准化和规范化处理，使其成为可以正式推广使用的矫正项目。

二、矫正项目的实施方式

关于矫正项目的实施，监狱一般按照资源配置优化的原则，以“必修课”和“选修课”形式向罪犯提供矫正项目。必修类的矫正项目主要针对罪犯存在的一些普遍性的共性问题（如法制观念不强），适合于几乎所有罪犯；而选修类的矫正项目往往针对某类或某些罪犯的共性问题（如具有暴力倾向），只适合那些具有该方面缺陷或问题的罪犯。罪犯参加什么样的矫正项目以及参加多少个矫正项目，一般根据其具体改造需求来决定，这样做的目的是尽量确保耗费在每名罪犯身上的各种矫正资源与其本身的改造需求相匹配，避免出现过剩或浪费。为了保证矫正项目能够达到预期效果，矫正项目须由经过相应培训的专业人员（项目矫正官员、心理学家等）来担任主持人或指导者，并要求严格按设计程序规范进行。

三、矫正项目研发注意事项

需要指出的是，矫正项目的研发和实施对人员素质的要求明显不同。一般而言，矫正项目的研制和开发难度相当大，对人员素质的要求很高，一般人员难以胜任。因此，在进行矫正项目的研发时，常常是成立由相关领域的专家、学者和具有丰富经验的实务工作者组成的研发小组。由研发小组具体负责研制和开发矫正项目，并通过业务培训和指导，逐步向监狱一线推广使用矫正项目。而矫正项目的实施难度就少得多，因为只是去操作和使用已经研发出来的矫正项目，较少涉及开发创新，监狱的一般矫正专业人员经培训后就基本能够胜任。这就好比在医疗界，疾病防治研究机构负责研发新药品或疗法，而医院的一般医生主要是掌握和使用这些新药品或疗法，两者对人员素质的要求自然就不同。由此可见，从科学有效的角度看，对于矫正项目的研发和实施在人员上应当有所分工。矫正项目的研发宜由专家担任，而一般的专业人员不宜承担矫正项目的开发，其主要工作任务是矫正项目的实施。如果硬是要求一般的专业人员都来承担研发矫正项目的话，一方面是强人所难，很难搞出合格有用的矫正项目，另一方面也是人力资源的浪费。

四、矫正项目的认证

认证是为了保证矫正项目的质量和效益，认证的价值在于保证矫正项目矫正有效的真实性。反过来讲，认证的价值在于防止无效的矫正项目进入矫正领域，防止可能的对罪犯矫正有害的矫正项目进入矫正领域。同理，了解和掌握矫正项目的方式和内容，对我们研发设计矫正项目有反作用力。

如何判断矫正是否有效？矫正项目的出现，为解决这个问题找到了出路，那么，如何保证矫正项目的有效高效？除了设计矫正项目时严格按照其科学规范外，还有一个根本依据就是该项目具有降低重新犯罪率的证据。但由于矫正项目的矫正有效证明源于矫正项目设计者，这样，有关矫正项目矫正有效的证明不能排除证据的主观性，甚至不能排除造假的可能。

针对如何提高矫正项目的公信度问题，矫正项目认证制度应运而生。矫正项目认证就是检验矫正是否有效及有效程度的证据过程。矫正项目认证制度就是由权威机构对矫正项目的矫正有效性予以认证的制度。一个完整的认证制度包含下列内容：

（一）认证的主体必须是业界公认的权威机构。这个机构的专家须由不同领域的专家构成，其职责就是对所申请认证的矫正项目的矫正有效性予以认证，认证操作根据独立的规范进行。

（二）项目认证的程序。其包括两部分：第一部分是理论认证。对矫正项目的设计质量进行认证。包括工作人员训练与社会支持的评价。第二部分是结果认证。对矫正项目投入使用后的质量评估进行认证，包括对设计的遵守情况以及与罪犯个案相关的管理。

（三）矫正项目认证的标准。

1. 英国矫正项目认证的标准是：第一，要有一个科学证据证明的能够改变人的清晰模式：罪犯能够向哪个方向改变，其证据基础是什么？项目手册必须解释在什么领域内可以降低罪犯的危险，可以达到什么样的目的。需要描述出目标与手段之间的关系。第二，罪犯的选择。什么人需要改变，降低可能危险的矫正项目需要确定罪犯的性质，包括罪犯的危险、动机、学习方式、性别与种族。评估的方法必须先设计出来。第三，要指向动态的危险因素。第四，指向目标范围，选择一个关注的危险区域。第五，有效的方法，即需要证明项目能够发挥作用。第六，具有技能性，即向罪犯传授融入社会的技能。项目需要帮助罪犯在不再犯罪的前提下生活与工作。第七，有工作内容顺序性、矫正强度的说明与矫正期限，有最大程度降低危险的时间表。第八，具体内容开展的频率、参与人数与罪犯的学习方式及能力相一致。如果罪犯的反社会的历史长，具有高度的危险，项目所使用的时间就要长。第九，应当具有促进参与激励的性质。第十，要将保护观察（社区矫正）与监禁连在一起，以帮助罪犯顺利适应社会生活。第十一，能够保持对项目的监督。第十二，连续的评估，即危险是否降低要有连续的评估检验。

2. 加拿大的矫正项目认证的标准是：第一，必须建立在实证的有效性的行为改变模式基础之上。第二，需要针对与犯罪行为有关的要素，即要建立在矫正需要评估的基础之上。第三，需要能够为罪犯提供降低重新犯罪可能的技能，并鼓励罪犯融入社会。第四，需要具有与罪犯学习方式对应的措施。第五，矫正的强度与连续程度要与罪犯的危险程度相一致。第六，要保持对罪犯持续的帮助。第七，对罪犯要坚持持续的监督与评估。

（四）矫正项目的认证结论。

1. 英国对提交认证的矫正项目，矫正局认证专家组根据矫正项目认证申请人所提交的材料，做出下列四个不同级别的认证。第一级，予以认证项目。第二级，予以认可，但是要在一定时间内修改后，需重新认证的矫正项目。第三级，需要进一步研究，有一定希望的项目。第四级，没有价值和可行性，无须进一步研究的项目，也就是完全否定该项目。

2. 加拿大对提交认证的矫正项目，矫正局认证专家组根据矫正项目认证申请人所提交的材料，做出下列三个不同级别的认证。

第一级，予以认证。第二级，不能认证，但是可以改进，重新认证。第三级，不予认定。

（五）矫正项目认证的意义。凡是通过矫正项目认证机构认证的矫正项目意味着该项目具有被认可的矫正有效的证据，意味着通过认证的矫正项目可以在矫正领域实施。而没有通过矫正项目认证机构认证的矫正项目则意味着该项目需要改进或者放弃，也意味着不可以在矫正领域实施。矫正项目认证的意义有以下三点：第一，保证矫正项目理论上的科学性、犯罪需求的真实性与实践上的有效性。矫正项目认证的重要出发点就是防止矫正项目研发设计者不严格遵循矫正需要和矫正有效性原则，从而导致矫正项目的有效性存在不真实的问题。第二，由于矫正项目认证有助于保障和提高矫正项目的科学性、真实性及有效性，从而有助于保障和提高在罪犯矫正与社区矫正中的人力、物力与财力投入的效益，减少或者降低在罪犯矫正和社区矫正中的人力、物力与财力的浪费，同时可废除、减少或者降低社区矫正工作的无效劳动。第三，矫正项目认证的推行，有助于促进和提升矫正项目的科学研究与探索。矫正项目认证制度的推行，提高了矫正项目的设计、实证要求，确保了矫正项目的科学性和专业性。这样，反过来，又指导和规范了矫正项目设计、试验的科学性、真实性和有效性。

五、目前矫正项目的种类

矫正项目依据矫正需要评估而产生，对罪犯的犯罪性需要评估内容不同，矫正的内容也不同。矫正需要评估犹如医生诊断，而矫正项目犹如医疗手段。矫正项目使用的原则是矫正有效性原则。

20 世纪 70 年代后的矫正事业有两大特点：一是矫正方法成工具化，不管理论上认为多么重要的矫正方法，都需要具有可操作性。二是具有可操作性的矫正工具——外在表现为矫正项目，是要接受矫正效果认证，只有经过接受权威机构认证和认定的矫正项目才能运用于矫正领域。随着理论的深入、实践的收获，很多矫正项目被开发出来，矫正的发展逐步走向繁荣、走向科学的道路，呈现出百花齐放、种类繁多、五彩纷呈的可人态势。

矫正需要的丰富多样，就决定了矫正项目种类繁多，理论上讲，有一种需要，就有一种满足。但是，我们需要沉着冷静的是，有的需要是无法满足和实现的。就如有些疾病是无法治愈一样，这对人们加深理解矫正项目或纠正某些歧视有镇静作用。

目前来讲，根据已有的矫正需要而产生存在的比较成熟的矫正项目的种类非常多，主要有以下几类：一是认知行为矫治类项目。包括道德认知矫治项目、理性化矫治项目、情绪控制类项目、主张对抗项目、强化思维技能项目、思维优先技能项目、一对一犯罪行为矫治项目、生活方式转变项目等。其从理论上亦可分为社会技能矫治、自我控制能力、认知重建、人际问题解决处理、道德推理与观点选择等。二是社会交往技能项目。包括伙伴交往项目、社会交往训练项目等。三是情绪控制类项目。包括愤怒治疗项目、愤怒与情感管理项目等。四是家庭治疗项目。包括家庭保存治疗模式、功能型家庭治疗模式、结构型家庭治疗模式、多维度家庭治疗模式、多系统治疗模式等。五是生活能力帮助类项目。包括社区融合项目、养育子女技能训练项目等。还有生活能力帮助类项目、劳动技能培训类项目、教育类项目、重返社会帮助类项目、暴力类防治项目、戒毒类项目、性犯罪控制项目等。

矫正项目“类”下有“种”。每类矫正项目都有若干种，而且还在发展中。到目前为止，基本上形成了一个完整的体系。比如美国内华达州的教育类矫正项目就包括：第一，基本教育项目。其包括：1. 参加基本考试项目。学生只要通过教育部门规定的科目的考试就可以获得证书。2. 英语语言学习项目。这一学习适用于母语不是英语的人。3. 成人基本教育项目。这一项目内容包括培养阅读、写作、数学等能力。4. 电脑基础项目。这一项目主要学习与电脑相关的知识。5. 新生基础技能项目。这一项目包括基本的阅读、写作与数学项目。第二，高中教育项目。其包括教育委员会所列的达到高中毕业的 42 个学分。第三，特殊教育项目。对象是学习能力有问题的人，接受特别教育的人是没有拿到高中文凭的人。第四，专门技能教育项目。专门技能教育教授特别的就业技能，其包括：1. 劳动者阅读项目。这个项目内容是帮助课程参加者找工作、维持工作与理财。2. 就业特别技能项目，帮助罪犯提高劳动技能。3. 工作经验项目，就是通过劳动提高自己的能力。4. 工作特别技能项目，包括电脑使用、高级办公软件、自动化、厨具制作、木工、清理、救火、食物制作、园艺、金属制作、办公支持、焊接、印制、林木方面的技术学习培训。进一步延伸讲，在爱华达州，州教育局的项目处负责向罪犯提供教育项目，包括阅读、高中教育、生活技能、职业技能等。罪犯教育是由专门的学校承担。该学校服务的对象是服刑罪犯，是具有国家资质的学校。

为进一步加深对矫正项目的理解，我们对国际普遍认可的支持性研究成果多的认知行为类矫正项目进行分析。研究表明，认知行为矫正项目比传统的心理矫治与说教式教育项目在降低重新犯罪效果好。其包括 58 项内容的认知行为矫正项目，主要有道德认知矫治、理性化矫治、强化思维技能等等，认知行为矫正的基本原理是，人是具有思维、情感与行为的动物。虽然情绪、行为具有独立性，但是情绪行为极少不受思维的控制。思维不同，情绪不同，行为也就不同。不良思维导致不良情绪与行为，而良性思维可以调整情绪影响行为。

认知行为矫正项的目的是改变罪犯的反社会思维模式，建立新的模式。一个人如果具有社会反向功能的思维，往往容易重新犯罪。绝大多数罪犯是思维方式有问题，如认知扭曲、态度颠倒、价值观异常、信念缺失、认知技能水平低、决定能力差、问题解决能力弱等问题。

从理论上分类，认知行为矫正项目分为：第一，社会技能矫正。主要是改善其社会技能。包括使用非语言技能，目光接触，姿势；言语技能，如发起与维持谈话，协商的技能，与异性交往的技能。第二，自我控制能力矫正。训练治疗对象管理自己的行为。方法可以使用自我训练法。这种方法源于俄罗斯学者的“自我谈话”，即通过自我谈话控制自己的外部行为。自我谈话有利于消极思想的自我监控，对积极陈述的复述有利于发展与强化应付技能。第三，认知重建矫正，具体又包括合理情绪疗法、贝克的认知疗法等。合理情绪疗法指不合理的信念产生不合理的需要，当这种需要不能满足时就产生消极的情绪状态，认知重建是通过质疑、争论找出不合理的信念，然后通过对质、指定家庭作业等改变不合理的信念。贝克的认知疗法指突出对功能阻碍思维的个人发现，依靠较少对抗性的苏格拉底式对话，远离中心，拉开距离，重新归因。第四，人际问题解决处理矫正。这种方法通过问题识别、选择思维方式、选择观点、选择因果性思维、考虑结果等，学习解决人际问题处理办法。第五，道德推理与观点选择。

再对认知行为类矫正项目下属的一项美国俄克拉荷马州研发设计的道德认知矫正项目（Moral Reconation Therapy，简称 MRT）和加拿大研发设计的理性化矫正项目（The Reasoning and Rehabilitation Programme）进行具体剖析，以便加深对矫正项目的理解。

道德认知矫正项目是针对滥用毒品罪犯的矫治方法。该项目设计的最终目的是提高罪犯决定自身行为的理性化水平。这一矫治是通过关注罪犯的积极行为与自尊，提高罪犯的道德与行为，降低自私性，实现罪犯矫治。这个项目历经 9 年试验，于 1987 年最后完成纸质文本。这个项目不仅在监狱使用，而且也对在社区中服刑的曾经使用毒品的罪犯使用。

1. 道德认知矫正项目的基本原理是发展心理学家霍伯格（Holmberg）和派吉特（Piaget）提出的道德发展的九个阶段理论。第一阶段是不忠诚。不忠诚是自我为中心的核心，行为具有不忠诚的倾向，有报复与侵害他人的行动。第二个阶段是与他人社会对立。在这个阶段，行为人开始实施不诚实的行为，但是不频繁。第三个阶段是不稳定。这个阶段行为人不能确定如何忍受他人，不知道如何感受他人。但是，行为人还是根据欢乐或者痛苦做出行为决定。第四个阶段是受伤害。这个阶段行为人倾向于毁灭自己与他人，但是，在这个阶段，行为人通常也认为自己是问题的原因。第五个阶段是认为什么都不存在。在这个阶段，行为人在按照社会规范选择行为与顺从内心选择行为之间犹豫徘徊。第六个阶段是危险阶段。在这个阶段，行为人要确定行动目标。第七个阶段是主要根据社会因素做出决定。第八个阶段是正常的阶段。根据道德做出行为选择。第九个阶段是道德阶段，表现为遵从道德。上述原理可以简单概括为，思想信念与态度决定人的行为。

道德认知矫正项目的主要矫正事项包括：一是直面与评估自我，评估当事人的信仰、态度、行为与自我防卫机制。二是关系评估，包括对已损害关系治愈情况。三是强化积极的行为与习惯，提高罪犯的道德责任感。四是帮助罪犯给自己一个积极的定位。五是帮助罪犯降低追求快乐的享乐观念。六是强化个人的角色意识。七是提供道德推理，培养为他人的意识与为社会的意识。

道德认知矫正项目有 16 个工作步骤。第一步与第二步是信任与诚实的培养。这两步指向罪犯的不忠诚。处于不忠诚阶段的人认为世界没有诚实、没有真实，认为人们处于嫉妒、愤懑等消极情感中，道德的判断建立在快乐与痛苦上。第三步是接受。这一步骤主要针对他们与社会对立的态度。他们的想法与社会现实太远，对社会不公平现象一点都不能接受，因而产生敌视社会秩序的态度。第四步是了解。行为人因为不知道怎么办，所以可能实施欺骗、盗窃行为。行为人不知道自己该做什么事情的原因主要是行为人没有长远目标。第五步是治愈被损害的关系。这个步骤主要针对罪犯存在受伤害的问题。这个阶段行为人倾向于毁灭自己与他人，但是在这个阶段，行为人通常也认为自己是问题的原因。第六步是引导行为人帮助其他人。第七步是帮助行为人确立短期目标，并促进行为的持久性。这一步骤主要针对有的罪犯不知道自己与外界的关系，行为很少有目的，对自己的行为缺乏责任感而设计的。第八步是帮助行为人确立长远目标与理性。这一步骤主要针对罪犯认为什么都不存在，什么都没有意义的生活态度而安排的。第九步是改变行动方法。这一步骤主要针对罪犯存在危险阶段。在危险阶段的罪犯有自己的行为目标。他们也认为与他人的关系是重要的与必要的。他们也能够从长远目标中得到定位。大多数人能从社会合同与法律层面进行道德判断。第十步是巩固积极的转变。这一步骤主要是帮助罪犯度过危险阶段。第十一步是保持自己的道德承诺。当罪犯确立生活目标后，个人为追求成功具有了急迫感。而行为人此时的目标比较宽泛，需要帮助他们度过这一阶段。第十二步是选择道德目标。在这个阶段，行为人很关心社会与他人的利益，与他人接触注意诚实待人。第十三至第十六步是评估与他人的关系，学习自我评价。帮助矫治对象走向优秀是这一项目的终极目标，但是优秀是很少人达到的境界。在这个境界的人对社会和他人充满热心。个人价值观放在人道、正义、人的尊严与人的自由上。

道德认知矫正项目的工作方法是通过挫折与道德推理，提高罪犯的道德推理能力，改善罪犯的行为方式。该项目采取的具体方法是群体讨论的形式。对参加者有如下具体要求：一是参加者从一开始必须诚实。二是参加者需要向其他参与人和矫正人员展示事实。三是参加者需要将诚实放在重要地位，以改善与他人的关系。四是参加者需要帮助别人，而不希冀回报。五是参加者需要参加公共服务。六是参加者需要接受大家的评价。

2. 理性化矫正项目是由加拿大研发设计的。20 世纪 80 年代开始被广泛使用，除了英语国家，如美国、加拿大、新西兰、英国、澳大利亚等，西班牙、德国等也在使用。

理性化矫治项目是促进罪犯转变结构认知行为方法。这种方法关注罪犯的思维技巧，旨在使用行为前思考替代已有的认知模式，使他们有更多的反思，而不是行为反射，对潜在的行为有更多的期望与计划，行为更具有灵活性，心胸更开阔，思维更有理性与目的性。

之所以认为罪犯缺乏思维技巧是源于以下对未成年犯与成年犯的实证。研究表明，思维次序影响人的社会意识与人际交往。许多罪犯有行动快于思维的倾向，行为者往往在行动前缺乏对环境和其他人的感情的考虑。

理性化矫治项目的主要目标有：一是提高罪犯的自我控制能力，行动前先思考。二是培养问题解决技能，如及早认识到问题，寻找替代方法，估计后果，做出合适的反应。三是提高社会意识。四是提高理性，对事实做出客观评价，做出决定前是否利用各种信息。五是理解价值。

理性化矫治项目的矫治方法有：一是逐步指导。二是有目的的重复。三是传导给罪犯以新的技能。四是关注“怎样思维”，而不是“思维什么”，提高解决问题的能力。

理性化矫治项目的课程安排。该项目一般次数是 36 次，每次 2 小时，分五个阶段性实施。一是认识到问题阶段。二是做出决定阶段。三是采取行动阶段。四是维持新行为阶段。五是预防复发阶段。

理性化矫治项目在实施过程中使用的技术主要包括：一是角色互换。二是玩令人难堪的游戏。三是认知练习，如分析迷失。练习与重复是学习的重要因素，使用团体环境，将被试者分为二人组、三人组，反复练习。

理性化矫治项目的适用对象包括有犯罪史的罪犯，而使用毒品、性犯罪、暴力犯罪者优先适用。该项目适用范围还包括就业存在问题的人，教育不完全者、英语读写存在问题的人、IQ 在 80 以上者。

这一项目的模式虽然基本相同，但在实践中并不完全相同，比如，在美国佐治亚州，这一项目的内容包括七块：问题解决，创新新思维，社交技能，情绪管理，谈判技能，价值观强化，批判性思维。以上七块内容是针对罪犯存在的下列问题，一是不能够认识自己的问题出在什么地方。二是对解决人际问题存在困难。三是不能意识到行为所造成的结果。四是不能实现目标。五是对社会情况不了解。六是冲动。七是狭隘与拘谨的思维。八是缺乏独立思考。

而理性化矫治项目在实践中最大的变异就是，它的加拿大版本叫“认知技能训练项目”（The Cognitive Skills Training Program）。在加拿大，认知技能训练项目始于 1990 年，适用范围包括监狱与社区。该项目关注罪犯的错误思维方式，包括生活中的冲动性决定，狭隘的思维，缺乏目标的行为，糟糕的人际交往技能。项目的核心内容实施生活技能同时辅以融入社会内容。该项目包括 30 次每节 2 小时的小组矫治，课程将口授与练习结合起来，采用方法有角色扮演、视像反馈、家庭作业等。认知技能训练项目的目的是学会批判性思维，学会解决问题、学会决策。包含五个具体问题：一是认识问题，分析问题，考虑使用非犯罪替代方法。二是将挫折看成一个需要解决的问题，而不是使用威胁个人的方法。三是如何构建计划。四是计算行为后果。五是学会有逻辑的思维。

认知技能项目评估标准

认知缺陷	没有问题	有些问题	经常性的问题
1. 问题确认 不能发现个人问题的早期信号和行为的危害后果。			
2. 解决问题 不能解决日常生活中的个人问题，如使用暴力解决问题，埋怨别人，不解决自己的问题，使用吸毒等方法摆脱焦虑等。			
3. 替代性思维 不会使用多种方法应对问题，如只能使用一种理由解释所发生的问题。			
4. 目标取得 不能将大目标分解为若干个容易实现的小目标。			
5. 对原因的分析 不能对他人行为与自己行为之间进行因果分析。			
6. 以自我为中心 只考虑自己的情感状态、思想与观点，而忽视别人的情感状态、思想与观点。			

续表

认知缺陷	没有问题	有些问题	经常性的问题
7. 社会期望 不能理解社会对自己行为的期望与别人对行为的解释，如在不合适的场合使用侵犯性的语言。			
8. 同情心 缺乏对别人想法与感受的了解与感觉，如不听他人讲话，不考虑被害人。			
9. 关系 不能与他人搞好关系，甚至包括家庭成员。			
10. 冲动 不能控制脾气，不能在行动前考虑好，具有不顾后果的行为倾向。			
11. 批判性思维 不考虑行动的环境，不会再行动前进行分析。			
12. 思维刻板 不会接受新思想、新信息，在同样的情境下，只使用固有的方法。			
13. 顽固思维 只坚持做自己的看法，不相信他人。			
总分：________________			

第三节 欧美矫正项目简述及效果评估

成功的矫正政策应当把主要矫正资源集中投入在经过证明是有效的项目实施中，同时还应当避免无效项目的实施。为此，美国华盛顿州公共政策研究所于2006年对成年罪犯矫正项目进行了一次全面审查。最终目的是为了确认在众多的矫正项目中哪些项目能够有效降低成年犯的重新犯罪率，帮助华盛顿州的决策者改善其成年人刑事司法制度。

根据再犯风险和犯罪行为造成的社会危害，对重罪犯人进行分类的基础上，为对高风险罪犯的矫正分配更多的人力资源和改造资源，相应地缩减低风险罪犯的矫正资源。并确认在众多的矫正项目中那些项目能够有效降低成年犯的重新犯罪率，帮助决策者改善其成年人刑事司法制度。美国华盛顿州公共政策研究所对40年来在美国和其他英语系国家实行的成年犯矫正项目的评估资料进行了一次综合的统计学研究，研究对象具体涉及多个类别的291个成年犯矫正项目，包括毒品法庭、训练营、性犯罪人治疗项目、矫正企业就职项目等。需要指出的是，在291个项目中，只有少数几个是华盛顿州实施的成年犯矫正项目，而且，几乎所有项目都是美国其他各州正在实施的。

本次研究采用了“系统审查”的研究方法，对经过严格评估的研究成果进行综合分析，并与未经治疗的对照组的罪犯情况进行比较，确认作为研究对象的项目是否能够降低成年犯的重新犯罪率。系统审查是相对于对文献资料的狭义审查而言的，后者指作者选择引用相关研究成果对主题进行描述。这两种审查方法在研究中均有其独立地位，但是人们普遍认为，系统审查更为严格，并且，因为其对现有的全部研究成果进行评估并采用统计假设测试方法，系统审查更有可能获得公正、精确的结论。系统审查方法在医学、教育、刑事司法以及其他政策领域得到越来越广泛的应用。

研究发现，大量成年犯矫正项目能够达到降低重新犯罪率的效果，同时，也有一些项目没有起到降低再犯的作用。比如，本研究分析了 25 个成年犯认知—行为治疗项目的评估成果，结果表明，这些项目能够将重新犯罪率平均降低 8.2%，换言之，如果没有实施认知—行为治疗项目，49%的参加该项目的罪犯会在 8 年后再犯重罪，实施认知—行为治疗项目后，再犯可能性将下降 4 个百分点，达到 45%，由此得出，重新犯罪率降低了 8.2%。值得注意的是，即使是较小幅度的再犯率的降低，也能带来较高的成本效益。例如，高风险罪犯的再犯率下降 5%，能给纳税人和受害人带来较高的效益。而且，一个在统计意义上不能降低重新犯罪率的项目，如果实施该项目的成本低于其他替代实施的成本，该项目也可能会带来成本效益，监狱分流项目就是这种情况，即使研究表明监狱分流项目不能降低再犯率，如果其成本小于监禁成本，该项目也具有经济上的优势和适用理由。

研究审查了 8 类成年犯矫正项目，下面是各类项目研究成果的简要评述。

一、涉毒罪犯矫正项目

研究涵盖了 92 个经过严格评估的毒品治疗项目，这些项目适用于各监狱和社区中服刑的成年犯，包括成年犯毒品法庭、狱内治疗社区和其他形式的毒品治疗项目。研究发现，毒品治疗在统计学意义上能够明显降低成年犯的重新犯罪率。

1. 成年犯毒品法庭。美国针对涉毒成年犯的专门法庭迅速增加，在华盛顿州就有几家成年犯毒品法庭。本研究审查了 56 个经过严格评估的毒品法庭项目。结果表明，毒品法庭项目能在统计学意义上，将项目参与者的再犯率降低 10.7%。

2. 狱内治疗社区。监狱内设立毒品犯独立居住区，区内活动的组织和运行遵循集体原则。本次研究中，对有些狱内治疗社区项目的有效评估还考虑到了罪犯释放后的社区关爱因素，对项目评估资料的分析表明，狱内治疗社区项目平均能够将重新犯罪率降低 5.3%。但是，释放后的社区关爱因素仅仅能够在此基础上将再犯率稍微再降低一点，达到 6.9%。因此，这类罪犯重新犯罪率降低的绝大部分效果来自狱内社区治疗经历。

3. 其他形式的毒品治疗。此外，还研究了三种毒品治疗模式，分别是狱内使用认知—行为疗法的毒品治疗、社区一般毒品治疗方法、地方监狱的普通毒品治疗项目。总的来说，这三种形式都能够达到统计学意义上降低重新犯罪率的效果。

二、精神病罪犯的监狱分流项目

对精神病罪犯和并发精神疾病与药物滥用疾病罪犯的监狱分流项目的效果测试和研究还处于起步发展阶段。这类项目的实施，有的由警察决定，有的由法官决定，比如精神病法庭。本研究对 11 种经过充分严格评估的项目进行了审查，其中 8 个项目由联邦资助。总体来说，这些项目没有显示出统计学意义上降低重新犯罪率的效果。但是，这个结果并不意味着这些项目没有价值，由于这些项目把犯罪人从运营成本较高的地方监狱的服刑项目中分流出来，其可能会更节约项目成本。

三、普通罪犯群体的认知—行为在治疗

认知—行为治疗项目的目的是解决导致罪犯反社会行为的非理性思想和信仰，帮助罪犯纠正其思维方式并让其模仿、实践解决问题的方法和融入社会的技能。本研究审查了 25 个适用于普通罪犯群体的认知—行为治疗项目，结果表明，认知—行为项目能够将重新犯罪率降低 8.2%。

四、家庭暴力犯项目

教育／认知—行为治疗。家庭暴力犯的治疗项目通常涉及传统上妇女遭受压迫的教育内容，还包括强调暴力替代措施的认知—行为治疗。项目实施通常由法院决定。根据对九个项目的研究发现,家庭暴力治疗项目目前还没有达到降低重新犯罪率的效果。

五、性犯罪人项目

这里的研究对象涉及对性犯罪人治疗的经过严格评估的 18 个项目，既有监狱中执行的项目，也有在社区中实施的项目。研究表明，认知—行为治疗总体上能够降低犯罪人的再犯率，其他性犯罪人治疗方案没有显示出降低再犯的效果。

1. 性犯罪人心理疗法／咨询。该项目涉及对性犯罪人进行个别或群体的心理治疗或咨询服务。通过对 3 个项目的研究发现其没有降低重新犯罪率的作用。

2. 狱内性犯罪人的认知—行为治疗。这次审查了 5 个项目，包括防止异常行为的行为修复项目和预防再犯的行为模式项目。总体来说，认知—行为疗法能够将性犯罪人的再犯率降低 14.9%。

3. 低风险缓刑性犯罪人的认知—行为治疗。该类罪犯比被判处监禁刑的罪犯的罪行轻得多，但其行为治疗类似于狱内的行为治疗项目，也包括行为修复和再犯预防。通过对 6 个严格评估的项目进行审查发现，低风险缓刑性犯罪人适用的认知—行为治疗项目能够大大降低重新犯罪率，甚至达到 31.2%，是本次研究中发现的最有效的治疗项目。

4. 性犯罪人的行为治疗。行为治疗的内容主要包括对异常行为动因的防止和提高性犯罪人与其年龄相适应的必要的社会交往技能。通过对该项治疗中 2 个项目的研究发现，仅仅使用行为治疗的方法很难降低重新犯罪率。

六、中间制裁

从 20 世纪 80 年代和 90 年代开始，美国就适用大量的制裁和判决措施，对这些项目进行了评估，并且一直关注如何开发更多的替代措施。研究审查了 5 类中间制裁措施。

1. 治疗型强化监督和无治疗型强化监督，研究审查了 24 个无治疗型强化监督项目的评估资料，这些项目重点对犯罪人进行管理和监督，结果表明，这种罪犯管理方式不能在统计学意义上降低重新犯罪率。但是，为罪犯提供治疗服务的强化监督项目却能够大大降低再犯率。通过审查 10 个伴有治疗服务的强化监督项目的评估资料发现，该类项目能够将再犯率降低 21.9%。因此，我们可以认为，是治疗因素而非强化监督因素起到了重新犯罪率的作用。

2. 成年犯训练营。训练营为罪犯提供集中培训、操练和矫正治疗。研究审查了 24 个训练营项目的评估资料，结果表明训练营项目不能在统计学意义上降低再犯率。但是，类似之前对于监狱分流项目的评述，训练营项目如果比其他替代措施更为节约成本，可以考虑其适应性。

3. 电子监控。该项目利用电子监控设施对社区罪犯进行监督。通过审查 12 个电子监控项目的评估资料发现，电子监控项目不能降低重新犯罪率。

4. 低风险成年犯的恢复性司法项目。恢复性司法程序既适用于青少年罪犯，也对成年犯使用。适用恢复性司法程序的罪犯与适用普通审理程序的罪犯相比，通常危险性较低。恢复性司法程序的内容包括被害人—犯罪人和解、家庭小组会议、对被害人的赔偿。研究审查了 6 个项目的严格评估资料发现，恢复性司法程序总体不能降低成年犯的再犯率。但是前几年的研究表明，恢复性司法程序对于降低青少年罪犯的重新犯罪率具有重要意义。

七、普通罪犯的工作和教育项目

研究审查了 30 个经过严格评估的加强成年犯教育、提高工作技能的项目，其中有狱内项目也有社区项目。总体来说，这类项目能够较为明显地降低成年犯重新犯罪率。

1. 狱内矫正企业项目。美国有多个州都在经营狱内矫正企业，但是只有少数几个项目得到过严格的评估。研究对 4 个项目的评估及果审查发现，该类项目能够在统计学意义上将重新犯罪率平均降低 7.8 个百分点。

2. 狱内成年犯基础教育项目。对狱内成年犯教育技能补习的 7 个项目的严格评估资料审查后发现，其总体能够降低再犯率，达到 5.1%。

3. 社区职业培训和职业推介项目。通过对 16 个社区成年犯职业培训、求职和职业推介项目的严格评估资料研究发现，该类项目能够将重新犯罪率平均降低 4.8%。

4. 狱内职业教育项目。研究仅审查了 3 个项目，初步认定其能够将再犯率降低 21.6 个百分点，但是该结论还需要进一步测试。

八、有待进一步研究的项目

研究力量有限，不可能对所有的项目都做出明确的结论，以下项目虽然已经得出了初步结论，但是还需要进一步的论证。

1. 社区毒品罪犯的案件管理。这类项目涉及第三方机构进行案件协调和毒品测试，目的是为罪犯在社区接受的其他监督管理和治疗提供协调服务。研究审查了 12 个经过严格测试的项目评估，尽管结果显示有的项目有效，有的项目无效，但总体上该类项目没有降低再犯的效果。因此，需要进一步研究案件管理项目中哪些因素能够促进再犯率的降低，哪些因素是无效因素，换言之，需要确定什么样的案件管理模式能够降低重新犯罪率。

2. 精神病罪犯的治疗社区项目。该项目是对毒品罪犯治疗社区项目进行调整后适用于精神病罪犯的，是一种比较新型的方案设计，能够降低重新犯罪率，甚至达到 27.4%，具有发展前景。

但是，该结论是在仅仅研究了两项评估资料后得出的，涉及的罪犯也很少，因此需要进一步探讨。

3. 宗教项目。宗教项目中设立宗教部门为狱内或重返社会的罪犯提供圣经学习机会。目前关于宗教项目的严格评估还很罕见，只有5个彻底评估项目，这些项目还没有达到降低重新犯罪率的效果，或许今后的研究能够发现其积极作用。

4. 家庭暴力法庭。家庭暴力法庭是为应对家庭暴力案件而为其提供有效协调服务的专门法庭，通常将刑事司法部门和社会服务机构组织起来协调处理家庭暴力案件，还可能对罪犯判处矫正治疗。这里研究了两种不同的家庭暴力法庭，一种审理重罪案件，另一种审理轻罪案件。轻罪案件家庭暴力法庭具有降低再犯率的效果，相反，重罪家庭暴力法庭项目却提高了重新犯罪率。

5. 社区性犯罪人的强化监督。该项目针对缓刑犯实施，内容是定期召开面对面会议、家庭访问和检查。这里的研究对象是伊利诺伊州的项目，其中各城市的项目内容也不同。由于在四个城市中实施该项目的效果各不相同，有的有效，有的无效，因此需要更深入的研究以便确认项目效果。

6. 性犯罪人医疗项目。对性犯罪人使用的医疗方法包括阉割和两种荷尔蒙治疗。考虑到道德方面的因素，很难对这类治疗做出评估。我们对自愿阉割并实施手术的罪犯和自愿阉割但未实施手术的罪犯进行了比较分析，结果表明，实施阉割手术的罪犯的重新犯罪率明显低于另一组罪犯。

7. 支持圈和责任。这个项目来自加拿大的基督教堂。支持圈由五个层面的志愿者组成，包括社区专家、心理学家、执法人员、矫正官员和社会工作者，为监狱释放的性犯罪人提供支持，每周访问罪犯或者通过其他方式与其联系。支持圈的成员每周相聚一次。本次研究对 1 个该类项目评估发现，其能够将重新犯罪率降低 31.6 个百分点。

8. 定期假释监督与无监督释放。华盛顿州的城市研究所对于假释罪犯和普通刑满释放罪犯的重新犯罪率进行了研究，研究中使用了 15 个州的大量数据。结果表明，假释对于降低重新犯罪率没有效果。这个结论与我们之前对于强化监督项目研究得出的结论是一致的。我们认为，在得出确切的结论前，还需要对假释治疗组的罪犯和普通刑满释放的罪犯的重新犯罪率进行对比研究。

9. 日罚金。罚金由法官根据罪犯支付能力和罪行严重程度判处，在欧洲比美国更为普遍适用。通过对 1 个低风险重罪罪犯的日罚金项目的研究发现，与缓刑对比，其没有降低重新犯罪率的效果，但是该项目将罪犯从定期假释监督项目分流出来，因此今后还需要研究项目的成本效益情况。

10. 工作释放项目。本次研究对 4 个工作释放项目进行评估发现，该项目能够将成年犯的重新犯罪率降低 5.6 个百分点，但还需要对其进行更加深入细致的研究分析。

【本章小结】

1. 矫正项目是人类对罪犯矫正理念和方法的总结与升华，并赋予新的意义和价值。2. 矫正项目是降低重新犯罪的有效方式，不是消灭重新犯罪的必然手段，或者说只是一种矫正罪犯的手段而已。从目前看或者在可预见的将来，消灭犯罪的手段是不会出现的。3. 矫正项目是人类探索降低重新犯罪的比较成熟的手段，对实践上已经成熟的矫正项目应采取拿来主义，直接为己所用，不必为所谓的探索而探索，因为这种探索和研究是毫无价值的，而且浪费人力、物力、财力，误导了前进发展的方向。4. 鉴于矫正理论的丰富性和矫正方法的无限性，加之文化的差异，也应对我国监狱实践和积聚的大量行之有效及独树一帜的矫正理念与技术进行挖掘整理，研发设计焕然一新的矫正项目，从实践意义上看，这个应该是更有价值的。5. 犯罪是人类与生俱来基因上的先天的痼疾，因而对犯罪纠错这种探索路途迢遥，前程多艰，但这是很有价值的，值得尊重。

第八章

解惑与清源：罪犯危险性评估无法回避且必须回答的 24 个问题

横看成岭侧成峰，远近高低各不同。
不识庐山真面目，只缘身在此山中。

——宋·苏轼 《题西林壁》

【本章提要】

本章认为罪犯危险性评估不仅是新生事物，而且与本土传统危险罪犯摸排是不同的体系，有着各自的概念和运行系统，发生冲突是正常现象和必然结果。本章阐述和回答了七个方面 24 种情况的疑惑、争议与问题，也就是在前面“是什么”的基础上，再度补充阐释“为什么”。其可能或有或无，或大或小，但都是客观存在的。本章是对罪犯危险性评估的深入、补充和完善，力求使其内容变得全面和饱满，框架变得坚实和完整，使其由生硬呆板变得鲜活和生动，为它赋予灵性和生命力，以便更加深刻和清晰地理解和把握罪犯危险性评估的真谛，更好地推进罪犯危险性评估。

罪犯危险性评估是引进自国外的一种科学知识，涉及犯罪学、心理学、社会学、统计学、教育学，知识面广阔，其内容、方法、程序、应用等比较复杂，专业性比较强，业务要求较高。加之自身又有一套独立的概念系统和运行体系。而我国监狱又有自身一套运用多年的危险罪犯摸排、管控、教育转化体系。用一套体系取代另一套体系，本身就是一件比较复杂麻烦的事情，就好像一个人要变换一种新的思维模式，难度可想而知。在这个过程中，势必会遇到这样那样的模糊与疑虑。如果不对这些问题答疑释惑，不但阻碍危险性评估的发展，而且会导致危险性评估在实践中变形走样，甚至无疾而终。

一、关于对罪犯危险性评估认识方面的 6 个问题

1. 是否有必要开展罪犯危险性评估？没有罪犯危险性评估，我国监狱安全尤其是当下不是很好吗？有必要另起炉灶吗？这是在推行罪犯危险性评估过程中最容易遇到的一个问题。笔者认为不但有必要开展，而且应加大推进的力度。缘由有三：

一是无法摆脱的现实困境需要得到突破。监狱回归改造人、造就人的纯化职能已是大势所趋，传统管理模式已无法回应民众对监狱价值的期望与要求。目下以“严防死守、盯死看牢”为代表的看守型管理模式，说天怒人怨有些偏执与夸张，但警察叫苦叫累与抱怨不已也是不争的事实。而危评的精准摸排、定点清除、斩首行动、精准治疗、科学用警等特点，促使监狱工作走向从容淡定，监狱警察也从“看守、狱卒、监禁子”转变为具有文化气息和成就感的儒雅矫正官。据部分省份反映，开展危险性评估以来，年轻警察精气神发生明显变化。过去是戴上“八件套”转一天，现在工作有技术、有科学，真是学有所用。

二是回应矫正领域变革时代到来的需求。要求监狱改造罪犯达到两个目的，一是让可能重新犯罪的罪犯尽最大可能地不要重新犯罪，成为一个守法的人；二是让不可能重新犯罪的罪犯，改

关押、管理、矫正、劳动、刑罚执行以及刑释后的社会管控等系统的一个子系统，每个子系统都自成体系而又层次递进环环相扣。不能狭隘地就危险性评估谈危险性评估，而要宏观把握和系统看待危险性评估。

1895 年，心理学家弗洛伊德与布罗伊尔合作发表《歇斯底里研究》，弗洛伊德著名的“冰山理论”也就传布于世。他认为人的人格就像海面上的冰山一样，露出来的仅仅只是一部分，即有意识的层面；剩下的绝大部分是处于无意识的，而这绝大部分在某种程度上决定着人的发展和行为。1932 年，海明威在他的纪实性作品《午后至死》一书中提出著名的“冰山原则”。他以“冰山”为喻，认为作者只应描写“冰山”露出水面的部分，水下的部分应该通过文本的提示让读者去想象补充。文学作品中，文字和形象是所谓的八分之一，而情感和思想是所谓的八分之七。前两者是具体可见的，后两者是寓于前两者之中的。弗洛伊德和海明威在各自领域将“冰山理论”提出并加以应用，“冰山理论”才得以广为流传。如果罪犯危评工作是一座冰山，评估只是那露在水面上的八分之一，其他行政管理和矫正项目才是埋在水里的八分之七。评估只是万里长征第一步。单就危评谈危评，发展下去必会束之高阁，弃而不用，置之不理。因为几十年不用罪犯危险性评估，监狱不也照样摸排危险犯吗？

4. 关于危评工作神秘化与虚无化问题。神秘化的认为危评工作绝对准确，包打一切，有了罪犯危险性评估就可以解决监管改造的一切问题。危评工作只是概率性、可能性，没有绝对结论。虚无化的认为，危评工作有监狱就有，现在只是更换形式等。笔者认为这两种态度都是不可取的。就当下而言，罪犯危险性评估不能说是最好的模式，但可以肯定的是，它绝不是最坏的方法。

监狱只是危险性评估的一个环节。它完整的环节还有向前延伸的法院环节，根据危险性评估确定量刑。还有向后延伸的罪犯刑释后，社会根据危险性评估进行再管控再矫正。这就涉及刑事司法体系问题。监狱只是社会预防和控制犯罪体系中的一个环节，是重要而且是最后一个环节，是被逼无奈的最后一招。

即使不用危险性评估，犯罪也有饱和极限的现象。犯罪饱和理论告诉人们，在常态社会条件下，一定时空中，犯罪现象的质和量及其变化，孕育并适应于该特定时空所能提供的全部条件，不得也不会超越这一时空条件所能准允的最大限度。换言之，在特定时空内，犯罪现象的质和量总是围绕某一相对恒定的坐标浮移，不会低于或高于这一坐标的最高阈值；当接近或达到这一阈值时，自然会出现反弹，也就是说，社会都必然做出消极或积极地反应，自然会使犯罪又回到恒定坐标的周围。这就告诉我们，即使不实施危险性评估或其他方式，监禁场所的犯罪也是有极限的，不会坏到不可控状态。

即使积极运用危险性评估出现明显效果，但也存在不可验证问题，因为犯罪也有个暗数问题，即实际犯罪问题。经研究发现，现实中实际发生的犯罪行为与司法机关掌握的犯罪行为之间存在着较大的差距，也就是在某种意义上，犯罪行为有司法犯罪、公开犯罪和实际犯罪三种类型。司法犯罪，是指已经由法院做出判决的犯罪；公开犯罪，是指已经为司法机关所了解和掌握的犯罪；实际犯罪，是指实际发生或客观存在的全部犯罪。司法犯罪仅仅占所有司法机关掌握的公开犯罪的一部分，但由于各种原因，公开犯罪仅仅是实际犯罪的一部分。这就使公开犯罪与实际犯罪数量存在着一个很大的差数，这个差数就是暗数。比如，通过某个矫正项目使重新犯罪率降低5%，那么谁敢保证5%中间就不存在犯罪暗数问题？

5.罪犯危险性评估和心理咨询与矫正、改造质量评估、循证矫正的关系问题。这是在推行罪犯危险性评估遇到最多的一个问题，也是一个容易纠缠不清的问题。笔者认为，这既是一个概念名称问题，也是一个业务内容的倾向问题。从总体上讲，罪犯危险性评估与其他三者的关系是整体与部分的关系，它们是罪犯危险性评估体系中的一个子系统。

其一，罪犯危险性评估不是罪犯心理咨询与矫治，罪犯危评评估员不是心理咨询师。一是从概念上讲，罪犯危险性评估是依据犯罪心理学、犯罪社会学、犯罪心理学、统计学而形成的一门学问，而心理矫治是指应用心理学的原理、知识、技术和方法，通过心理测量、心理咨询、心理治疗和心理干预等措施来矫正罪犯的所有活动的总称。二是从实践上讲，量表测试仅仅是危险性评估的方法之一，而心理量表测试又仅是危评量表中的一部分。也就是说，罪犯危险性评估本身就包含心理评估。三是从应用上讲，在危险性因子或犯罪性需要评估出来后的矫正项目实施中，心理矫治在其中占比较高，但也只是矫正项目的一部分。

其二，罪犯改造质量评估是罪犯危险性评估成效的指标之一。一是从本质上讲，罪犯危险性因子或犯罪性需要的变化本质就是罪犯改造质量评估。也就是说罪犯出监时的犯罪性需要与入监时的犯罪性需要相减就是罪犯改造质量。二是从实践上讲，四川、江苏等省份原罪犯改造质量评估量表就是后来罪犯危险性评估量表，而且在评估的阶段上也是一致的。三是从应用范围上讲，罪犯危险性评估主要是控制与矫正，而改造质量仅仅是矫正效果的一种评估。四是从评估方式上讲，罪犯的再犯罪可能性评估就是改造质量评估的另一种表现形式。罪犯再犯罪可能性高，就是改造质量差；罪犯再犯罪可能性低，就是改造质量高。如果罪犯的犯罪性需要与入监时没有变化，那么，罪犯改造质量就是零。

其三，罪犯危险性评估就是循证矫正，只是概念不同而已或者强调的重点不一样。一是从概念范围上讲，罪犯危险性评估包含危险控制和实施矫正两方面，循证矫正只是重点强调矫正方面。也就是说，罪犯危险性评估包含循证矫正。二是从本质上讲，循证矫正，简言之，就是遵循最佳证据进行矫正。而最佳证据就是罪犯危险性评估中的矫正需要或犯罪性需要。同理，依据罪犯的危险因子进行控制和依据矫正需要进行矫正本质就是循证控制和循证矫正。

6. 监狱是否有必要进行罪犯出监再犯罪可能性评估的问题。对监狱是否开展出监再犯罪可能性评估，存在着不同看法，而且争议比较大。一种认为不需进行，理由是由于评估具有可能性的特征，评估不准容易引起社会追究监狱责任问题，特别是评估员的责任问题。另一种认为必须进行，这是监狱的责任和社会担当，不能推脱和逃避。

笔者认为，没有必要争论监狱是否有责任和义务做评估和给予建议，这是必须做的工作。这不仅是法定责任，也是监狱的良心。

理由有四：

①传统做法。对出监罪犯进行再犯罪可能性评估是监狱的一项传统工作。监狱制度就规定，对出监罪犯的评估，主要是指在罪犯刑满前，对罪犯教育改造效果、重新犯罪的可能性、适应社会能力进行的评估。还规定，申报部级现代化文明监狱的单位，出监罪犯重新犯罪可能性评估率应达100%。申报省级现代化文明监狱的单位，出监罪犯重新犯罪可能性评估率应达90%。而且还进一步规定，对出监重新犯罪可能性评估有较大风险的刑满释放罪犯，监狱应当与其户籍所在地的公安机关、安置帮教部门实行直接移交，做到“无缝对接”。

②法律规定。《反恐怖主义法》规定，对恐怖活动罪犯和极端主义罪犯被判处徒刑以上刑罚的，监狱、看守所应当在刑满释放前根据其犯罪性质、情节和社会危害程度、服刑期间的表现、释放后对所居住社区的影响等进行社会危险性评估。经评估具有社会危险性的，监狱、看守所应当向罪犯服刑地的中级人民法院提出安置帮教建议，并将建议书副本抄送同级人民检察院。同时，对此类安置帮教的实施与监督也做出具体规定。

③价值需要。出监再犯罪可能性评估实质是对监狱整体改造工作的回顾检验，对今后如何改造其他罪犯具有指导意义。同时，对刑释罪犯的跟踪调查，也可验证刑释时的评估的准确性，从而检讨监狱评估工作，促进监狱评估工作水平的提高。

④良心使然。消除犯罪是社会的共同责任，监狱是社会管控犯罪的一个环节。社会把罪犯以罪名与刑期的标签和身份关押监狱，监狱在罪犯刑释时，也应以再犯可能性大小的标签与身份返

还社会，对社会有个交代、提醒和帮助，以利社会的进一步管控和教育，降低重新犯罪，消除社会风险。

二、关于评估工具的3个问题

1. 量表的统一化与本地化问题。这在目前是一个比较大的争议问题，孰是孰非，很难下定论。

统一化的一方认为危险罪犯的表现形式、成因或危险预测因子，古今中外，概莫能外，危险预测因子应该是相同的，也包括量表研制的工作机制、方法等。黑龙江的犯人自杀和海南犯人的自杀原因有区别吗？我国大陆的犯罪人从下水道逃走和国外电视剧《越狱》中从下水道逃走有区别吗？甚至与南方监狱的罪犯从监墙上逃走的原因有区别吗？浙江省在囚危险性评估研究发现狱内风险与省籍、刑期、时刻无关。甚至举例COPA-PI不是已经成功了吗？因而，没必要各省各自为战，自行研制量表，摸石头过河走弯路，全国应一盘棋，统一使用一套量表。

本土化的一方认为，中国幅员辽阔，民族种类多，南北东西文化差异大，宗教因素也存在差异，加之各地经济发展水平不一，导致犯罪类型也有差异。虽然，为统一而统一具有形式上的壮美，实则效果不敢保证。因而，既可“家家点火、户户冒烟”，各省自行研制，也可选择国外量表，也可引进国内其他省份研究量表。只要适合本省，能够确保罪犯危险性评估的质量和水平即可。

对于上述争论，笔者认为，对我国现状而言，评估量表的统一化是危险性评估的低级阶段必须经过的一个历程。通过这一过程，促使人们认可、接受、熟练罪犯危险性评估的理念和手段，在了然于胸和熟能生巧后，各地再四面开花，自由选择评估工具。同时，在量表的研制和使用过程中，研制归研制，使用归使用。学术归学术，实务归实务。

2. 对量表神秘主义的迷恋和克服问题。一是犯罪原因的复杂性，就决定了量表的不完美性。因为量表的维度绝不可能包含所有犯罪原因。同时，实务工作者和矫正机构需要承认，不是所有的评估量表都适合于罪犯。对于在非罪犯人口基础上提出的检测手段，应当审查其对于罪犯的合适性。二是只用一个量表是不行的，我们需要一套结构严谨、指向明确的量表，也就是一个由众多评估量表工具和技术规范组成的库或系统。实质原因是对危险因子、犯罪性需要的全面及作用程度进行多次验证。众多评估量表工具和技术规范构成梯次性，一些是初步的、基础性的量表工具及技术规范，而另一些则是递进性的、深入的量表工具及技术规范。各项评估量表工具和技术规范属于一个个模块，彼此之间具有独立性，可单独组装和卸除。三是毋庸置疑，评估量表评估必不可少，但现实实践证明，无论多科学的量表，它反映的也只能是罪犯测试时的状态，最多只能甄别出“当时的重点人”。而罪犯的危险性大小会随着一些事件和情景而发生改变，发生危险行为的概率不断处于动态变化过程中。这就决定了既要综合运用行为观察等多种方法的立体化的评估思维模式，又要从众多领域（犯罪历史、教育／就业、家庭／婚姻、同伴、酗酒／吸毒等）采样，还要注意回应的因素（性别、文化、种族、人际关系敏感度等），只有这样，才能提高预测准确性。

3. 量表修订的定期化问题。量表工具和技术规范与时俱进，不断更新和升级换代，要体现出时代性。有的风险评估工具的效果降低，主要是因为罪犯的情况变化，例如，年龄分布，文化多样性，犯罪类型构成和立法及刑事政策的改变等原因，也许，定期修订风险评估程序的一个更加令人信服的理由是存在一种多重分类发展的趋势，这种趋势显然是各种提供个人化服务的制度的内在要求，加强罪犯危险特征分析和罪犯结构、思想变化的研究是使个人风险和需求评估及再评估程序能够长期有效的一个方法，并且要时刻关注这种变化对矫正工作提出的挑战。同时，量表工具和技术规范库或系统对新研制开发的危险性评估量表工具和技术规范持开放性和包容性的态度，只要证明有效，均可纳入。

三、关于罪犯危险性评估有关概念的5个问题

1. 罪犯危险性的持续性和可变性问题。人身危险性一旦形成，若不加改变，则有顽固的持续性，不易改变，并非因为犯了罪，就自然消灭。“冰冻三尺非一日之寒”。本书前面论述的龙波罗梭和加罗法洛的观点就为此提供学术支撑。另一方面，人身危险性又具有可变性。现代科学证明，人身危险性是可变的，危险性在形成过程中，有很多复杂因素，不管是主观的，还是客观的，这些因素的消灭、减弱或增强，危险性就可以发生一定变化。有的人身危险性的可变性就较为明显，如激情犯罪，其人身危险性就可能很快地消灭。又如，未成年人由于思想尚未成熟，可塑性大，人身危险性亦容易改变。这是未成年人犯罪从轻的处罚的原因之一。一般讲，罪犯的人身危险性可能出现两种变化：一是加强。罪犯由于犯罪得逞而获得利益，可能加强其犯罪意志而呈现出反

复犯罪的倾向性，如犯罪集团的主要成员、惯犯、累犯等。二是减弱或消灭。罪犯由于犯罪而得不偿失或真诚悔悟而放弃犯罪这一种方式，如职务犯、过失犯一些初犯等。人身危险性的这一基本特性是监狱根据不同人身危险性的程度对罪犯进行管控和矫正的理论基础。

2. 评估结果与实际再犯情况一致与否的问题。在评估工作实际中，经常会遇到评估对象的再犯情况与评估结果一致与否的问题。一种是罪犯的再犯情况与评估结果高度一致，比如，评估为高度危险罪犯就违法违纪了，评估为低度危险罪犯就平安无事；另一种是罪犯的再犯情况与评估结果不一致，评估为高度危险罪犯反而平安无事，评估为低度危险罪犯却再犯比例高。对于第一种情况出现的原因难道是变相证明管控和矫正无效吗？对于第二种情况出现的原因，难道是管控教育的结果？也就是说对高风险罪犯关注度高，监管教育措施严格，使他们无法犯罪；而对中低风险对象关注度低，反而使他们有机会犯罪。这两种情况表面上看是两个截然不同的问题，但实质是一个问题，二者都是基于对犯罪、管控和矫正的错误认识，尤其是高估了矫正的作用。不能说矫正没有作用，而是在不同对象身上效果有差异。一般而言，再犯风险越高的对象，越难矫正，甚至是无效的。加之，没有完全的或者实践中很难操作的万无一失的管控措施。所以结果一致与否并不能肯定和否定管控和矫正的成效。当然，对于第二种不一致情况，还有一种可能就是评估工具、评估方法和评估员的业务水平存在很大问题，简单说，本身就没有评估准确。

3. 罪犯评估结果是一种可能性的问题。经过五代评估工具的发展，罪犯危险性评估的已经有了长足的进步。但需要明确的是，即使评估工具再精确，其预测力也不可能达到 100%。可能性是指包含在现实事物中的，预示着事物发展前途的种种趋势，是潜在的尚未实现的东西。凡说一事物有出现的可能时，就是说它在不同程度上有着客观的根据和条件，否则，就是不可能。不可能是指此事物的出现在现实中没有任何客观的根据和条件，因而它是永远不能实现的东西。人的行为总是在一定自然环境和社会环境中存在的，这些自然因素和社会因素必然作用于人，这对人身危险性的形成起着外因作用，而人的内在心理结构对人身危险性的形成和存在起着决定作用。当一定条件形成时，这种人身危险性就可能会外化为某一种危险行为。也就是，当条件不具备时，人身危险性就不可能转化为危险行为。罪犯危险性评估就是发现条件，但由于条件的多变性，就导致了结果的可能性，只是可能性的多少与高低问题。加之，现代科学强调事物的复杂性，任何一个环节细微的变化，都可能造成结果的不同，“混沌理论”“蝴蝶效应”表明的就是这一道理，罪犯人身危险性评估也不例外。它能够总体上判断罪犯危险性，但是由于狱内环境和社会生活环境的不一致、社会发展、文化差异、狱内负性家庭事件、出监后个人发展前途等诸多环境因素的不确定性，以及犯罪人个体之间在认知、态度、信念、动机需求等心理特征存在差异，并非同质。环境因素和心理因素都有着不可控性和复杂性的特点，每个人的思想也都处在不断地变化之中，这在客观上造成了预测结果存在着偏差的可能。基于上述认识，就给实务工作者带来重要启示：对犯罪人的评估不是一劳永逸的。正确的做法应当是借鉴加拿大相关机构的经验，定期、多次对犯罪人重新进行评估。

4. 罪犯评估结果有效期或时效性的问题。评估结果具有时效性，这是毋庸置疑的一个问题。但评估结果的时效到底是多长时间却是一个必须回答的问题。这个问题是由评估对象再犯的危险因子是否发生变化决定的，如果危险因子没有发生变化，也就是说只要风险源存在，再犯的风险就一直存在。因而评估的期限应根据相关矫正项目的推进情况和实施效果来具体确定，而不能千篇一律地确定一个统一的时间点。目前制度规定的时间点是一个紧密联系工作实际的最低要求，而不是科学的技术标准。从技术角度讲，应多频次经常性地开展评估，目前监狱犯情分析执行的“小组一周、监区半月、监狱一月”的规定应该是比较科学的，同时评估工作的期限与监狱现行规定也不冲突，从而融合在一起，提高评估绩效。

5. 罪犯危险性评估的应用场景问题。狭义上的人身危险性专指再犯可能性，而再犯可能性只能存在于犯罪之后。再犯可能性在不同的法律阶段具有不同的应用场景。一是侦查和审查起诉环节中的人身危险性，这是决定犯罪嫌疑人、被告人是否被逮捕的考虑因素。《刑事诉讼法》第 81 条规定：“对有证据证明有犯罪事实，可能判处徒刑以上刑罚的犯罪嫌疑人、被告人，采取取保候审尚不足以防止发生下列社会危险性的，应当予以逮捕：（一）可能实施新的犯罪的；（二）有危害国家安全、公共安全或者社会秩序的现实危险的；（三）可能毁灭、伪造证据，干扰证人作证或者串供的；（四）可能对被害人、举报人、控告人实施打击报复的；（五）企图自杀或者逃跑的。批准或者决定逮捕，应当将犯罪嫌疑人、被告人涉嫌犯罪的性质、情节，认罪认罚等情况，作为是否可能发生社会危险性的考虑因素。”这里的“社会危险性”就是人身危险性。二是量刑中的人身危险性，这是影响刑罚轻重和刑罚个别化的重要因素。如《刑法》第 72 条规定：“对于被判处拘役、三年以下有期徒刑的犯罪分子，根据犯罪分子的犯罪情节和悔罪表现，适用缓刑确实不致再危害社会的，可以宣告缓刑。”可见，适用缓刑的实质条件是“确实不致再危害社会”，即没有人身危险性了，人身危险性在决定是否适用缓刑中是关键因素。累犯、自首、立功等也是考虑到人身危险性。三是刑罚执行中的人身危险性，这是影响罪犯是否变更刑罚的重要依据。如《刑法》第 81 条规定：“被判处有期徒刑的犯罪分子，执行原判刑期二分之一以上，被判处无期徒刑的犯罪分子，实际执行十年以上，如果认真遵守监规，接受教育改造，确有悔改表现，假释后不致再危害社会的，可以假释。”假释的关键因素仍然是人身危险性。减刑，甚至死缓犯两年后的不同处理，都是受人身危险性因素决定。四是刑罚执行完毕后的人身危险性。刑罚执行中的管控和矫正，实质是对人身危险性的控制和消除，但刑罚执行完毕后，部分罪犯的人身危险性并没有降低或消除。对于那些人身危险性较高的刑释分子，可继续采取一些措施加以防治。在国外有的是通过刑后预防拘禁制度或适用保安处分加以防治。比如澳大利亚昆士兰州于 2003 年通过了《危险的性罪犯法》。这部法律的目的就是对于危险犯予以连续的不定期的监禁或社区的监督，以保卫社会的安全。我国现在有社区矫正、安置教育制度等，过去《关于处理逃跑或者重新犯罪的劳改犯和劳教人员的决定》第 2 条规定：“劳改犯逃跑后又犯罪的，从重处罚。刑满后一律留场就业，不得回原大中城市。”这里留场就业就是一种保安措施。

四、关于对高度危险罪犯的管控应注意的2个问题

1. 对极高度罪犯实施威慑模式是无效的。20世纪70年代，由于矫正范式受到全面批判和否定，矫正范式开始黯然走下神坛，其他范式蜂拥而起，相继迈向矫正领域的前台，步入社会矫正政策的中心，填补了矫正范式退却后的空白。影响比较大的有威慑范式和剥夺范式。然而，无论剥夺范式还是威慑范式，都很快受到抨击和怀疑，遭到矫正范式的反攻倒算，矫正领域出现了对抗和百家争鸣状态。

威慑范式是意图通过残酷的刑罚威吓罪犯的思维模式达到阻吓或杜绝人类犯罪的企图与尝试。可以说，所有的酷刑政策都来源于威慑范式，它的本质是保守主义思想在刑法领域的外在表现。传统威慑范式最典型的代表就是，维多利亚时代英国监狱的刑罚执行所实施的压制性监规。这个时期的监狱时间安排十分紧张，每周除了睡觉、吃饭，便是劳动。即使几个小时的空余时间也被牧师、教育官员与慈善机构成员所占用，他们对罪犯进行道德教育或者基础教育。

但是在自由主义的人道、公平与正义的道德化力量存在和抗争下，传统威慑范式向自由主义做出了妥协，在此基础上产生了现代威慑范式。现代威慑范式主要特点是威慑需要以人道主义为界限，需要体现公平正义，需要考虑成本与效益。传统威慑范式与现代威慑范式的最大区别就是威慑以报应的面目表现出来。刑

罚公正政策便源于现代威慑范式，它满足和迎合了现代人们对刑罚适用的期望：在追求公正的人们眼中，惩罚体现了报应；在追求功利的人们眼中，惩罚体现了威慑。但是，推行现代威慑政策的效果却是不佳的，看起来是不妙的，与推行该项政策的目的与期待差距很大。依据威慑主义和主张，许多政府采取了确定性、严厉的刑罚与建设了更多的监狱。但实际上，加重刑罚威慑罪犯对于人格中犯罪倾向严重者的蠢蠢欲动跃跃欲试的欲犯者并无威慑价值，他们并不畏惧刑罚，不畏惧监狱。唯一受影响的就是处于社会底层的青少年犯，他们被迫去适应监狱的生活，用经典的话说，就是威慑主义成功地完成了一代人在监狱中的社会化。另外，推行威慑主张后发现，强奸、抢劫、敲诈、盗窃、攻击等案件在一般罪犯人口中经常发生，并无降低迹象。同时，监狱中的罪犯被害案件也在迅速上升，监狱中罪犯的自杀率上升得也很快。即使作为弥补和纠正而实行了减刑制度，也未减低威慑主义的影响与后果。虽然不确定刑在理论上有无论对如何恶的、如何不规矩的人都有一种潜在的改变力。

历史与现实都在表明，对威慑与效果进行分析的结论是不能确定威慑发挥作用，也就是威慑不能有效控制重新犯罪。单纯对罪犯实施惩罚只能强化监狱的不稳定、骚乱、动荡、暴乱，实质性地增加监狱管理人员与罪犯的伤亡，还巩固甚至强化了罪犯的反社会态度，激发了罪犯刑释后重新犯罪的欲望。单纯惩戒报应就是完全逆向剥夺，完全剥夺就有反抗。一言而概之，威慑政策是一种错误的刑事司法实践。

2. 对极高危罪犯实施有选择剥夺范式管控是有效的。剥夺范式认为，通过实施危险性评估，将危险罪犯关押在监狱可以降低刑罚执行的成本，可以提高社会的安全水平，可以降低重新犯罪率。

对危险性犯罪分子的关押可以降低其重新犯罪的可能，是有其科学的理论依据和坚实的实践依据。根据犯罪生涯理论，对犯罪分子而言，犯罪既有犯罪高峰，也有犯罪低估。对特定犯罪分子而言，随着年龄增大，其犯罪可能性随之降低。比如，英国剑桥大学犯罪研究所的研究成果是：在社会上实施主要的一些财产犯罪的犯罪人的犯罪高峰年龄是 17 岁，这些犯罪包括夜盗、抢劫、盗窃等。实施暴力犯罪的犯罪人的犯罪高峰年龄是 20 岁。实施诈骗犯罪的犯罪人的犯罪高峰年龄是 21 岁。犯罪人的犯罪生涯平均是 5.8 年，犯罪停止的平均年龄是 32 岁。

剥夺范式的兴起以及有选择剥夺政策的出现，带动了累犯打击法、性犯罪登记法的问世和广泛的实践。美国加利福尼亚州是受有选择剥夺范式影响较大的地方。加州在 1994 年颁布了累犯三次打击法。理论上，实施累犯三次打击法可以有效控制监狱罪犯，只将被认为是危险性高的累犯，特别是第二次犯罪、第三次犯罪的罪犯长期关押在监狱，就能降低重新犯罪，减轻犯罪的危害。经过加州对累犯三次打击法 10 年的实践看，加州的犯罪率回到了 1965 年的水平，杀人罪的犯罪数量回到 20 世纪 60 年代末 70 年代初的水平，整体犯罪率降低了 45%。累犯三次打击法实施 10 年来，阻止了成千的暴力犯罪与其他严重的犯罪，保护了上百万的加州人民。也就是说，累犯三次打击法已经为控制犯罪和降低犯罪率的发挥了直接而效果明显的作用。另外，由于实施了累犯三次打击法，加州没有再增加更多的监狱，从这方面讲，也节省和降低了社会在刑事司法上的投入和成本。

但是，对实施累犯三次打击法，也招致了许多批评、质疑和法律上的争议。具体讲有两点，其一，因为实施的最直接最明显的结果是监禁场所押犯暴增，而监禁场所押犯数量的上升意味着刑罚执行成本的上升。根据有关资料，美国维持一单间监舍每年的费用大概是 1 万美元。而新建一单间监舍大概需要 3.5 万—5 万美元。使用计算机推算的结果是，每关押一名在罪犯社会要支出 34675 美元。其二，由于累犯三次打击法量刑较重，如果罪犯被认定为第三次犯有危险的重罪，将会被判处 25 年有期徒刑或者无期徒刑。因此认为累犯三次打击法侵犯了美国宪法第八修正案的规定，即对罪犯实施的刑罚与犯罪不相适应。比如，一名犯罪人因为盗窃价值为 5.62 美元的一块肉，依法构成轻罪，但是由于该犯罪人有过两次重罪的前科，适用了累犯三次打击法，就需要最低服 25 年的有期徒刑。对于此种批评、质疑甚至法律争议，有选择剥夺范式的主张者和实践者以无可争辩的例证和事实，进行了针对性的有力的回击。累犯三次打击法没有违背偏离宪法第八修正案的立法精神，虽然没有明显降低社会在刑事司法方面的投入，但是减少了被害人的痛苦是无价的，反过来，就是节约和降低了社会整体运转的成本，促进了社会打击犯罪的终极目的的实现。

五、关于矫正方面的 4 个问题

1. 罪犯究竟能否矫正的问题。我们对矫正的正确态度应当是：不是所有的罪犯都是能矫正的，监狱的职责就是矫正能矫正好的罪犯，对不能矫正好的罪犯让社会继续管控。因为实践经验告诉我们，罪犯分为不需改造型、可改造型、深度污染型、不可改造型四种类型。这正如人的疾病，三分之一不治也好，三分之一治了就好，三分之一治了也不好。

最早明确提出罪犯不能被矫正的人，当属刑事人类学派创始人龙波罗梭。龙波罗梭通过对成千上万个罪犯进行观察，特别是通过对意大利著名的土匪头子维莱拉头颅的解剖，得出这样的结论：促使罪犯犯罪的决定性因素是遗传因素，罪犯的犯罪具有天生性。天生犯罪人是龙波罗梭的重要观点。他认为，对天生犯罪人谈不上矫正，只能采取包括流放罪犯于荒岛、切除前额在内的方法剥夺犯罪人的犯罪能力。龙波罗梭之后，虽然天生犯罪人观点受到修正，但很多学者仍在不同程度肯定之。从理论上讲，一个自然人犯罪或一个罪犯重新犯罪的因素或原因是多方面的，也是无穷尽的。到目前为止，人类在各个方面对此进行了不懈的探索，但远远没有达到一个不漏的地步。也就是说，人类对犯罪原因是永远不能完全掌握的。这就好像两条平行线，有可能无限近，但不可能相交一样。因而，对于不能矫正的罪犯，监狱只能将其返回社会，让社会采取相应的方法和措施控制其危险，减少和降低对社会和公众的危害。

这正如美国神学家莱茵霍尔德·尼布尔著名的祈祷词，“祈求上天，赐予我平静的心以接受不可改变的事，赐予我勇气以改变可以改变的事，并赐予我智慧，以分辨此二者”。这儿的“接受不可改变”是什么？就是评估或判断要重新犯罪，或要破坏监管秩序的，就纯粹关押起来，或告诉社会继续监管。“改变可以改变的”就是改造能改造的。“勇气”就是相信和大胆运用评估手段的信心和决心，如何“分辨”呢？就是罪犯危险性评估。

2. 矫正项目的有效性问题。矫正项目并不都是有效的，有效的矫正项目并不能100%消除重新犯罪，它只是在某种程度上能幅度不同地降低重新犯罪。因为在矫正项目设计和实施过程中，容易出现犯罪需要筛查不准、有效性原则没有严格遵守、依据理论出现偏差、实施方案脱离实际、强度大小不能准确把握、矫正项目未经科学认证等难以避免的问题。比如，从旨在帮助被假释人员重新建立与社会联系的“绿光重返社会项目”实施后的统计数据看，无论从被捕情况、因重罪被捕情况、假释撤销情况上观察，还是从6个月后、12个月后的跟踪时间上考察，参加该项目假释人员的重新犯罪率比没有参加任何项目的假释人员的自然重新犯罪率高出许多，甚至参加后反而提高了重新犯罪率。有些方面问题还出乎意料，让人惊讶。比如，该项目参加者12个月后的被捕率就比不参加任何项目的就高出7.3%，12个月后的因重罪被捕率就高出6%，12个月后的假释撤销率就高出6%。参与该项目后时间越长，重新犯罪率就越高。

那么，为什么出现上述情况？是该项目本身没有作用？还是作用没有发挥好？经研究表明，问题出在运用矫正有效性原则上。第一，矫正项目设计安排不仅没有考虑假释人员的矫正需要，而且对犯罪性需要也没有分类区别对待。第二，没有对假释人员危险性评估，忽视了危险程度的差异。第三，没有将高度危险的假释人员纳入矫正重点，矫正强度与危险程度不一致。第四，项目结束后连续程度不足，没有对危险是否降低和矫正是否调整进行连续的评估和跟踪。

3. 对低度危险罪犯实施矫正干预是错误的问题。干预对高度危险罪犯的使用是有益的和必需的，但是，对低度危险罪犯是不需要矫正干预的，使用效果却是中性或者具有副作用的，也就是说，对低度危险罪犯运用矫正干预反而会增加重新犯罪率。进一步讲，即使一些对高度危险罪犯比较有效的干预项目，在增加低度危险罪犯重新犯罪危险方面同样效果显著。原因如下：第一，对低度危险罪犯实施同样矫正意味着低度危险罪犯与高度危险罪犯有了全面广泛的接触机会，高度危险罪犯的反社会态度与犯罪思想就会影响到低度危险的罪犯。第二，在矫正设施内，低度危险罪犯容易被高度危险罪犯侵害。第三，矫正的目的在于罪犯有利于社会的一面，如稳定的职业、稳定的家庭结构、拒绝具有犯罪倾向的朋友、适应社会的积极态度，然而将低度危险罪犯与高度危险罪犯放在一起，上述因素收到不同程度的破坏。总之，对低度危险罪犯进行矫正犹如将患有轻病的人放入患重病的人的病房。

4. 貌似合理和未经检验的或者“片面经验”的方法与理论是不可用的问题。在现实实践中，我们经常会遇到貌似合理却未经检验却被深度相信和广泛使用的理论和方法。

一是有的矫治模式是低效的：第一，传统的心理分析与不以患者为中心的疗法。例如，谈话治疗、催眠疗法、指责社会与父母、宣泄愤怒等方法。第二，医疗模式的方法，例如改变饮食，使用药物疗法等。第三，文化或者标签方法，在社会上试图克服因犯罪与入狱名声给刑释人员带来的不良影响。第四，自以为聪明的惩罚方法，如使用军训、电子监控等。第五，其他指向低度危险罪犯或者非犯罪性需要的方法。第六，非结构的谈话矫正方法。

二是建立在错误理论上的矫正项目是不产生效果的。第一，使用教育抗拒毒品。实践证明，通过说教控制使用毒品是无效的干预方法。但也有学者认为，使用教育抗拒毒品是个中性方式，而近年来将认知行为方法引入该方式，就是一个有希望的做法。第二，最为恶劣的是采用链子狱。链子狱是20世纪70年代后美国亚利桑那州的一个县看守所为了威慑罪犯，而将参加劳动罪犯加戴镣铐，然后将加戴镣铐的罪犯连接在一起的做法。它的出发点是威慑罪犯，但根据调查，接受这种方法的罪犯出狱后的重新犯罪率超过60%。第三，使用强制性的矫治方法而自认为惩罚是正当的。

三是认为站在罪犯立场上有利于罪犯的矫正。第一，尊重罪犯文化。第二，仅提供合法化的机会，如累进处遇。第三，依赖罪犯自己的非正式的、非组织的学习，但矫正人员未能给予罪犯充分的指导。第四，认为帮助罪犯摆脱污名就可以帮助罪犯不再犯罪。第五，盲目使用低惩罚度的措施替代监禁刑。

四是没有准确掌握矫正规矩的矫正或使用已过时淘汰的方法。第一，对低度危险罪犯使用矫正方法。第二，使用了不能预测犯罪行为的因素，如焦虑、压抑、自尊等。第三，使用传统的弗洛伊德的动力理论，即使用精神分析的方法进行矫正没有效益。

这里还有一个与我们有紧密关系而有争议的一个问题。我国监狱的矫正通常认为减刑、累进处遇制是改造、矫正罪犯的有效方法。至于依据的理论逻辑是减刑、累进处遇制能给罪犯以机会、给罪犯以希望，让罪犯在希望和期盼中改造。而在欧美的一些学者认为，减刑、累进处遇制与促进罪犯改造没有关系，不仅如此，减刑、累进处遇制的使用会造成罪犯变得虚伪不诚实。理由是由于监狱推行减刑、累进处遇制，罪犯接受矫正项目成了尽早逃离监狱摆脱痛苦的手段，演变为罪犯监狱生活的游戏。要知道违背罪犯的意志是不能改造他们的，只有那些自己想改变生活道路的才能从我们所提供的帮助中受益。欧美研究者还认为，矫治是不能强制的，强制性的矫治是有害的，在心理学领域强制矫正是危险的，所谓矫正只能是幻想。心理学公认，心理治疗特别是心理分析需要建立在自愿的基础上才能有效果。

姑且不论上述观点是否正确，但欧美学者主张的价值在于，他们至少给予我们两个刺激和觉醒：一是良好的愿望未必产生良好的效果和达到初心的预期。二是我们有的观点尚未经过检验，属于非理性产品，除非我们加以真正的研究与实证检验。

六、关于就业训练与劳动技能培训的理想化和虚无化问题

一种倾向是只有加大对罪犯的劳动技能培训和就业训练，就能降低和消除重新犯罪；一种倾向是谈起监狱职能纯化就否定罪犯的劳动技能培训和就业训练。笔者认为两者皆不可取。它只是罪犯重新融入社会和降低重新犯罪率的一个条件。同时，罪犯在狱内参加劳动不仅是惩罚内容之一，也是罪犯对民众的义务，更是监狱管理的需求。当然，我们要承认，无论是在“工业时代”还是“后工业时代”，就业保障对罪犯重新融入社会都有着极为重要的意义。

从监狱罪犯劳动史我们也可得出这种结论。现代监狱对罪犯开展劳动始于英国 1865 年监狱法的规定，劳动的目标不是盈利，

不是培养罪犯的劳动技能，而是通过劳动让罪犯学会遵守纪律，养成劳动的习惯，形成劳动的义务感。但由于犯罪与重新犯罪依然突出，于是1895的监狱法进行了改变，不营利的劳动被有用的、具有教育性的劳动所代替，沉默规则被有条件的谈话规定所代替，对努力劳动与遵守纪律的罪犯予以奖励开始抬头，比如点数制与减刑制度被地方监狱所采用。也就是说，就是一种注意罪犯激励的制度慢慢地开始替代消极的管理制度。

从现实困境上也可得出这种结论。从不营利的劳动、到具有教育性质的劳动直至演变为现在的以就业为目的的劳动技能培训上观察，不但传统模式下的教育性的劳动未能解决罪犯就业问题，而且罪犯危险性评估下的劳动技能训练，也不能很好地解决这一问题，这在某种程度上影响了罪犯危险性评估作用的发挥，也阻碍了矫正的有效发展。研究表明，即使当一个监狱有一个特殊的职业培训方案可用，但是罪犯的需求经常大于可能提供的数量。有重罪记录的罪犯对社会会形成一种潜在的安全威胁，从而容易出现公众恐慌，进一步增加了他们寻找工作的困难。另外，社会本身就业的需求与饱和问题也是不能回避的，加之从技术上讲，也没有相应的在社会系统下实施这样的服务。从实践上看，与罪犯被监禁前相比，只有不到一半的罪犯能够获得全职工作，这使得他们在回归社会方面并没有适销对路。

七、关于评估机构与评估人员的3个问题

1. 监狱评估业务与机构的整合问题。这是当前开展罪犯危险性评估最大的瓶颈问题。一是机构整合。把监狱现有的评估机构

心理咨询机构、服刑指导中心整合成一个评估分类中心，用以指导监狱的危险性评估工作，并使之成为按照需求和相应量表测试而出具各项评估报告的专业机构，成为监狱研究机构与决策咨询机关。况且评估分类的管理一直是监狱工作的弱项和软肋。二是业务整合。把监狱所有相关的罪犯评估业务，统一整合在一起，以新的理念和思路重新调整业务重点，形成以罪犯危险性评估业务为统领的新的监狱评估业务体系。比如现有的年终评审、出监鉴定、入监时的心理评估等等都应以新的形式表现出来。三是人员整合。把从事相关业务人员整合起来，既可以集中人力，又能发挥专长，还能保障人员的专业化，更可能提高工作质量。四是职责整合，业务整合以后，以罪犯危险性评估的理念和要求，重新规划职责，形成新的职能体系。

2. 评估员对评估结果是否承担责任问题。这也是当前制约罪犯危险性评估工作的一个突出问题。为解决此问题，虽然有的省份也做出了规定，比如，评估员在评估过程中严格按照规定和程序开展评估工作的，得出的评估结论不受追责。但因弄虚作假、未按规定采集信息等导致评估结论虚假的，应承担相应责任。但监狱评估员认为，此类规定不具备法律效力，一旦出问题，或监狱迫于社会压力、或检察院都会对评估员进行追责。毕竟上级机关和社会对罪犯危险性评估的认知和专业评估员的认知是有区别的。这正如我们经常会听到医生说，如果不发生变化或治疗显效的话，你的情况会怎么样。乍一听来，这对病人不可思议，甚至怀疑医生的能力或者给自己留有后路，其实病人是按“科学”的规律在思维问题，而医生在按医学的规律在思维、在回答病人“科学问题”。要彻底解决此问题，思路应是最高人民法院、最高人民检察院、司法部甚至公安部联合行文，不仅对此做出规定，而且对罪犯危险性评估在减刑、假释、暂予监外执行的运用也应做出明确规定。

3. 评估队伍是否需要专业化的问题。对此问题的专业性的主流观点是，风险／需求评估是一项专业性很强的工作，应该由专业人士来完成，基本的专业素养是搞好评估的前提。比如苏格兰因风险／需求评估是刑事审判的基础组成部分，而成立了半官方的专业评估机构。但就我国监狱实际情况而言，成立专业评估队伍，在可见的将来，都是难以实现的。从实际操作来看，将评估、管理、矫正等多种身份合为一体，不但是一种简单易行且经济的做法，而且还会工作更加顺畅，效果更佳明显。更根本的是，监狱工作愈来愈科学化，风险／需求评估日渐成为监狱警察必须掌握的一门基本技术，就像人们现在办公使用电脑一样。从这方面看，评估队伍也无专业化的必要。

【本章小结】

1. 唯有认识上的深刻与透彻，才有实践上的清醒与坚定。2. 罪犯危险性评估不敢说是目前最好的方法，因为人类对认识犯罪和矫正罪犯的探索式无止境的，更好的甚至最好的方法我们目前还没有能力发现或还没有条件发现，但回顾人类矫正所走过的路，我们可以肯定的是它绝不是最坏的方法。3. 与其说罪犯危险性评估是一种手段和方法，不如说它是一种罪犯管控与矫正的理念与思潮。4. 罪犯危险性评估绝不可能解决犯罪或罪犯所有问题，但却是可以最大限度地降低重新犯罪。5. 认识和实践罪犯危险性评估不能脱离犯罪学理论的范畴，脱离科学理论的加持，只会走向缘木求鱼南辕北辙。6. 人类对犯罪现象的认识与犯罪的真实原因之间，总是存在一定的距离和空间，吃不透摸不准，我们的理想和追求就是探寻和掌握犯罪规律，以便控制犯罪。7. 我们要散发出百倍的意志力来忍受我们探求这种理想的失败，在失败的废墟上不能停止而要继续我们的努力，直至我们确定其能够有成效，虽然这些痛苦与孤寂是不能让人接受的。

附录

《罪犯危险性评估办法》
（样稿）

第一章 总 则

第一条 为准确评估和甄别罪犯危险性，促进分类、分押、分管工作，提高改造质量，预防减少犯罪，维护监狱和社会安全稳定，根据中共中央办公厅、国务院办公厅《关于加强和改进监狱工作的意见》与司法部《关于开展罪犯危险性评估工作的意见》和相关法律，结合监管工作实际，制定本《办法》。

第二条 罪犯危险性评估是监狱机关根据收集的各类信息资料，运用法学、社会学、心理学、统计学、生物医学、侦查学以及人身危险性评估科学原理、技术和方法，综合工作经验，对罪犯危及监狱秩序的脱逃、行凶、自杀等行为以及出监再犯罪可能性进行系统科学的预测和判断，以及依据犯罪性需要对罪犯通过实施矫正项目进行科学的矫正与改造。

罪犯危险性评估包括罪犯个体和群体危险性评估。罪犯个体危险性评估，是指对罪犯个体思想和行为危险程度的综合评价。罪犯群体危险性评估，是指对罪犯某类群体危险程度的定量定性评估。

第三条 罪犯危险性评估应遵循客观性、公正性、科学性原则。注重定量分析与定性分析相结合，常规评估与即时评估相结合，个人评估与集体会诊相结合，专职人员评估与责任民警参与相结合，不断提高评估的准确性和系统性。

第四条 罪犯危险性评估应包括以下内容：（一）罪犯个人基本情况（年龄、文化程度、健康状况、捕前身份、成长经历、特殊技能等）；（二）违法犯罪史（未成年违法情况、犯罪类型、案情、刑期、犯罪性质等）；（三）婚姻家庭状况（亲情关系、家庭结构、家庭变故等）；（四）财产居住状况（经济状况、居住条件、居住环境等）；（五）社会交往状况（交往对象、交往方式、有无与违法犯罪人交往等）；（六）成瘾状况（类型、程度等）；（七）生理心理状况（生理条件、情绪稳定性、认知状况、性格缺陷等）；（八）犯罪思维与态度（反社会的价值观、对犯罪的看法等）；（九）现实改造表现（劳动、学习、认罪悔罪、遵规守纪、会见通信、人际关系等）。

第五条 罪犯危险性评估的方法。罪犯危险性评估的主要方法有档案分析、结构性面谈、量表测试、行为观察、社会调查、统计分析、定量与定性分析、综合诊断等。监狱应运用多种方法开展罪犯危险性评估，并通过不同方法间的相互验证，提高评估结果的准确性、可靠性。

罪犯危险性评估的工具，主要是罪犯狱内危险性评估量表、罪犯再犯风险评估量表以及有关心理评估工具。

第六条 罪犯危险类别及危险等级划分。罪犯危险类别划分为脱逃、行凶、自杀和出监再犯罪危险等类别。罪犯狱内危险程度可划分为极高度危险、高度危险、中度危险和低度危险四个等级。低度危险等级可不划分危险类别。罪犯出监再犯罪的危险程度，划分为较高危险和一般危险两个等级。

第七条 罪犯危险性评估的阶段和周期。主要有入监危险性评估、中期危险性评估、出监危险性评估和即时危险性评估。

对确定为极高度危险等级的罪犯，一般每 3 至 6 个月进行一次危险性评估。对确定为高度危险等级的罪犯，一般每 6 至 12 个月进行一次危险性评估。对确定为中度、低度危险等级的罪犯，应每年进行一次危险性评估。

出监危险性评估应在罪犯刑满释放 3 个月前完成。对拟提请假释、暂予监外执行、离监探亲罪犯的出监危险性评估，应在提请前完成。对实际服刑不足 6 个月罪犯的出监评估，可结合入监危险性评估一并实施。

恐怖活动罪犯和极端主义罪犯的社会危险性评估，应在其刑满释放 6 个月前完成。

对出现异常情形的罪犯，应开展即时危险性评估，主要应用于危机处置。

第八条 对终身监禁、限制减刑的罪犯、《刑法》第 81 条第 2 款规定的严重暴力犯罪罪犯、涉黑案件主犯、首要分子、涉恐类、危安类罪犯、邪教类头目罪犯等，可认定为高度危险等级或极高度危险等级。

第九条 对原判刑期 5 年以下的过失犯、渎职犯及老年犯，可认定为低度危险等级。对原判刑期 3 年以下与剩余刑期 6 个月以下的罪犯（本办法第八条规定的犯罪类型除外），可认定为低度危险等级。

第十条 罪犯危险等级在入监首次评估后，应实行动态评估，即根据罪犯危险情况的变化，适时调整危险类型与等级。中期危险评估时，危险等级一般按梯度递减。

第十一条 对罪犯危险性评估后应及时形成评估报告。评估报告包括罪犯基本信息、评估依据、评估结果及建议措施等。建议措施必须包括分类关押意见、教育管理措施、安置帮教建议等。评估报告应及时流转、交接。

第二章　组织机构及其职责

第十二条 省监狱管理局狱内侦查处，负责指导、研究、部署、检查和考评全省罪犯危险性评估工作；负责对评估工具的修订、完善和再检测；负责疑难案例的协调、指导和督办工作。负责召集专家组，对评估工作涉及的重大政策、原则以及技术性问题的咨询、论证；负责评估员的业务培训等。

监狱狱内侦查部门承担罪犯危险性评估业务，具体负责指导、协调、检查监狱的罪犯危险性评估工作，负责对高度等级危险罪犯及其他有特殊影响罪犯的评估和相关调研工作。

监区评估员承担监区罪犯危险性评估业务，负责对中度及以下等级危险罪犯以及其他有特殊影响罪犯的评估和相关调研工作。

第十三条 监狱狱内侦查部门配备的专职评估员应不少于押犯数的 2%，最少不低于 3 人。专职评估员应接受专业培训，具备基层管教工作经验。

第十四条 应加强评估队伍的专业化、正规化建设，对专职评估员应加强培训教育，每年培训时间不低于 10 天。

第十五条 监狱应设置罪犯危险性评估工作办公室、资料室和评估检测室、研判室等专门办公场所，配置电脑、投影仪、资料柜等必要设备，以保障评估工作的信息收集、个案分析、集体研判和资料存储等需要。

第三章 入监评估

第十六条 入监危险性评估是监狱对新收押罪犯人身危险性和心理特性进行的预测和检验性诊断评价。通过采集基本信息、评估心理认知行为、预测人身危险性等专业技术手段，准确把握罪犯的个性心理特征、犯因性问题和人身危险性，以此确定新收押罪犯的危险类别和危险等级，为分押分管及制定个别化矫正方案提供科学依据。

第十七条 入监危险性评估应在罪犯入监教育阶段完成。入监危险性评估由入监监区负责实施。入监危险性评估率应达到100%。

第十八条 入监评估主要使用罪犯狱内危险性评估量表（罪犯人格量表和警察他评量表）。有条件的也可使用其他测量量表予以补充。

第十九条 罪犯入监评估报告应随罪犯档案移交分流接收监区。接收监区可根据实际情况，对入监评估结论复核确认。

第二十条 入监罪犯被评估为中度危险等级的，可由监区直接确认。入监罪犯被评估为极高度和高度危险等级的，应提交监狱确认。入监罪犯被评估为极高度危险等级的，应提交省局罪犯危险性评估办公室备案。

第四章 中期评估

第二十一条 中期评估是监狱对服刑中期罪犯开展的定期危险性评估。主要是在对其原评估确定的危险类别和等级基础上，根据评估间隔期内罪犯思想变化和现实改造表现等情况，对其危险变化状况进行评估预测。

第二十二条 新入监罪犯在入监评估 6 个月后，应对其进行第一次中期评估。后依上述规定依次开展。每次评估，均应出具罪犯中期危险性评估报告。

第二十三条 中期评估主要使用罪犯狱内危险性评估量表（罪犯人格量表和警察他评量表）。有条件的也可使用其他测量量表予以补充。

第二十四条 中期评估时，罪犯危险等级无变化及在原中度危险等级以下（含中度危险等级）范围内调整等级的，可由监区评估确认。对评估后罪犯升为极高度、高度危险等级及原极高度、高度危险等级降级的，应提交监狱评估确认。监狱可对监区评估结果进行干预，但须表明干预原因。对评估后罪犯升为极高度危险等级及原极高度危险等级降级的，应提交省局罪犯危险性评估办公室备案。

第二十五条 监狱、监区应实时掌握需进行中期评估的罪犯人数，按期对评估间隔期满的罪犯进行中期评估。

第五章　即时评估

第二十六条 即时危险性评估是监狱对有脱逃、行凶、自杀等征兆或出现严重对抗管理教育、被发现余罪漏罪、突患重大疾病、突发家庭变故、受到处罚、遭受伤害等情形的罪犯开展的危险性评估。罪犯出现上述征兆或情形之一的，监狱应即时进行危险性评估。评估完成后，应出具罪犯即时危险性评估报告。

第二十七条 对解回再审重新收押罪犯、撤销假释重新收监罪犯、暂予监外执行被收监罪犯，均应在收押后 5 个工作日内完成即时评估。

第二十八条 监区应通过日碰头、周分析、月排查、狱内侦查等多种渠道和方法，全面及时地掌握罪犯个体动态变化，适时启动即时危险性评估。

第二十九条 即时评估应以行为观察和结构性面谈为主，辅之以罪犯狱内危险性评估量表（罪犯人格量表和警察他评量表）。

第三十条 即时评估的罪犯危险等级被评估为高度危险等级以上（含高度危险等级）的，应提交监狱评估确认。对罪犯危险等级被评估为极高度危险等级的，应提交省局罪犯危险性评估办公室备案。

第六章　出监评估

第三十一条 出监评估也即再犯罪可能性评估，是依据出监罪犯犯罪历史信息、恶习程度、改造矫正状况、回归社会适应程度、心理性格特征及量表测试情况，对其综合做出的重新犯罪的可能性预测。

第三十二条 对刑满释放罪犯的再犯罪可能性评估，应在其刑满释放 3 个月前完成。评估后，应形成评估报告，并明确评估结论时效。

对拟呈报减余刑、拟提请假释、拟提请暂予监外执行（病情严重需即时保外就医的罪犯除外）、拟离监探亲罪犯的再犯罪可能性评估，应在拟呈报前完成。评估完成后，应形成评估报告，并明确评估结论时效。

对拟提请暂予监外执行罪犯（病情严重需即时保外就医的罪犯除外）的再犯罪可能性评估报告与其他审批材料一并报局。

监狱如委托社会第三方对上述罪犯进行再犯罪可能性评估的，应以社会第三方的再犯罪可能性评估报告为准，监狱不再出具此类型罪犯的出监再犯罪可能性评估报告。

第三十三条 对拟提请减余刑、假释、暂予监外执行和提出离监探亲罪犯的出监再犯罪可能性等级被评估为较高危险等级的，监狱不得提请。

第三十四条 罪犯出监评估主要使用罪犯再犯风险评估量表。有条件的也可使用其他量表等予以补充验证。

第三十五条 分流至出监监区罪犯的出监评估，由出监监区负责完成。其他罪犯的出监评估，由罪犯所在监区负责。

监狱应对所有出监罪犯的出监评估报告予以审批认定。

对假释、暂予监外执行、离监探亲罪犯的出监评估工作，由监狱狱侦部门直接负责。

第三十六条 对刑满释放（含假释、暂予监外执行、离监探亲）罪犯的再犯罪可能性评估报告，由狱侦部门分送监狱相关职能部门，由相关职能部门按规定移送地方政府相关部门，以便其结合罪犯离监后可能遇到的生活困难、家庭变化、社会交往等问题进行综合分析，加强教育、管理和帮扶等工作，有效预防其再犯罪。

第七章　评估程序

第三十七条 监区评估员应将对罪犯的评估结果提交监区罪犯危险性评估会议审核，与会人员应以合议形成评估结论。应做好会议记录,与会人员一一签字。监区应将危险等级被评为极高度、高度的评估报告提请监狱狱侦部门审核。

第三十八条 监狱狱内侦查部门对监区提请审核的极高度、高度危险等级或极高度、高度危险等级降级的，应会议合议并形成结论。监区相关同志可参加会议。会议应做好记录，与会人员一一签字。

第三十九条 评估结果经监狱审批认定后，监狱狱侦部门应将确定的极高度、高度危险等级及其降级罪犯名单以书面形式即送狱政、刑罚、教育、生卫、劳协部门及相关监区。

第八章 评估结果运用

第四十条 对极高度危险等级的罪犯应分流至高度戒备监狱或监区关押（对监狱申请将高度危险等级罪犯调押的，经省局审批后，可调监关押或集中关押）；对高度危险等级和中度危险等级的罪犯，应根据需要分流至中度戒备等级以上的监狱或监区关押；对低度危险等级的罪犯，可分流至各戒备等级的监狱或监区关押。罪犯危险等级发生变化的，应及时分流；没有条件分流的，应及时调整和变更管控措施。

第四十一条 应根据罪犯危险等级，对罪犯实行分级管理和分级处遇。危险等级越高的，管控措施越严。罪犯危险等级发生变化的，应及时调整管控措施和处遇。

监狱应将危险性评估结果作为狱情研判的重要内容，以提高研判科学性。

第四十二条 根据罪犯危险性评估结果，制定相应的教育改造措施，积极引进和研发矫正项目，并不断调整和完善，做到因人施教，降低或消除罪犯危险。

第四十三条 根据罪犯危险性评估结果，合理组织罪犯劳动，科学选择劳动项目，安排适宜劳动岗位，防控安全风险，促进安全生产。

第四十四条 根据罪犯出监后再犯罪的可能性，做出评估结果，供提请假释、暂予监外执行和提出离监探亲及安置帮教等参考。

第九章 评估文书档案

第四十五条 凡对罪犯进行危险性评估，均应出具评估报告。评估报告主要有：罪犯入监评估报告、罪犯中期评估报告、罪犯即时评估报告（刑满释放、减余刑、拟提请假释、暂予监外执行、离监探亲）、罪犯再犯罪可能性评估报告等。所有评估报告中均应含有档案分析、结构性面谈、量表测试、行为观察等记录与分析材料。

第四十六条 罪犯评估报告应独立建档，罪犯刑释后一并归入罪犯档案立卷留存。

第四十七条 监狱、监区召开的各类罪犯危险性评估会议，应有专门会议记录。

第四十八条 监狱、监区应健全罪犯危险性评估业务台账，及时填写《罪犯危险等级统计表》，实时掌握罪犯危险类型、等级及中期评估间隔期满的罪犯人数，以便如期进行各项评估。

第四十九条 监区应每月填写《罪犯危险性评估工作情况统计表》上报监狱。监狱应按时统计，如期上报省局。

第五十条 监狱的信息化工作如满足实际要求，可不填写有关表格。也可根据工作实际增减表格，并与其他立法精神相似的业务台账资料归类合并。

第十章 检查考核

第五十一条 加强对罪犯危险性评估工作的检查考核。监狱应将组织队伍建设、工作制度规范、评估质量与效果、评估业务文书档案等，一并纳入监狱工作绩效考核体系。

第五十二条 省局、监狱在年终考核时，应对罪犯危险性评估工作的先进单位和优秀评估员予以表彰奖励。

第五十三条 评估员在评估过程中严格按照规定和程序开展评估工作的，得出的评估结论不受追责。但因弄虚作假、未按规定采集信息等导致评估结论虚假的，应承担相应责任。

在评估工作中，责任部门和责任人因未按本办法规定执行而造成不良后果的，应承担相应责任。

主要参考文献

一、中文著作

1. 吴宗宪：《国外罪犯心理矫治》，中国轻工业出版社 2004 年版。

2. 周勇：《罪犯个性分测验》，群众出版社 2007 年版。

3. 周勇：《加拿大罪犯矫正项目概述》，《中国监狱学刊》2003 年第 2 期。

4. 李春君:《暴力攻击型未成年犯自我控制的团体训练研究》，华东师范大学出版社 2005 年版。

5. 刘邦慧：《劳动教养人员分类矫治的理论与实践》，中国人民公安大学出版社 2007 年版。

6. 翟中东：《矫正的变迁》，中国人民公安大学出版社 2013 年版。

7. 翟中东：《国际视域下的重新犯罪防治政策》，北京大学出版社 2010 年版。

8. 黄兴瑞：《人身危险性的评估与控制》，群众出版社 2004 年版。

9. 孔一：《社区矫正人员再犯风险评估与控制》，法律出版社 2015 年版。

10. 梅义征：《社区矫正、社区治理与社区安全——社区矫正执法实务研究》，上海人民出版社 2020 年版。

11. 宋行、朱洪祥：《循证矫正理论与实践》，化学工业出版社 2013 年版。

12. 于爱荣：《罪犯改造质量评估》，法律出版社 2004 年版。

13. 姜金兵：《现代监狱创制——江苏模式详解》，法律出版社 2017 年版。

14. 司法部预防犯罪研究所《循证矫正研究与实践》项目组编写：《〈循证矫正研究与实践〉资料汇编》第一辑、第三辑，2013 年印刷。

15. 张甘妹：《再犯预测之研究》，中国台湾地区台湾法务通讯社 2008 年版。

16. 张金武、刘念：《犯罪学基础理论》，社会科学文献出版社 2017 年版。

17. 吴鹏森：《犯罪社会学》，社会科学文献出版社 2008 年版。

18. 夏玉珍：《犯罪社会学》，华中科技大学出版社 2017 年版。

19. 司绍寒：《德国刑事执行法研究》，中国长安出版社 2010 年版。

20. 何鹏、杨世光：《中外罪犯改造制度比较研究》，社会科学文献出版社 1993 年版。

21. 邵雷：《中英监狱管理交流手册》，吉林人民出版社 2013 年版。

22. 邵雷：《中外监狱管理比较研究》，吉林人民出版社 2015 年版。

23. 王增铎等：《中加矫正制度比较研究》，法律出版社2001年版。

24. 吴宗宪：《当代西方监狱学》，法律出版社2005年版。

25. 杨世云、窦希琨：《比较监狱学》，中国人民公安大学出版社1991年版。

26. 王志亮：《外国刑罚执行制度研究》，广西师范大学出版社2009年版。

27. 杨文登：《循证心理治疗》，商务印书馆2012年版。

28. 费孝通：《江村经济》，北京大学出版社2012年版。

二、中文译著

1. [法]加缪著，石武耕译：《思索死刑》，北京大学出版社2018年版。

2. [法]古斯塔夫·勒庞著，亦言译：《乌合之众》，中国友谊出版公司2019年版。

3. [美]柯特·R. 巴托尔等著，李玫瑾等译：《犯罪心理学》（第11版），中国轻工业出版社2017年版。

4. [美]德博拉·C. 贝德尔、辛西娅·M. 布利克、梅琳达·A. 斯坦利著，袁立壮译：《变态心理学》（第3版），机械工业出版社2016年版。

5. [美]布兰登·C. 韦尔什、[英]戴维·P. 法林顿编，秦英等译：《牛津犯罪预防指南》，中国人民公安大学出版社2015年版。

6. [意]恩里科·菲利著，郭建安译：《犯罪社会学》，商务印书馆 2018 年版。

7. [法] 米歇尔·福柯著，刘北成、杨远婴译：《规训与惩罚》，生活·读书·新知三联书店 2007 年版。

8. [美] 亚历克斯·皮盖蕊主编，吴宗宪主译：《犯罪学理论手册》，法律出版社 2019 年版。

9. [美] 乔治·B. 沃尔德、托马斯·J. 伯纳德、杰弗里·B. 斯奈普斯著，方鹏译：《理论犯罪学》（第 5 版），中国政法大学出版社 2005 年版。

10. [英] 霍林主编，郑红丽译：《罪犯评估与治疗必备手册》，中国轻工业出版社 2006 年版。

三、中文论文

1. 何川、马皑：《罪犯危险性评估综述》，载《河北北方学院学报（社会科学版）》2014 年第 2 期。

2. 胡学相、孙雷鸣：《对人身危险性理论的反思》，载《中国刑事法杂志》2013 年第 9 期。

3. 胡晓娟：《项目矫正——高戒备监狱矫正自杀危险罪犯的新模式》，《犯罪与改造研究》2008 年第 5 期。

4. 宋胜尊、章恩友、傅小兰：《重新犯罪风险评估的理论与方法》，载《河南司法警官职业学院学报》2006 年第 3 期。

5. 黄兴瑞、孔一、曾赟：《再犯预测研究——对浙江罪犯再犯可能性的实证分析》，载《犯罪与改造研究》2004 年第 8 期。

6. 缪文海：《国外罪犯分类的实践及基本特点》，载《犯罪与改造研究》2015 年第 12 期。

7. 薛慧云：《澳大利亚殖民时期女囚工厂分类制的渊源及影响》，载《文化学刊》2019 年第 3 期。

8. 于志强：《构建罪犯人身危险评估制度的思考》，载《犯罪与改造研究》2019 年第 4 期。

9. 周倩、王林：《中外罪犯分类的比较研究》，载《北京政法职业学院学报》2008 年第 2 期。

10. 殷导忠：《国外罪犯分类工作对我国罪犯分类工作的启示》，载《犯罪与改造研究》2017 年第 6 期。

11. 马岩：《我国罪犯处遇基本构想之我见》，载《犯罪与改造研究》2015 年第 11 期。

12. 王涛：《澳大利亚危险罪犯立法述评》，载《人民法院报》2019 年 1 月 25 日第 008 版。

后 记

窗外月光融融，清风习习，树影婆娑，甚是惬意。

随手翻着来之不易的书稿，哗啦哗啦的声音美妙悦耳，令人心旷神怡，空气中散发着别样而清新的墨香，令人思绪飞扬。我此时的心境恰如清代袁枚描绘的《遣兴六首》其五："爱好由来落笔难，一诗千改始心安。阿婆还是初笄女，头未梳成不许看。"终于能看了，终于看到了！

就对某一事物认识过程的表述而言，宋代吉州青山惟政禅师的上堂法语是很有代表性的。大德开示曰："老僧三十年前，未参禅时，见山是山，见水是水。乃至后来，亲见知识（佛家称明师曰善知识），有个入处，见山不是山，见水不是水。而今得个休歇处，见山只是山，见水只是水。这三般见解，是同是别，有人淄素（代表黑白分明）得出，许汝亲见老僧。"毫不讳言，我对罪犯危险性评估的认识与理解也是这样子。

本书的缘起是这样的。2015 年底，因缘巧合，我与罪犯危险性评估业务"邂逅"。因我有幸在 20 世纪末参与 COPA-PI 量表的研制，便对危评量表有似曾相识的莫名亲切感，加之我长期从事监狱管教理论研究，于是便不亦乐乎地钻研起来。2017 年，我撰写的论文《前世今生来世——罪犯危险性评估的历史渊源、路径依赖和现实挑战》，获得 2017 年度中国监狱工作协会狱政管理专业委员会论文研讨会一等奖。继而在部局组织召开的赣州会议上，我以此文作为材料核心，就陕西罪犯危险性评估工作进行汇报，赢得与会专家与同仁的赞赏，心中窃喜，信心油然而生。后又以此文为本，广搜资料，编写讲义，在全省评估员业务培训班上进行讲授，反响甚好。“是故学然后知不足，教然后知困。”后又补充完善，内容日渐增加，思路更加明晰，体系逐渐健全，篇幅随之而长，终变成了现在这本小册子。

此刻我想起了托马斯·曼在《沉重的时刻》里一句话：“终于完成了，它可能不好，但是完成了，只要是能完成的，它就是好的。”

当年在渭南师专（现渭南师范学院）求学时，我便对理论研究产生了浓厚兴趣，在校期间就曾向校刊投稿，获老师称赞与鼓励。毕业时，恩师赠言：“虽为同学，可做师生。”此言甚高，深感惶恐，但却是我毕业后前行的无穷动力。20 世纪 90 年代末，我的一篇调研文章在当时的《陕西监狱》（现《长安警苑》）发表，此后，我便开始投入监狱理论研究，从 2001 年在中国监狱工作协会教育专业委员会获奖起，多次在专委会获奖，颇感满意的是近几年更是连年获奖。其中，《分级分类分押——监管改造的未来与可能》等多篇论文，被广东司法警官职业学院刑事执行专业教学资源库采用，作为拓展阅读的资料使用。通过钻研，我不但厚实了理论功底，更是开阔了视野。这本书的完成，算是对前期监狱理论研究的一个总结，也是对自己的一个交代，对家庭的一个交代，对父母的一个交代，是对他们的付出、支持与期望的一种安慰与回报。

在本书的完成过程中，得到许多人的关心与支持，在此表示感谢。特别是江苏省司法警官高等职业学校教授宋行先生，浙江警官职业学院安全防范系主任、教授、博士后孔一先生，对本书进行了审核修改，提出了宝贵意见，在此专致谢忱。

写作的过程不仅是厚积薄发的历程，更是增长新知的过程。在这一过程中，我愈发领悟了众生皆是菩萨，唯我一人实是凡夫的不二真谛。佛言，一切众生皆具如来智慧德相，但因妄想执着，而不能证得。昔年，偶遇一学界长者，言及一部史学名著，兴之所至，脱口而出：“此书真乃大世面也。”长者听后，娓娓道来：“何为世面？就是世界的高低深浅大小优劣内外左右的极限层面。它的本质是思想和器物存在的类型视域与空间层次。单就咱们讨论的层面与视域而言，制心一处，专修一门，成一家之言，你就是世面。”龙吟凤鸣，狮吼象哞，福田花雨，声潮如棒，时时在心田间敲打，令人顿悟。其实，人啊，都在竭尽全力走出自己人生的埃及，但又有几人最终攀爬到了自己的期许之地迦南？因为，那门是窄的，路是小的，找着的人也少。

这本书的完成，只是另一个开始。每一个当下，都是未来的基石。岁月虽长，但好不经用，实在经不住虚耗和作贱。大体上讲，作为师范院校毕业学生，心中都有一个陶行知情结。陶师于1924年作的《自勉并勉同志》所言：“人生天地间，各自有禀赋。为一大事来，做一大事去。多少白发翁，蹉跎悔歧路。寄语少年人，莫将少年误。”对于这段话，可能都朗朗上口，了然于胸，念念不忘，铭刻在每个人的心碑上。以此立志，以此行事，以此壮行。虽然书到今生读已迟，但无穷的远方，无数的人们，都和我有关，我将努力以虔诚于心的灵魂，丰富的美学趣味和坚定的道德勇气持戒精进，为这个社会的温暖与光亮增添自己的一把小柴火，让这个社会变得日渐美好与慈悲。

月将沉，黑暗褪尽；日将升，元气淋漓，万物生长，山河壮阔。欢喜！

张朋军

庚子年大寒于长安